CB127278

O ESCÂNDALO LAVA JATO E A ELITE DA CONSTRUÇÃO CIVIL NO BRASIL

Gabriela Lanza Porcionato

O ESCÂNDALO LAVA JATO E A ELITE DA CONSTRUÇÃO CIVIL NO BRASIL

dos rituais de depreciação à reelaboração da face

alameda

Grafia atualizada segundo o Acordo Ortográfico da Língua Portuguesa de 1990, que entrou em vigor no Brasil em 2009.

Edição: Haroldo Ceravolo Sereza e Joana Monteleone
Projeto gráfico, diagramação e capa: Ana Júlia Ribeiro
Assistente acadêmica: Tamara Santos
Revisão: Alexandra Colontini
Imagem da capa: Valor Econômico, vinculada na notícia disponível em <https://valor.globo.com/empresas/noticia/2020/08/03/custo-da-construcao-paulista-teve-alta-de-094percent-em-julho-diz-sinduscon-sp.ghtml>

CIP-BRASIL. CATALOGAÇÃO NA PUBLICAÇÃO
SINDICATO NACIONAL DOS EDITORES DE LIVROS, RJ

P871E

Porcionato, Gabriela Lanza
O escândalo lava jato e a elite da construção civil no Brasil : dos rituais de depreciação à reelaboração da face / Gabriela Lanza Porcionato. - 1. ed. - São Paulo : Alameda, 2022.
330 p. ; 21 cm.

Inclui bibliografia
ISBN 978-65-5966-132-9

1. Corrupção na política - Brasil. 2. Lavagem de dinheiro - Brasil. 3. Brasil - Política e governo. 4. Construção civil. I. Título.

22-80066 CDD: 320.981
CDU: 32(81)

ALAMEDA CASA EDITORIAL
Rua 13 de Maio, 353 – Bela Vista
CEP 01327-000 – São Paulo, SP
Tel. (11) 3012-2403
www.alamedaeditorial.com.br

Sumário

Apresentação 7

Igor Gastal Grill

Prefácio 11

Maria Chaves Jardim

Introdução 17

PARTE I – OS DOMINANTES

O setor de construção civil brasileiro 29

Empresas dominantes e a elite econômica 79

PARTE II – RITUAIS DE DEPRECIAÇÃO

Agentes do Estado 159

Agentes midiáticos 207

PARTE III – A REELABORAÇÃO DA FACE

A jornada da trasformação 229

Considerações Finais 297

Bibliografia 301

Agradecimentos 327

Apresentação: a "elite da construção civil" em "três tempos"

Igor Gastal Grill[1]

Com Norbert Elias, aprendemos a atentar aos obstáculos interpostos ao cientista social para realizar análises distanciadas, sobretudo quando os envolvimentos e identificações incitam à participação em polêmicas e oposições que animam os debates do "seu tempo". Cientes desses desafios, integrantes do Núcleo de Estudos em Sociologia da Economia e das Finanças (Nesefi) e do Núcleo de Estudos e Pesquisas sobre Sociedade, Poder, Organização e Mercado (Nespom) têm fornecido instigantes interpretações sociológicas dos problemas que polarizaram cultural e politicamente a conjuntura recente do nosso país. Creio ser acertado apontar a preocupação com a vigilância epistemológica e o cuidado na forma de operacionalizar o arsenal conceitual adotado, bem como o diálogo com a literatura especializada, como os principais componentes da "fórmula" que empregam para tratar de questões candentes do Brasil contemporâneo, sem descuidar do rigor científico. E, entre os temas que vêm sendo perscrutados nesses grupos de pesquisa, o "espaço dos escândalos" e seus efeitos performativos em diferentes segmentos do espaço do poder ganham relevo.

---

1 Professor Titular – UFMA/DESOC/PPGCSOC, pesquisador Produtividade do CNPq e coordenador do Laboratório de Estudos sobre Elites Políticas e Culturais – LEEPOC

Esse foi o veio trilhado por Gabriela Lanza Porcionato em sua Tese de Doutorado, defendida em 2021, e agora publicada em formato de livro. A autora aborda o chamado "escândalo da lava-jato", suas controvérsias e reflexos na última década, especialmente no que tange à reputação de grandes empresas da construção civil do Brasil. Porém, ela não se restringe a dissecar as narrativas em confronto ou convergentes. Sem deixar de explorar em detalhe as estratégias e práticas simbólicas intervenientes nos contenciosos ocorridos, metodologicamente optou pela reconstituição progressiva de um processo. O enredo que a pesquisadora nos fornece permite, então, percorrer trajeto(s) que abarcam: da estruturação das três grandes empresas contempladas na investigação (Camargo Corrêa, Odebrecht e Andrade Gutierrez) aos esforços de reconstrução das suas "imagens" nos últimos anos, passando pelas "denúncias" desferidas por membros do Ministério Público e da mídia, que atingiram a legitimidade dessas firmas de grife do "setor".

Desse modo, Porcionato explora as dinâmicas de afirmação de uma "elite econômica" e os mecanismos de acumulação ou deterioração de recursos de toda ordem. Cronologicamente, apreende cuidadosamente "três tempos": T1) os investimentos (em negócios, títulos escolares, celebração da história familiar e conquista, manutenção e ampliação de redes de relações, principalmente no domínio político) efetuados pelos membros das "famílias" voltados à constituição dos respectivos patrimônios materiais e simbólicos; T2) os rituais de depreciação protagonizados por procuradores da denominada "força-tarefa" da "lava-Jato" e jornalistas engajados na publicização das denúncias; T3) e as modalidades de reelaboração da face das empresas envolvidas. Para tanto, grifo a pertinência da bibliografia mobilizada sobre as lógicas de funcionamento de diferentes segmentos de elites (econômicas, burocráticas, políticas, judiciais e midiáticas) e suas interdependências

Entre tantas qualidades do trabalho ora apresentado, desejo acentuar duas. A primeira é a feliz combinação de autores que se mostraram complementares na forma de construção do objeto e, consequentemente, nas dimensões de análise privilegiadas. Especialmente os pares Pierre Bourdieu e Erving Goffman, para pensar nas dinâmicas de legitimação e estigmatização dos agentes, grupos familiares e empresas em pauta; e John Thompson e Roberto Grün, para refletir acerca das bases morais da "escandalização" – o primeiro ressaltando os impacto da "era da mídia" na edificação dos escândalos como mecanismo de ventilação da vida pública, e o segundo chamando a atenção para o quanto certos *affaires* são reveladores de engrenagens (agentes, propriedades e relações sociais) que interligam domínios aparentemente segmentados da vida social (judiciário, imprensa, política...). Nesse último aspecto reside a segunda contribuição importante deste empreendimento, pois seguindo uma genealogia bem sucedida de estudos, delineia uma configuração imbricada, perpassada por registros compartilhados entre agentes espraiados em âmbitos de atuação distintos e submetidos a clivagens políticas comuns.

Por isso, para finalizar, saliento exatamente o empenho em abranger a multimensionalidade dos embates deflagrados, conjugando-se a isso a descrição da história das empresas e de várias gerações de proprietários, que temos a oportunidade de acessar. Notadamente, nesta publicação nos deparamos com a demonstração de quão lábeis são os recursos comumente considerados como os mais objetivados e institucionalizados, a exemplo dos capitais econômicos concentrados pelos agentes coletivos e individuais por conta do sucesso alcançado em um mercado específico. E de que essa volatilidade pode decorrer também de valorizações, desvalorizações e revalorizações ocasionadas por reconfigurações ocorridas em outros meios sociais e, em cadeia, ocasionar a oscilação de estimas atribuídas às pessoas, sobrenomes e marcas. O que nos convida a ponderar e aprofundar as reflexões, por um lado, sobre as interferências da plasticidade e da fluidez na configuração das lutas sociais e, por outro lado, sobre o peso da dimensão simbólica (reconhecimento, reputação e honra) sobre as bases mais sedimentadas (materiais e objetivas) de dominação.

De herói a vilão: o setor da construção civil, a Lava Jato e o simbólico

Maria Chaves Jardim[1]

A Lava Jato instigou diversas análises no campo acadêmico. Algumas bem aprofundadas, outras menos. É nesse campo temático dividido que Gabriela Lanza Porcionato se situa, mas sem as análises simplistas daqueles que se deixaram seduzir facilmente pelos acontecimentos narrados e construídos cotidianamente pela imprensa brasileira.

Estudiosa do setor da construção civil durante toda graduação e o mestrado, Porcionato faz uso dessa experiencia para a sua tomada de posição no debate durante a tese de doutorado. Seu profundo conhecimento empírico do setor da construção civil do Brasil, somado ao seu arsenal teórico metodológico foram as estratégias utilizadas para construir uma narrativa cercada por vigilância epistemológica sobre os desdobramentos da Lava Jato na rotina das três maiores empresas do setor da construção civil. Apesar de acertadamente acionar diversos nomes das Ciências Sociais, como Erving Goffman, Luc Boltanski, Mary Douglas, sentimos a forte inspiração da teoria relacional de Pierre Bourdieu nas entrelinhas de seu texto. Porcionato operacionaliza a sociologia de Bourdieu de forma consciente e

---

1 Professora Livre Docente do Departamento e do Programa de Ciências Sociais da Unesp de Araraquara, bolsista Produtividade CNPQ, Líder do grupo de pesquisa Nespom (Núcleo de Estudos sobre Sociedade, Poder, Organização e Mercado)

na maior parte do tempo, inconsciente, expressando intimidade com a complexa obra do autor.

Para dar conta de seu tema de pesquisa, Gabriela Porcionato trata a Lava Jato como um escândalo construído socialmente e elege como fio condutor as desclassificações simbólicas sofridas pelas três principais empresas do setor, Camargo Corrêa, Odebrecht e Andrade Gutierrez, que foram denunciadas pela Lava Jato e em alguns casos tiveram seus diretores e presidentes presos. Busca, também, objetivar as estratégias de luta dessas empresas para a retomada do prestígio perdido durante o contencioso.

Seguindo uma linha cronológica, mas nem por isso sem tensão, ambiguidade e contra movimento, a primeira parte do livro oferece uma sociogênese do setor da construção civil, mostrando em detalhes como as três principais empresas do setor se construíram e suas históricas relações com o Estado brasileiro. Nesse momento, aciona conceitos centrais da socióloga francesa, Monique de Saint Martin, para explorar uma ideia relacional de elite, ou seja, um conceito de elite que não se explica nele mesmo, mas em relação aos outros grupos pertencentes e atuantes no espaço social. Para tanto, mostra a construção das redes de relacionamento (capital cultural), os trunfos educacionais (capital cultural) e as aquisições materiais (capital econômico), dando destaque para a tecnologia da época, como tratores da última geração, na gênese dessas empresas. Ainda inspirada em Saint Martin, mostra que essas empresas fabricam fronteiras, sobretudo sociais por meio de construções morais e cognitivas de distinção. Essa primeira parte do livro cumpre o papel não apenas de fornecer a história do setor da construção civil, mas ainda e sobretudo, de mostrar o trabalho simbólico geracional dessas famílias na construção de seus sobrenomes, visto como um patrimônio de distinção entre "elas" e os "outros". De forma contraintuitiva, Porcionato mostrará na última parte do livro, que esse mesmo sobrenome será omitido, dissimulado ou mesmo negado, como parte das estratégias das empresas para fugir da crise trazida pelo escândalo Lava Jato.

Na segunda parte do livro, Porcionato aborda o processo de depreciação das empresas, por meio das denúncias do Ministério Público e a construção na grande imprensa do escândalo da Lava Jato. Nessa parte, claramente inspirada na sociologia dos escândalos de Roberto Grün, identifica os "empreendedores morais do escândalo" dando destaque a figura do procurador Deltan Dallagnol. Utilizando os conceitos de *cité* de Luc Bolstanki, Chiapello e Théavenot, desvela as justificativas construídas pelos empreendedores morais da Lava Jato para sua construção, manutenção e ganhar apoio da sociedade. Aqui, pontua o caráter de bem comum ligado a cité cívica de combate à corrupção. Nesse momento do texto, a autora encara com segurança analítica um tema caro às ciências sociais, o tema da corrupção. Ainda nessa segunda parte, Porcionato coloca em tela o cotidiano dos empreiteiros na prisão, utilizando para isso o livro A *Elite na cadeia*, de Walter Nunes. Nesse momento do livro somos informados sobre a rotina humilhante e depreciativa da elite da construção civil na cadeia. Os detalhe sobre uso de algemas, de tornozeleira e as condições das celas dos presos, pode parecer detalhes um tanto prosaicos para os leitores mais distraídos. Mas constituem importantes elementos simbólicos que ajudam Porcionato a tensionar com a primeira parte do livro, quando a autora mostra o árduo trabalho das famílias para a consagração de seus sobrenomes, que com a operação policial Lava Jato passam a ser estigmatizados na grande imprensa.

Após reconstruir a consolidação e a crise das três principais empresas do setor da construção civil, na última parte do livro, Porcionato está preocupada em mostrar as estratégias utilizadas pelas empresas para fugir dos constrangimentos simbólicos e também econômicos trazidos pela Lava Jato, já que as empresas passaram a fazer parte de uma lista de "empresas bloqueadas" pelo Estado; o que quer dizer que devido ao escândalo, as empresas deixaram de ser acionada para parcerias nas obras de infraestrutura, ocasionando, como mostra Porcionato, redução nos lucros e demissões de funcionários. Após estudar os documentos sobre a reestruturação das três empresas, Porcionato percebe uma produção discursiva que coloca ênfase na palavra transparência, em clara negação à corrupção do passado. Acionando Mary Douglas, Porcionato explora a produção do esquecimento da memória pública, por meio do afastamento de membros do conselho envolvidos na Lava Jato e especialmente dos herdeiros, como foi o caso de Marcelo Odebrecht. Na formação de uma nova memória, as empresas reelaboraram sua marca, seu nome e apagaram de seu *marketing* empresarial os sobrenomes das famílias, outrora honrados.

Por tudo isso, o livro de Gabriela Porcionato pode ser lido de diversas perspectivas, cito três: primeiro pela perspectiva de que escândalos são parte constitutivas do tecido social e se tornam peças-chaves que alimentam disputas simbólicas entre agentes e grupos em determinados contextos; segundo pela perspectiva das elites, quando mostra os movimentos e contra movimentos das famílias estudadas para a construção e manutenção do patrimônio econômico e simbólico a partir dos seus sobrenomes; por fim, ainda que não tenha sido enunciado pela autora, o livro pode ser lido pela chave da sociologia econômica, uma vez que Porcionato demostra o tempo todo a presença de elementos não-econômicos tanto na construção dessas empresas, como na sua depreciação. Ou seja, tanto a construção do mercado da construção civil como sua crise podem ser, em alguma medida, explicados a partir do elemento simbólico.

Nesse sentido, ao final do livro, temos a impressão que o simbólico parece ser o personagem mais marcante nessa narrativa, a partir do qual os demais elementos se entrecruzam. É o simbólico que demarca fronteiras, reputações, depreciações e cria estigmas junto aos herdeiros do setor civil. É o simbólico que classifica e desclassifica; que inclui e exclui; que sacraliza e profaniza as empresas envolvidas na Lava Jato. Portanto, mais do que um livro sobre o setor da construção civil e a Lava Jato, é um livro que objetiva do seu inicio ao fim a importância do simbólico na construção do mundo social.

Introdução

A investigação de corrupção e lavagem de dinheiro no Brasil, iniciada em março de 2014 e que foi intitulada Operação Lava Jato é, nas palavras do Ministério Público Federal (MPF), "a maior investigação de corrupção e lavagem de dinheiro já realizada no Brasil". (MPF, 2021, n.p.).

Em 17 de março de 2020 a operação completou seis anos, e envolveu nomes de grandes empresas públicas e privadas, entre elas, as três empreiteiras aqui citadas, seus empresários, dirigentes e funcionários, além de agentes do Estado de alto e médio escalão. Mergulhada na crise, no dia 17 de junho de 2019, a Odebrecht S.A. comunicou que ajuizou pedido de recuperação judicial perante a Comarca da Capital do Estado de São Paulo, nos termos da Lei nº 11.101/05. O pedido foi o maior já feito no Brasil. (VALENTI; MOREIRA, 2019).

Baseada em um cenário de crise - perda do capital econômico e simbólico - provocado pelo escândalo trazido pela operação Lava Jato, este livro se propõe a analisar o processo de perda de prestígio e identificar as estratégias de retomada de legitimação das empresas em questão, para se manterem como dominantes desse espaço. Esse processo de restruturação do setor, estamos chamando de reelaboração da face (GOFFMAN, 1985).

As construtoras formadas por empresários brasileiros passaram a atuar intensamente no setor de construção civil a partir dos anos 1950. (CAMPOS, 2012). As três empresas de obras de infraestrutura pesada estudadas nesta pesquisa – a Construtora Camargo Corrêa (CC), fundada em 1939, a Odebrecht (ODE), em 1944, e a Construtora Andrade Gutierrez (AG), em 1948 – são consideradas as empresas da primeira geração da infraestrutura nacional. Tais empresas nunca deixaram de estar entre as cinco maiores empresas de construção do Brasil e ao longo de sua trajetória atuaram junto ao Estado em obras da infraestrutura nacional.

Seguindo nessa perspectiva, esse estudo busca contribuir na literatura, a partir de um estudo empírico, que envolve a elite econômica da construção civil no Brasil, em contexto de reelaboração da face (GOFFMAN, 1985) durante o escândalo Lava Jato.

Os resultados da pesquisa demonstram que as empresas passaram a alterar as estratégias de legitimação, a partir de novas práticas, tais como o pedido de recuperação judicial, demissão de funcionários, mudança no conselho administrativo e vendas de ativos; assumimos que essas estratégias econômicas que se sustentam a partir do simbólico, tais como a mudança na roupagem, (nome, cores e logo), cartas e pedidos de desculpa públicos, e um movimento chamado de Jornada da Transformação, que ganhará destaque nessa pesquisa.

Ancorado, principalmente, no embasamento teórico metodológico da sociologia relacional de Pierre Bourdieu, a pesquisa entende que as ações práticas e simbólicas são complementares, ou seja, uma dá sentido à outra e ambas retratam o posicionamento de quem as realiza no espaço social, consideradas por nós como posições dominantes. Portanto, uma se reforça na outra e ambas reforçam a posição social de seus agentes – elite econômica –, que por sua vez, a partir de práticas e discursos, reforça a posição que ocupam no espaço social. Esse argumento é inspirado em Pierre Bourdieu.[1]

O objetivo da pesquisa que deu origem ao livro foi analisar as estratégias de legitimação utilizadas pela elite econômica de três empresas da indústria da construção civil brasileira no contexto de crise econômica e simbólica trazida pela Operação Lava Jato; entender as estratégias simbólicas e objetivas de manutenção no espaço social da indústria de construção brasileira como uma reelaboração da face (GOFFMAN, 1985), assim como identificar quais trunfos as empresas acionam nessa empreitada de ressignificação após o escândalo Lava Jato.

As perguntas consideram que o setor da construção nacional, sobretudo as empresas estudadas, ODE, CC e AG, sempre se mantiveram nas primeiras colocações do ranking da construção civil (PORCIONATO, 2016). É considerando esse contexto, bem como a crise trazida pelo escândalo Lava Jato, que buscamos responder as questões a seguir.

Diante do escândalo Lava Jato, como se deu a perda de prestígio das empresas?

Quais os trunfos e estratégias que tais empresas utilizaram para a retomada de legitimidade?

Em quais justificativas as empresas se apoiaram na busca de reelaboração da face?

Qual o papel do sobrenome no processo de reelaboração da face das empresas?

---

1 De fato, nada mais falso do que acreditar que as ações simbólicas (ou o aspecto simbólico das ações) nada significam além delas mesmas: na verdade, elas exprimem sempre a posição social segundo uma lógica que é a mesma da estrutura social, a lógica da distinção (...) deve o essencial de seu "valor" à sua posição em uma estrutura social definida como sistema de posições e oposições. (BOURDIEU, 2013, p. 111).

As empresas foram afetadas de igual maneira na perda de prestígio?

Quais estratégias adotadas pelas empresas são semelhantes e quais são diferentes na busca da retomada de prestígio?

Para dar conta da tarefa a que nos propusemos – a construção de uma possível narrativa sobre a busca de legitimidade da construção civil em contexto de crise – optamos por diversas estratégias metodológicas.

Um primeiro procedimento foi a realização da sociogênese do setor de construção civil brasileiro. Tal abordagem histórica, além de permitir uma visualização da estruturação geral do setor, tem por princípio apontar inter-relações entre o setor de construção e outras esferas sociais, tais como a política (Estado), educacional (cursos de engenharia), social (entidades de classe) e assim, iniciar o entendimento sobre os mecanismos de formação da elite.

A fim de entender o processo de reelaboração da face (GOFMMAN, 1985) das empresas selecionadas, nos debruçamos inicialmente sobre o seu processo oposto, o de acusação das empresas, que estamos chamando de rituais de depreciação. Desta forma, parte da pesquisa contou com o mapeamento, seleção e análise de documentos disponibilizados Ministério Público Federal (MPF), órgão estatal que investigou e denunciou as empresas de construção.

As denúncias selecionadas para análise encontram-se no recorte temporal de 2014–2016. Lembramos que trazer as denúncias justifica-se para mostrar o processo de degradação simbólica do setor, assim como as justificativas dos engajados na construção da operação Lava Jato.

Além das denúncias, analisamos o discurso presente no livro A luta contra a corrupção, do Procurador Chefe da Força Tarefa da Lava Jato em Curitiba, Deltan Dallagnol (2017). O objetivo do estudo deste livro foi igualmente identificar as justificativas de engajamento na Lava Jato, acionadas pelo promotor da Operação Lava Jato.[2]

Os escritos nas denúncias e a própria produção de denúncias fazem parte de um contexto que, mais do que produções burocráticas e processos legais são também discursos. Para Bourdieu (2014, p. 274), "a burocracia não cria somente arquivos, ela também inventa discursos de legitimação".

O livro *A Elite na cadeia* do jornalista Walter Nunes, publicado em 2019, também foi analisado. O livro foi escrito pelo jornalista, Walter Nunes, da *Folha de S. Paulo*, que atuou na cobertura da Operação Lava Jato. Ele aborda a rotina dos chamados presos da lava jato, ou seja, dos empreiteiros na carceragem da Polícia Federal de Curitiba e no Complexo Médico Penal.

Observamos a partir das informações disponibilizadas pelas próprias empresas, as justificativas acionadas por estas, visando a inserir mudanças práticas (objetivas) e discursivas (simbólicas) no cotidiano das empresas. Por fim, realizamos coleta de dados nos jornais de grande circulação, com foco no jornalismo econômico do Valor Econômico. O objetivo dessa coleta de dados foi mapear como as estratégias de reelaboração da face das empresas foram vistas e divulgadas pelo jornalismo.[3]

---

2 Aqui, vale uma ressalva metodológica: entendemos que existem mais agentes estatais envolvidos na operação Lava Jato, mas por questões de recorte empírico nos concentraremos apenas no Ministério Público (MP), com destaque para alguns promotores, como Deltan Dallagnol.

3 Sobre o jornalismo econômico, Undurraga e Pedroso Neto (2016), inspirados no conceito de campo de Pierre Bourdieu, analisam que o campo do jornalismo é

No nosso material empírico, identificamos que as empresas passaram, em seu processo de reelaboração da face, a acionar justificativas que falam em gestão profissional alinhada à categoria transparente, implementação do compliance – do inglês to comply aqui interpretado como estar em conformidade –, abertura de ações na bolsa de valores e o cumprimento de diversas normas dentro das empresas, entre elas à lei anticorrupção e do movimento Jornada da Transformação, que visa se afastar da imagem de empresa corrupta. No conjunto o jornalismo passou a divulgar essas mudanças, ajudando a construir a reelaboração da face dessas empresas.

O tratamento de diversas fontes de dados permite alcançar o conjunto de pontos de vistas envolvidos na construção do escândalo Lava Jato, assim como a reelaboração da face das empresas. Tenta-se, também, aplicar a sociologia dos agentes de Pierre Bourdieu (1989a), na medida em que se busca entender o papel de alguns agentes considerados peças-chaves para o problema de pesquisa, assim, quando possível e necessário, serão enfatizadas as características individuais de alguns dirigentes de empresas envolvidos no escândalo Lava Jato (em decorrência de outros).

A pesquisa realizada pode ser enquadrada na Sociologia das Elites, na Sociologia Política ou na Sociologia dos Escândalos, já que busca, por meio dos escândalos proporcionados pela operação Lava Jato, estudar disputa em torno do Estado (BOURDIEU, 2014) e de grupos das elites dominantes do setor da construção

uma prática de produção simbólica integrante da vida social; assim sendo, o campo do jornalismo participa das lutas simbólicas que visam dar sentido às atividades, práticas e discursos da economia. Para os autores, o campo do jornalismo ajuda a produzir e manter uma hierarquia de perspectivas sobre a economia.

civil. Sendo, nessa pesquisa, o Estado representado pelos agentes do Estado, os procuradores e a elite econômica representada pelos dirigentes da construção civil. Em termos metodológicos, a inspiração central é a Sociologia Reflexiva de Pierre Bourdieu (1989a), no sentido que busca oferecer uma narrativa relacional sobre a elite da construção civil, envolvida no escândalo Lava Jato, identificando suas principais estratégias de legitimação e reelaboração da face frente às denúncias e prisões propiciadas pelos agentes do Estado, representados pelos procuradores do Ministério Público (MP).

Devido a centralidade de alguns agentes estatais em nosso estudo, as análises vão ao encontro do que Bourdieu (2014) chama de concorrência sobre Estado, ou seja, são agentes que lutam para conseguir controle sobre os recursos detidos por esse "metacampo" (BOURDIEU, 2014, p. 267) – poder tomar medidas transcampos – com "metapoder" (BOURDIEU, 2014, p. 407) que é o Estado.

Esta abordagem, a do Estado como um metacampo, que orquestraria a Operação Lava Jato, constrangendo o setor da construção civil, que passaria, por sua vez, a buscar formas de se reiventar, estaria mais alinhada com os objetivos da pesquisa.[4]

Um outro conceito, caro a essa pesquisa, é o conceito de elite. O conceito de elite é abordado nessa pesquisa, via Saint-Martin (2008; 2020). Tal conceito ajuda a entender a disposição e os trunfos dos agentes sociais da construção civil, envolvidos na reelaboração das empresas.

4 O Estado, como detentor de um metacapital, é um campo dentro do qual os agentes lutam para possuir um capital que dê poder sobre os outros campos. (...) estabeleço aqui o laço, a relação, entre o campo do poder e o Estado: um dos princípios unificadores do campo do poder é que as pessoas que dele fazem parte lutam pelo poder sobre o Estado, por esse capital que dá poder sobre a conservação e a reprodução das diferentes espécies de capital. (BOURDIEU, 2014, p. 267).

Para analisar o cenário da disputa que se dá no âmbito da Operação Lava Jato, acionamos o conceito de escândalo de Thompson (2002), para quem todo escândalo envolve certa visibilidade, ou atuação midiática, o que justificou olharmos o campo midiático, como dado complementar.

Para a análise das justificativas acionadas nas denúncias, no material da imprensa e das construtoras (via revistas do setor), nos baseamos em Boltanski e Chiapello (2009) e Boltanski e Theavenot (1991) no modelo de justificação via cité, desenvolvido pelos autores.

Para estudar o processo de reelaboração da face das empresas, assim como a busca de legitimação realizada por estas, nos apoiamos no conceito de reelaboração da face, de Goffman (1985).

Por fim, inspirada na sociologia cognitiva de Mary Douglas (1998), entendemos que, tanto o processo de depreciação das empresas quanto o de reelaboração da face, são operados via convenções sociais cristalizadas socialmente nas instituições.[5]

O livro é composto de três narrativas que se complementam: na primeira, mostramos a construção e a ascensão do setor da construção civil no Brasil, por meio de revisão bibliográfica e nossas pesquisas anteriores; a segunda parte, mostramos o envolvimento na operação Lava Jato e a depreciação do setor, por meio de dados empíricos coletados pela pesquisa; na última parte, mostramos a busca de reelaboração da face das três em-

---

5 O livro recebeu algumas adaptações na linguagem, assim como no conteúdo. Para dar fluidez foram suprimidos algumas seções e subseções sobre conceitos da área de ciências sociais e na abordagem acadêmica, como metodologia da análise de discurso (GREGOLIN, 1995) e uso do softwere MAXQDA, o processo de seleção das denúncias selecionadas para análise, macroestrutura das denúncias analisadas, deve consultar a tese original disponível no repositório institucional da UNESP.

presas estudadas, quando buscam se distanciar dos sobrenomes que na primeira parte da narrativa eram tidos de alta reputação.

PARTE I

OS DOMINANTES

O setor de construção civil brasileiro

A Camargo Corrêa, fundada em 1939, Odebrecht (1944), Andrade Gutierrez (1948), Queiroz Galvão (1953) e Mendes Júnior (1953) são consideradas as empresas brasileiras da primeira geração da infraestrutura nacional e, em praticamente toda a sua trajetória, tais empresas nunca deixaram de estar entre as cinco maiores empresas de construção do Brasil – segundo levantamento da *Revista O Empreiteiro* – e sempre atuaram junto ao Estado nas obras de infraestrutura nacional.

A estruturação do setor da construção civil sempre esteve associada à construção do Estado, portanto, a implementação de grandes obras é tarefa, historicamente, associada aos Estados. As três empresas aqui estudadas se estruturam em um contexto no qual o Estado passa de executor de obras de infraestrutura nacional para contratante e deixa a execução a cargo da iniciativa privada.

Portanto, nesta seção, busca-se apresentar, a partir de uma perspectiva histórica, a criação de órgão nacionais que exerceram e ainda exercem grande influência no setor. O objetivo é mostrar como se formou e se avolumou a demanda de obras públicas. Na última parte da seção, focaremos nos programas que aqueceram o mercado da construção civil na primeira década do século 21, durante os governos Lula e Dilma. Usaremos pesquisas anteriores desenvolvidas em nosso grupo de pesquisa Nespom-FCLar (JARDIM, 2007; PORCIONATO, 2014; JARDIM; SILVA, 2015; PORCIONATO, 2016; JARDIM; PORCIONATO, 2017) para demonstrar as relações existentes entre agentes estatais e agentes do mercado da construção civil, argumentando que o setor tem como principal cliente o Estado.

Para dar conta dessa tarefa, realizamos revisão bibliográfica que vai desde as primeiras iniciativas no setor da construção civil, no século XIX, até a contemporaneidade, com destaque para os anos Lula e Dilma, que incentivaram sobremaneira o setor.

Primeiras Iniciativas

O Ministério da Indústria, Viação e Obras Públicas foi criado com a denominação de Secretaria de Estado dos Negócios da Agricultura, Comércio e Obras Públicas pelo decreto legislativo n. 1.067, de 28 de julho de 1860. Em 1890, o decreto n. 449, de 31 de maio, promoveu modificações em sua organização, que ficou composta por gabinete do ministro, Diretoria Central, Diretoria de Agricultura, Diretoria do Comércio, 1ª Diretoria de Obras Públicas e 2ª Diretoria de Obras Públicas.

Em 1891, a lei n. 23, de 30 de outubro, que promoveu a primeira organização da administração pública no período republicano, determinou a mudança de nome para Ministério da Indústria, Viação e Obras Públicas. Essa lei também redefiniu as atribuições da pasta, que ficaram circunscritas aos serviços concernentes à agricultura, ao comércio e às indústrias, incluindo a administração das indústrias geridas pela União; à conservação das florestas e à execução das leis e regulamentos relativos à pesca nos mares territoriais; à navegação dos mares e rios pertencentes à esfera federal; à administração e ao custeio das vias férreas da União; às obras públicas; ao expediente e despacho nos processos relativos às patentes de invenção e marcas de fábricas e de comércio; aos trabalhos dos telégrafos e correios, dentre outros objetos (MAPA, 2017).

No início do período republicano, o ministério preservou o seu papel na promoção do "desenvolvimento do progresso nacional" (MAPA, 2017, n.p.), com destaque para as ações destinadas aos setores de obras públicas e da viação. O Ministério da Indústria, Viação e Obras Públicas recebeu a segunda maior dotação orçamentária entre os ministérios para o ano de 1903. Duas comissões foram criadas para atuar nas reformas: Comissão Construtora da Avenida Central e a Comissão Fiscal e Administrativa das Obras do Porto do Rio de Janeiro. A concentração das obras nesse período resultou no melhoramento dos portos e na construção de avenidas destinadas à comunicação do porto com o centro da cidade. (MAPA, 2017; GOULARTI FILHO, 2007).

Outro foco da atenção governamental se concentrou na questão das secas, após a grande seca ocorrida em 1900 no Ceará. Em 1904, foi instituída a Comissão de Estudos e Construção de Obras, contra os Efeitos da Seca do Rio Grande do Norte, que ficou responsável pela edificação de açudes e poços e construção da Estrada de Ferro do Ceará-Mirim. Para uma atuação mais abrangente, em 1906, foi criada a Superintendência dos Estudos e Obras Contra os Efeitos da Seca, pela decisão n. 14, de 7 de maio, destinada à realização de serviços de açudagem e perfuração de poços.

Na esfera da viação, verificou-se a continuidade do processo de expansão ferroviária, particularmente nas regiões de cultivo de café. Em 1890, houve uma tentativa de planejamento da malha férrea, com a elaboração de um plano nacional de viação. Apesar de não ter sido implementado, o plano serviu de base para a preparação de um decreto (n. 862, de 16 de outubro de 1890) que determinou a concessão de privilégios, garantia de juros e mais favores para empresas e bancos privados, com o propósito de viabilizar um sistema de viação geral, que estabeleceu linhas férreas e favoreceu obras de prolongamento em diversos pontos do país nesse período (MAPA, 2017).

O decreto legislativo n. 1.606, de 29 de dezembro de 1906 criou o Ministério da Agricultura, Indústria e Comércio, alterando a denominação para Ministério da Viação e Obras Públicas, delimitando como suas competências os serviços relacionados à viação férrea, portuário, a navegação marítima, fluvial e aérea, as obras contra as secas, os serviços de correios, telégrafos e telefones, instalação e fornecimento de energia elétrica e aproveitamento de quedas d'água. Além dessas matérias, competia ao ministério tratar da iluminação elétrica e do saneamento da capital federal, incluindo o abastecimento de água e esgotos, bem como desenvolver o setor da siderurgia no país. O Ministério da Viação e Obras Públicas era composto por quatro diretorias-gerais: de Viação, de Obras Públicas, de Correios, Telégrafos e Iluminação e de Contabilidade. (MAPA, 2017).

Nesse período foram criadas repartições técnicas, como a Inspetoria de Obras Contra as Secas para organizar os serviços de obras direcionados ao combate das secas na região Nordeste; a Repartição Federal de Fiscalização das Estradas de Ferro, depois denominada Inspetoria Federal das Estradas, para dar continuidade ao programa de expansão das ferrovias, a Inspetoria Federal de Portos, Rios e Canais cuja finalidade foi realizar estudos de melhoramento dos portos nacionais e rios navegáveis e sobre a abertura de canais marítimos e fluviais; e a Inspetoria-Geral de Iluminação, encarregada do serviço de iluminação pública e particular, a gás ou a eletricidade.

Todos os serviços públicos de infraestrutura, tais como o melhoramento do abastecimento de água, a instalação de redes de esgoto e a implantação de serviço de iluminação elétrica eram a cargo do Ministério da Viação e Obras Públicas. O último regulamento do Ministério da Viação e Obras Públicas foi aprovado pelo decreto n. 13.939, de 25 de dezembro de 1919, que extinguiu as antigas diretorias-gerais, substituídas por duas: a de Contabilidade e a de Expediente. Essa estrutura se manteria sem alterações significativas até a década de 1950 (JESUS, 1955).

A primeira lei a conceder auxílio federal para construção de estradas foi aprovada em 1905. Mas só a partir de 1920 um órgão público, a Inspetoria Federal de Obras Contra as Secas, passou a cuidar da implementação de rodovias. Ainda assim, apenas no Nordeste, e sem ter uma finalidade especificamente rodoviária. Neste ponto, o Estado de São Paulo, em 1926, criou a Diretoria de Estradas de Rodagem, que resultaria, em 1934, no Departamento de Estradas de Rodagem (DNER): o primeiro órgão rodoviário brasileiro com autonomia técnica e administrativa. O engenheiro Lafayette Prado afirma que o departamento adquiriu então "status virtualmente ministerial", comandado por Régis Bittencourtz. (DNIT, 2018).

No estado de São Paulo, entre 1920 e 1924, Washington Luís, ficou conhecido como o "governador estradeiro" devido a implementação de várias rodovias, entre elas: a São Paulo-Ribeirão Preto e a São Paulo-Sorocaba, pavimentação da São Paulo-Santos, e projetos de rodovias interestaduais, como a Rio-São Paulo, a São Paulo-Cuiabá e a São Paulo-Curitiba. Também iniciou a estrada São Paulo-Pouso Alto, que se tornou a parte paulista da Rio-São Paulo, completada em seu trecho fluminense quando Washington Luís assumiu a presidência da República em 1926. Um ano depois, em 1927, o governo federal fundou a Comissão de Estradas de Rodagem Federais. Com um fundo especial de financiamento, obtido a partir de sobretaxas nos impostos sobre gasolina, veículos e acessórios, a Comissão chegou a construir importantes obras para a época, como a Rio-Petrópolis e a parte fluminense da primeira ligação entre Rio de Janeiro e São Paulo.

O Departamento Nacional de Estradas de Rodagem (DNER), era constituído por 11 divisões, procuradoria jurídica e comissões, tendo como competência elaborar o plano nacional de estradas de rodagem, execução e fiscalização de obras e melhoramentos nas estradas, assim como o seu policiamento. O órgão se tornou, após reformulação em 1945, a principal instância estatal de atuação dos empresários da construção pesada nacional, sendo o mais importante contratador de obras públicas do país. Era também um dos órgãos que mais empregava pessoal na administração pública federal, com 30 mil empregados em 1966. (CAMPOS, 2012).

Como resultado das reformas administrativas empreendidas na administração pública federal, alguns órgãos foram renomeados e outros foram criados/instituídos. O aparecimento do Departamento Administrativo do Serviço Público (DASP), em 1938, concentrou grande poder político e administrativo. O órgão era "o centro de esforços de planejamento", ao qual cabia as mais variadas funções, desde assessorar o Presidente da República nas questões legislativas até a formulação dos orçamentos anuais e os planos do governo, como o Plano Especial de Obras Públicas, em 1939 e o Plano de Obras e Equipamentos, em 1945. (TEIXEIRA, 1997, p. 47).

O Plano Especial tinha dentre seus objetivos principais a criação de indústrias básicas, previa a criação da Companhia Siderúrgica Nacional (1941) e a execução de obras públicas consideradas indispensáveis. Com a renovação do plano, surgiu o Plano de Obras e Equipamentos (Decreto-Lei nº 6.144) instituído em 1943, vigorou até 1946 e tinha como objetivos apoiar obras públicas e indústrias básicas.

Considera-se que o Plano Especial de Obras Públicas e Aparelhamento da Defesa Nacional (1939) foi substituído em 1943 pelo Plano de Obras e Equipamentos, considerado "o marco histórico do planejamento brasileiro", por constituir-se em um plano plurianual (cinco anos) sistematizados, contendo dotações específicas. (TEIXEIRA, 1997, p. 62).

Em 9 de abril de 1941 o presidente Getúlio Vargas assinou o decreto para a criação da Companhia Siderúrgica Nacional (CSN). Dez anos antes, havia sido criada a Comissão Militar de Estudos Metalúrgicos. A CSN foi a primeira produtora integrada de aço plano no Brasil, um marco no processo de industrialização do país. Seu aço viabilizou a implantação das primeiras indústrias nacionais, núcleo do atual parque fabril brasileiro. A Construção civil mudou o perfil produtivo da CSN. (BELO, 2012).

O governo Vargas elaborou entre 1943 e 1946 um primeiro Plano Nacional de Eletrificação, a cargo de técnicos do Conselho Federal de Comércio Exterior (CFCE). A Companhia Hidro Elétrica do São Francisco (CHESF) foi a primeira empresa pública de eletricidade do país. Empresa de economia mista criada pela União na data de 03 de outubro de 1945, com base no Decreto-Lei n.º 8.031 e constituída em 15 de março de 1948. Integra o grupo de empresas controladas pelas Centrais Elétricas Brasileiras S.A. (Eletrobrás).

Em 1940, 98% da produção de energia elétrica do país era dominada pelo capital privado. A criação da Companhia Hidrelétrica do Vale do São Francisco (Chesf), em 1945, começou a construir a Usina Hidrelétrica de Paulo Afonso em 1948. A peculiaridade da obra de Paulo Afonso é que o Estado era o controlador e não mais empresas privadas estrangeiras. A usina representou uma espécie de ponto de transição nos modelos de construção hidrelétrica no país, pois as demais obras da companhia ficariam sob o encargo de empresas privadas, mas nacionais. (ALMEIDA, DAIN, ZONINSEIN 1982; CAMPOS, 2012).

O Plano SALTE foi o plano econômico apresentado pelo presidente Eurico Dutra (1946 – 1951) ao Congresso Nacional em 10 de maio de 1948, através da Mensagem Presidencial nº 196. O plano foi aprovado, após dois anos de tramitação, pela Lei nº 1.102, de 18 de maio de 1950. A designação "Salte" foi tirada das iniciais dos quatro principais problemas que o plano se propunha a resolver: saúde (s), alimentação (al), transporte (t) e energia (e). (CPDOC, 2009). Os gastos com transportes correspondiam a 51,3% do plano quinquenal SALTE. (COSTA, 1971).

O governo Dutra determinou que o DNER ficasse responsável pela rodovia. A União seguiu o modelo dos estados, como o caso da administração de Washington Luís no estado de São Paulo, que marcou as políticas rodoviárias brasileira ao ganhar autonomia das ferrovias. (CAMPOS, 2012) .

Em relação ao segundo período de Vargas (1951-1954), a criação da estatal brasileira Petrobrás foi um marco na atuação das empresas de engenharia brasileiras, através da abertura e operação de poços de petróleo e a construção de refinarias, polos petroquímicos e dutos de gás e petróleo. A lei 2.004 foi aprovada em 3 de outubro de 1953, criando a Petrobrás, que ao invés de empresa de capital misto, foi criada uma empresa totalmente estatal, que executaria o monopólio da pesquisa, lavra, refino, transporte marítimo e por dutos, administrada pelo Conselho Nacional do Petróleo (CNP). (MOURA, 1986).

A Petrobrás foi importante para o setor de construção pesada. A primeira planta petroquímica no país data de

1946, no Paraná, por empresa norte-americana. Em 1950, o Conselho Nacional do Petróleo (CNP) começou a construir a refinaria Presidente Bernardes, em Cubatão-SP, e, enfim, em 1954, entrava em operação a Capuava, maior refinaria do país. (POÇAS, 2009; CHAVES, 1985).

O estabelecimento de um acordo entre os Governos do Brasil e dos Estados Unidos, em 19 de dezembro de 1950, foi motivado pela necessidade de expansão econômica, mas esbarrada pela deficiência da capacidade para importar. O acordo se materializou na criação, em 1951, da Comissão Mista Brasil – Estados Unidos para o Desenvolvimento Econômico. Segundo Costa (1971), os trabalhos dessa Comissão se voltaram aos setores de transportes e de energia. Ao final de suas atividades, em dezembro de 1953, a Comissão, que realizou um minucioso estudo sobre a conjuntura econômica brasileira, publicou o resultado dos trabalhos em dezessete volumes, contendo a indicação de quarenta e um projetos considerados básicos ao desenvolvimento nacional.

A partir dos estudos, o Governo Vargas instituiu o Programa de Reaparelhamento Econômico e Fomento da Economia Nacional, em novembro de 1951. No ano seguinte, em 1952, constituiu o Banco Nacional de Desenvolvimento Econômico (BNDE). As decisões do BNDE foram direcionadas aos seguintes setores da economia: a) sistema ferroviário; b) portos e sistemas de navegação; c) sistema de energia elétrica; d) indústrias básicas; e) armazéns, silos, matadouros e frigoríficos; f) agricultura, eletrificação rural e abastecimento d'água a pequenas cidades. (GUIMARÃES FILHO, 1999).

Segundo Teixeira (1997), para Celso Furtado, foi através da criação do BNDE que o Brasil dispôs de um instrumento de financiamento a médio e a longo prazos, e o Estado foi equipado com os meios técnicos necessários à concepção e à implantação de uma política abrangente de desenvolvimento.

Juscelino Kubitschek utilizou os estudos, projeções, estimativas, diagnósticos e conceitos elaborados pelos técnicos do BNDE e da Comissão Econômica para a América Latina (CEPAL), assim como da Comissão Mista Brasil – Estados Unidos, enquanto candidato, e sob a coordenação de Lucas Lopes, promoveu a formulação de seu plano de desenvolvimento, conhecido como Plano de Metas. O Plano de Governo JK foi um marco em termos de política de planejamento estatal no país (GUIMARÃES FILHO, 1999).

Inicialmente, o programa de governo foi denominado Diretrizes Gerais do Plano Nacional de Desenvolvimento e, segundo JK, "não se tratava de um plano global e rígido da economia nacional, mas de uma programação metódica de medidas governamentais, de objetivos e metas para a iniciativa privada". (GUIMARÃES FILHO, 1999, p. 160) O Plano tinha as suas 12 primeiras e mais importantes metas relacionadas a transportes (5) e energia (7), os dois setores de maior interesse dos empreiteiros no que tange ao Plano de Metas. (MARANHÃO, 1981).

O governo que melhor marcou essa divisão de tarefas entre o Estado e as empresas privadas foi o de Juscelino Kubitschek, quando houve significativo aumento das obras contratadas com sinais claros dessa divisão de funções. (FERRAZ Filho, 1981, CAMARGOS, 1993, CAMPOS, 2012).

A construção de Brasília

Segundo Campos (2012), as obras da nova capital foi uma oportunidade significativa para as construtoras brasileiras, mas, sobretudo, para construtoras mineiras, cariocas e paulistas que ao aumentarem o seu portfólio de obras passaram a atuar para além de sua estrutura local. Esse aspecto será retomado na seção 5 deste livro que apresentará a sociogênese da Odebrecht, Camargo Corrêa e Andrade Gutierrez. Para Campos (2012), esse contexto também tratou de um momento decisivo para a aproximação entre os empresários, favorecendo a sua organização em organizações da sociedade civil de âmbito nacional.

Antes de assumir a presidência em 1956, governo estadual Kubitschek (1951-1955) foi o primeiro a ter um plano rodoviário estadual de grande porte. Prevendo construir 2 mil quilômetros de rodovias em um quinquênio. A gestão estadual JK foi responsável pela implantação de 3.825 km de estradas, superação de metas que marcou também seu período à frente da Presidência. Na presidência, Juscelino adotou o padrão norte-americano de construção rodoviária para todo o país. Nesse sentido, a política implementada no estado de Minas Gerais foi importante para o desenvolvimento do "segundo maior celeiro de empreiteiras do país". (CAMPOS, 2012, p. 60).

> Como as construtoras do estado eram inicialmente pequenas e pouco capitalizadas, elas se reuniram durante o governo JK no consórcio Ajax, que adquiria máquinas e recebia contratos para trechos de rodovias sem licitação. Apesar da presença de algumas construtoras do Rio e de São Paulo, as mais fortalecidas e beneficiadas com o programa foram as mineiras. (CAMPOS, 2012, p. 60).

Outro aspecto foi o projeto de eletrificação. JK deu continuidade ao Plano de Centrais Elétricas desenvolvido em 1942 no governo Benedito Valadares e prometeu dobrar a capacidade elétrica do estado e criou três empresas responsáveis, cada uma por uma usina: a Companhia de Eletricidade do Alto Rio Grande (Cearg), incumbida da usina de Itutinga; a do Médio Rio Doce (CEMRD), que ficou com a UHE de Tronqueiras; e a do Alto Rio Doce (Ceard), que iniciara a hidrelétrica de Salto Grande. Em 1951, a Assembleia Legislativa de Minas aprovou projeto do governador para formar uma companhia auxiliar, a Centrais Elétricas de Minas Gerais (Cemig). A Cemig foi uma das principais contratantes de obras das empreiteiras nacionais, especialmente as mineiras. A fundação da Cemig foi referência para outros estados criarem suas estatais. Assim, foram criadas as estatais paulistas de energia, depois reunidas na Companhia Elétrica de São Paulo (Cesp), a Companhia de Eletricidade do estado de Goiás (Celg), a paranaense (Copel), a capixaba (Escelsa). (ALMEIDA; DAIN; ZONINSEIN, 1982).

O Plano de Metas priorizou a construção de estradas de rodagem. Com proposta inicial de implementar 10.000 km de rodovias, o governo JK aumentou seguidamente essa meta, chegando a total de 12.169 quilômetros construídos. As metas de pavimentação e restauração também foram superadas, indo de 2.376 km para 9.591 km as rodovias federais pavimentadas de 1955 a 1961 e a extensão nacional passou de 459.714 km para 499.550 km entre 1955 e 1961. (ALMEIDA; DAIN; ZONINSEIN, 1982).

O projeto rodoviário representava a centralidade de Brasília, como o centro aglutinador do novo desenho rodoviário do país. Essas obras rodoviárias representaram a principal fonte de ganhos para os empreiteiros no período JK, consolidando essa especialidade dentre as empresas brasileiras de engenharia. As atuações junto ao DNER e as relações com o grupo de JK projetaram as empreiteiras mineiras para diversas regiões do país. (CAMPOS, 2012).

A criação da Superintendência de Desenvolvimento do Nordeste (Sudene), em dezembro de 1959, sob a direção de Celso Furtado, presente no Grupo de Trabalho para Desenvolvimento do Nordeste (GTDN), teve importância para o setor da construção pesada em âmbito regional. Foi criado também o Banco do Nordeste (BNB) e o objetivo era industrializar a região, sendo o meio para tal dotar seus Estados de uma infraestrutura adequada. Os projetos incluíam rodovias, aproveitamento de matérias-primas, hidrelétricas e incentivos para instalação de empresas com subsídios fiscais. A partir disso, vários investimentos se deram, como a Usina Siderúrgica da Bahia (Usiba), a Companhia Pernambucana de Borracha Sintética (Coperbo), além de fábricas de autopeças, metalúrgicas, fiação e tecelagem etc., com a participação de empreiteiras nordestinas nas obras na maioria dos casos. (SINGER, 1969).

Para fins didáticos, elaboramos, de acordo com as pesquisas desenvolvidas por Campos (2012), um quadro-resumo dos três períodos e modelos de atuação do Estado frente ao mercado de obras de infraestrutura brasileiro.

Quadro 1 – Atuação do Estado frente ao mercado de obras de infraestrutura brasileiro

Período	Atividades de Construção
Século XIX até as décadas de 1920 e 1930	As principais obras de engenharia no país eram realizadas por empresas privadas estrangeiras, contratadas principalmente por outras firmas estrangeiras que atuavam no setor de infraestrutura, em especial ferrovias, energia, portos e serviços urbanos;
Décadas de 1920 e 1930 até meados dos anos 1950	Estado como contratador e também realizador de obras públicas, subsidiando a formação e o fortalecimento do capital industrial; Estado cria instrumentos jurídicos e institucionais e montagem das agências que contratariam as obras de infraestrutura;
Década de 1950 em diante ...	Consolidação e aperfeiçoamento do modelo inaugurado nos anos 1930 se consolidou e foi aperfeiçoado; Estado demandante (quase exclusivo) de obras públicas e estabelecendo a separação entre a atividade estatal-contratante e privada-contratada. A montagem desse modelo se dá a partir do período Juscelino Kubitschek (JK) - subsídio ao desenvolvimento do capital industrial no país; criação de um mercado nacional de obras públicas; Atuação (priviolegiada) das empresas industriais nacionais; empresas brasileiras (primeira geração constrtutoras).

Elaboração própria com base na pesquisa de Campos (2012).

Década de 1960 a 1980: Regime Militar (1964-1985)

A nova conjuntura política levou a uma redução no ritmo de obras, quando o Presidente Jânio Quadros assumiu o governo, em 31 de janeiro de 1961, e não apoiou o Plano de Metas de JK, que deveria entrar em seu sexto ano de execução. (GUIMARÃES FILHO, 1999). Com a contratação das empresas de construção pesada em grande parte monopolizada pelo Estado, o setor viu um corte de recursos com as medidas de austeridade fiscal do governo Jânio Quadros, que ordenou também a desaceleração das obras de Brasília. (CAMPOS, 2012).

O Presidente Quadros renunciou em agosto do mesmo ano, instalando-se o regime parlamentarista no Brasil, que vigorou de 2 de setembro de 1961 a 23 de janeiro de 1963. Com o restabelecimento do presidencialismo, ocorrido em função do plebiscito havido em 6 de janeiro de 1963, o Presidente Goulart assumiu a administração do País, propondo, para consecução de seu Governo (previsto para o período de 1963 a 1965), o Plano Trienal de Desenvolvimento Econômico e Social, elaborado sob a orientação do economista Celso Furtado. (GUIMARÃES FILHO, 1999).

Desde a renúncia do Presidente Quadros a ocorrência do regime parlamentarista, as crises havidas e não totalmente resolvidas, agravadas pela instabilidade de ordem econômico-financeira após o Plano de Metas, com a crescente expansão inflacionária e o aprofundamento do desequilíbrio do balanço de pagamentos, em março de 1964, instala-se o regime militar que perdurou no poder por 24 anos. (GUIMARÃES FILHO, 1999).

A ditadura civil-militar brasileira manteve as linhas de um mercado altamente rentável para as empresas nacionais de engenharia. Se foi durante o período JK que as empresas brasileiras de construção pesada conseguiram alcançar um patamar nacional, realizando obras em diversas regiões do país e consolidando o setor como um dos mais poderosos da indústria brasileira, foi ao longo da ditadura civil-militar, entre 1964 e 1985, que as companhias do setor se converteram em grupos monopolistas, líderes de conglomerados econômicos com atuação não só nacional, mas em vários países do mundo. (CAMPOS, 2012).

A ditadura propiciou tanto a reformulação de alguns órgãos, então existentes (o BNDE, passou a ser chamado de BNDES, a SUMOC, deu lugar ao Banco Central, com maiores atribuições e independência etc.), quanto a criação de outros: em relação ao planejamento, destaca-se o surgimento do Ministério do Planejamento e Coordenação Geral (hoje Ministério do Planejamento, Orçamento e Gestão) e a criação do Sistema de Planejamento Federal, composto de vários órgãos, e com ele as atividades de planejamento, orçamento e modernização administrativa.

Vêm dessa época os Planos Nacionais de Desenvolvimento (PND) que compreendem os seguintes períodos: o Primeiro PND, de 1972 a 1974, durante o Governo Médici; o Segundo PND, de 1975 a 1979, durante o Governo Geisel; e o Terceiro PND, de 1980 a 1985, durante o Governo Figueiredo.

Apesar desse caráter geral da ditadura em relação às construtoras, houve diversas fases no regime, caracterizando períodos mais ou menos positivos para as atividades das empresas do setor. O período do chamado 'milagre' foi também o período histórico mais favorável às construtoras brasileiras, dado o fato de que boa parte do crescimento foi fruto de investimentos estatais em obras. Assim, o setor de indústria de construção cresceu continuamente nos anos 1970. Foi também nessa época que as empresas fizeram aquisições, iniciando o processo de conglomeração, além de encetar suas atividades em países estrangeiros (CAMPOS, 2012).

A chegada de Costa e Silva ao poder e com ele a de Delfim Netto (Fazenda), Mário Andreazza (Transportes) e Eliseu Resende (DNER), fez com que a nova correlação de forças desse uma guinada, redundando em forte política de investimentos públicos e incentivo ao crescimento econômico, ativando em escala inédita as empresas de construção brasileiras. (CAMPOS, 2012).

Ao longo da ditadura, a indústria de construção ganhou também maior peso proporcional no PIB, indo a uma média de 5,7% do produto interno, sendo que economistas apontam a cifra como típica de país "desenvolvido", onde a participação da indústria varia de 5 a 10% do PIB, contra os ditos países em desenvolvimento, nos quais ela gira entre 3 e 5%. (ALMEIDA, DAIN, ZONINSEIN, 1982).

A energia foi objeto de amplos investimentos no período Costa e Silva/Médici. O foco naquele momento era ainda o das hidrelétricas. No Sudeste, a ampliação do potencial gerador da Cemig; a unificação das empresas elétricas paulistas na Cesp e construção das usinas nos rios Grande, Paraná, Tietê e Paranapanema; a ampliação do sistema Paulo Afonso pela Chesf, elevando a exploração energética do rio São Francisco; novas usinas de Furnas no Sudeste; além de outras iniciativas regionais por parte da Copel e Celg. O foco passava a ser as grandes centrais com mais de 1.000 MW de potência instalada, correspondentes às grandes construtoras que as realizavam. A capacidade instalada das usinas nacionais foi de 6.355 megawatts em 1964 para 11.400 MW em 1971, crescendo a mais de 10% ao ano. Em 1982, a capacidade elétrica nacional atingiu 32.893 MW, com os investimentos previstos que indicavam a construção de centrais elétricas como a de Itaipu, por exemplo. (O Empreiteiro, edições nº1 a nº71. *apud* CAMPOS, 2012).

Em decorrência de empréstimos internacionais, as agências do Estado brasileiro fizeram uma série de investimentos que repetiam o modelo do Plano de Metas de JK, sob o binômio "energia e transporte" (hidrelétricas e rodovias). No período

Médici, houve amplos desembolsos na construção rodoviária. Várias empreiteiras atuaram nessas obras e reforçaram sua experiência no ramo, alvo central dos investimentos públicos. O governo ditatorial também se empenhou em grandes projetos, como os aeroportos supersônicos, portos militares e as usinas termonucleares. Todos eles demandavam grandes investimentos em serviços de engenharia, o que permitiu novos mercados de atuação para as empreiteiras.

O ritmo das obras foi tão intenso que os materiais usados pela indústria da construção se tornaram escassos. O período do 'milagre' foi de crise nacional na produção de aço e cimento, com um consumo superior à produção nacional, levando o governo a tomar medidas para a obtenção da autossuficiência, o que ficou mais nítido com as metas do II PND. Em 1971, as três maiores siderúrgicas nacionais – CSN, Usiminas e Cosipa – abriram concorrência para expandir suas unidades e, no governo Geisel, novos projetos de siderúrgicas foram previstos para garantir a autossuficiência nacional. (O Empreiteiro, edições nº 26, 29, 31, 41 e 76. *apud* CAMPOS, 2012).

As problemáticas decorrentes no setor de cimento fizeram com que construtores passassem a atuar no mesmo, como a Camargo Corrêa e a João Fortes. Enquanto a associação do setor, Sindicato Nacional da Industria do Cimento (SNIC), dizia haver produção nacional suficiente à demanda, sem a necessidade de importação, os empreiteiros reclamavam do sindicato, afirmando que ele falseava os números da produção e não usava toda a capacidade instalada, forçando os preços para cima e as importações. (CAMPOS, 2012).

Diante desse quadro, o governo Geisel criou um grupo de trabalho para elaborar o Plano Nacional do Cimento, voltado para a obtenção da autossuficiência na produção nacional. Em agosto de 1976, foi lançado o plano, prevendo-se investimentos de US$ 3 bilhões. O Brasil, então, deixou de ser importador de cimento para ser exportador e, ao longo da década de 1980, o consumo de cimento ficou estagnado devido à crise econômica. (CHAVES, 1985).

A crise do petróleo e a elevação dos juros internacionais acabaram por estrangular a continuidade do desenvolvimento de um modelo que dependia de crédito externo. Os contingenciamentos no orçamento reduziram as verbas para os órgãos contratadores e os atrasos em um cenário de alta inflação passaram a ser longos e cotidianos. As associações de empreiteiros expuseram números que representariam o estado de crise atingido pelas empreiteiras. (CAMPOS, 2012).

A Associação Paulista de Empresários de Obras Públicas (Apeop) afirmou que em setembro de 1982, o nível de emprego chegava ao seu pior nível, com desemprego setorial de 39%. Já o Sinicon afirmava que o nível de ociosidade nas empresas associadas chegava a 65% e 70% em 1984. Segundo Campos (2012), os números apresentados, além de não serem confiáveis, diziam mais respeito às pequenas empresas, diretamente representadas então pelas duas associações. O desaquecimento da economia se deu ao mesmo tempo e relacionou-se com o processo de abertura política do regime, o que acabou por criar novas oportunidades de negócios para as empreiteiras.

A demanda por maior descentralização dos recursos e dos investimentos, (prefeitos e governadores) alterou as prioridades nas obras, por exemplo, substituiu-se as autoestradas pelas vias vicinais. Projetos de escolas também foram implementados, com destaque para o modelo pré-industrializado e no setor de moradias populares.

Marques (2000) em estudo sobre a política de saneamento na cidade do Rio de Janeiro, apresenta as alterações das empresas que ganharam licitações no período entre os anos 1980 e 1990. Com a crise no mercado de obras federal, as maiores empresas de construção passaram a concorrer com licitações municipais, nas principais cidades brasileiras, deslocando, assim, empresas locais e regionais que antes detinham a maior quantidade de licitações.

A elevação dos preços do petróleo tornou rentável a exploração de reservas de óleo em águas profundas, marcando investimentos na construção de plataformas, oleodutos e perfuração de poços de petróleo em alto-mar após 1974. Com os déficits na balança comercial em função da importação de petróleo, houve uma política agressiva de incentivo às exportações no início dos anos 1980, o que implicava investimentos nos 'corredores de exportação' e nos portos, como o de Tubarão, Suape, Rio Grande e Sepetiba. (O Empreiteiro, edições nº 194, 198, 206 e 217 *apud* CAMPOS, 2012).

Os avanços tecnológicos também ativaram novas áreas de atuação das construtoras. Assim, os investimentos em telecomunicações nos anos 1970 tornaram o sistema Telebrás um contratador de obras. E o desenvolvimento da aviação comercial levou à construção de novos aeroportos nas principais cidades brasileiras no fim da ditadura, como o de Guarulhos, em São Paulo, e o de Confins, em Belo Horizonte-MG.

Campos (2012) afirma que ocorreu mais uma nova acomodação do setor de obras públicas no país entre 1974 e 1985, do que de fato uma decadência contínua.

> Por mais que o volume de recursos direcionados para investimentos em infraestrutura tenha congelado em um primeiro momento e se reduzido em seguida, novas áreas de atuação para as construtoras bastante promissoras surgiram, sem contar as possibilidades de ramificação e internacionalização. (CAMPOS, 2012, p. 136)

Em 1977, as quatro maiores do setor (CC, AG, ODE e MJ) alcançaram patrimônio líquido médio equivalente a 80% da média das quatro maiores montadoras automobilísticas do Brasil (VW, GM, Ford e Fiat). (FERRAZ FILHO, 1981). No ranking nacional, em 1985, a Camargo Corrêa figurava, segundo a revista Visão, como a 2ª maior empresa privada nacional em patrimônio, sendo a Mendes Júnior a 6ª e a Andrade Gutierrez, a 9ª. Já no lucro, a Camargo Corrêa figurava como a maior empresa privada nacional, ficando a AG com a 17ª posição. (CAMPOS, 2012). Em 1984, segundo relatório sobre as maiores empresas da América Latina, contando empresas estrangeiras, estatais e privadas locais, a Camargo Corrêa – maior construtora do Brasil – estava na 34ª posição, sendo a Andrade Gutierrez a 55ª e a Mendes Júnior a 77ª. (CAMPOS, 2012).

As empreiteiras eram conhecidas pela alta lucratividade de suas operações. Economistas analisaram o balanço de 18 empresas do setor no início dos anos 1980 e chegaram à taxa de 28,91% de lucro bruto médio, equação entre o lucro bruto total sobre o faturamento. Os próprios especialistas consideraram "substanciais margens de lucro", contrastando-as com o índice médio de lucro bruto das construtoras imobiliárias, 15,4%. (JOBIM, PROCHNIK, TAUILE, 1982)

Além da diversificação dos tipos de obras realizados e as altas taxas de lucro obtidas, para Campos (2012) uma característica do setor da indústria da construção pesada foi a tendência à mecanização, um grande contingente de mão-de-obra associada a um uso variado e intensivo de máquinas e equipamentos com o desenvolvimento de uma atividade cada vez mais capital-intensiva; ou com uma composição orgânica de capital cada vez mais elevada. Ao contrário do início da ditadura, quando as empresas estavam começando a usar equipamentos importados ou produzidos no país, nos anos 1980, as empreiteiras brasileiras tinham ampla experiência na utilização do maquinário especial para a construção, produzido em larga escala no país e exportado pelas empresas aqui instaladas para diversos países do mundo.

Década de 1990: Governo Collor e Cardoso

A partir de 1988, as atividades de planejamento e de orçamento passaram a receber novas disposições. A Constituição de 1988 deferiu ao Legislativo poderes sem precedentes, atribuindo-lhe capacidade de intervir na definição das diretrizes, dos objetivos e das metas, até de forma regionalizada, concedendo-lhe oportunidade de estabelecer horizontes novos e no discernimento de novos rumos, a serem observados na formulação e execução dos orçamentos. O Constituinte de 88 imaginou novos instrumentos de planejamento, orçamento e controle em relação às constituições anteriores. (GUIMARÃES FILHO, 1999).

Nos sistemas mistos, adotam-se ambas as formas de planejamento, com o setor público realizando diretamente algumas versões e alocações de recursos (PETROBRÁS, Banco do Brasil, Sistem, ELETROBRÁS etc.) e simultaneamente, lançando mão de receitas públicas, por meio da implementação de incentivos ao setor privado (incentivos fiscais).

Portanto, o modo de acumulação de capital está intrinsecamente associado às estratégias e ações do Estado, tanto na esfera econômica quanto na político-ideológica. Conforme atestam Saad-Filho e Morais (2011), ocorreu profundas mudanças na economia brasileira nos anos noventa, a começar pela adoção de um novo modo de acumulação em lugar da industrialização por substituição de importações, que perdurou até o final dos anos 1980.

O papel desenvolvimentista do Estado, essencial para políticas de crescimento setorial e para o financiamento dos investimentos em infraestrutura, foi deliberadamente abandonado em função da liberalização comercial, da desregulamentação da conta de capitais e da constituição de um "Estado mínimo". A ideia dominante era que tais procedimentos facilitariam a captação de poupanças externas, elevariam o investimento doméstico e a produtividade sistêmica, de modo a inserir a economia brasileira na economia global e, que ainda, combateria os desequilíbrios inflacionários persistentes. A disponibilidade de recursos externos permitiria o crescimento econômico interno, via aumento dos investimentos e da capacidade de consumo, gerando um círculo virtuoso para um horizonte de médio e longo prazos (SAAD-FILHO; MORAIS, 2011).

Comprimida pelo programa político e econômico neoliberal, presente nas discussões em países centrais, e mesmo nos considerados emergentes, que adotam o sistema capitalista, nota-se a tendência do não planejamento estatal, em função da economia de mercado. É típico desse momento, discussões sobre o nível de intervenção do Estado no desenvolvimento econômico do país. (GUIMARÃES FILHO, 1999).

A Constituição Federal de 1988 (BRASIL, 2021) cria, em seu Artigo 165, o PPA e a LDO e unifica os orçamentos anuais

(Fiscal, da Seguridade Social e de Investimento das Estatais) no OGU. O Presidente Collor encaminhou ao Congresso Nacional o PL nº1, de 1992, que propunha a revisão do PPA vigente. O projeto, transformado na Lei no 8.446, de 21 de julho de 1992, recebeu a sanção do mesmo presidente e vigorou durante o período de 1993 a 1995. Após o afastamento do Presidente Collor, ocorrido em setembro de 1992, o Presidente Itamar encaminhou uma nova revisão do PPA, que abrangeria o período de 1994-1995. Tal proposição, no entanto, acabou não sendo apreciada pelo Congresso.

A ditadura foi o período-chave para compreender o porte alcançado por essas empresas na economia brasileira, o que teve certa continuidade no período posterior. Assim, elas se postularam como uns dos agentes do grande negócio dos anos 1990, as privatizações, o que só redundou em reforçar o seu caráter de conglomerados monopolistas, fazendo com que as principais empresas do setor sejam hoje controladoras de grandiosos setores da economia nacional. (CAMPOS, 2012).

Os quatro primeiros anos da década de 1990 foram marcados por elevadas taxas de juros reais, redução da massa salarial e expectativas desfavoráveis no campo político, que resultaram em fraco desempenho econômico. De 1990 a 1992, o país manteve-se estagnado (crescimento de 0,67% no período), com fraca produção industrial, baixa produtividade do trabalho e desemprego crescente. (TEIXEIRA, 2009).

O ponto de inflexão na trajetória de recessão da construção, ocorre a partir de 1993, quando o PIB setorial voltou a apresentar crescimento sucessivo até 1998, sob influência positiva da estabilidade econômica trazida pelo Plano Real e ganhos de salários reais no período advindos da apreciação cambial. No acumulado entre 1993 e 1998, a construção cresceu 31,9%, mas a variação anual da produtividade do trabalho no setor foi de apenas 8,5% no período, elevando-se de R$ 42,487 mil, em 1994, para R$ 43,997 mil em 1998. Vale ressaltar que a produtividade do setor ficou abaixo da média nacional para o conjunto das atividades em quase 40% durante toda a década de 1990, repetindo a mesma performance fraca nos sete anos seguintes (2000-2006). (TEIXEIRA, 2009).

O cenário de expansão setorial foi interrompido entre 1999 e 2003. Observa-se rápida desaceleração no ritmo de crescimento da indústria de construção, prevalecendo perda acumulada de 8,3% no período. As políticas monetária e fiscal restritivas adotadas pelo governo central contribuíram para este resultado desalentador. Os juros altos, mantidos para controlar a inflação e frear o consumo doméstico, captar recursos para aplicações em títulos públicos e atrair os capitais financeiros internacionais – somados ao aperto de crédito – sufocaram a produção setorial. Some-se a isto, a baixa expansão das atividades econômicas e as expectativas desfavoráveis dos agentes econômicos frente a uma conjuntura interna instável, de modo a criar um quadro desfavorável para os investimentos privados, em especial os relacionados aos bens de capital, caso da construção. (PORCIONATO, 2016).

O enfraquecimento do papel do Estado como promotor do desenvolvimento econômico, via políticas fiscais e creditícias adequadas aos investimentos de longo prazo, pôs em xeque a performance da construção brasileira. A ideologia do "Estado mínimo" e as políticas neoliberais associadas ao Consenso de Washington debilitaram o setor produtivo nacional, não promoveram o tão esperado e propalado aumento da produtividade sistêmica da economia e, adicionalmente, comprometeram os orçamentos públicos nas três esferas de governo. A análise de Teixeira (2009) é corroborada por estudo do Ministério da Indústria, Comércio Exterior e Serviços (MDIC). Com os baixos números associados a construção, as estratégias de desenvolvidas pelas construtoras foi atuar no regime de concessão, muito presente no governo de Fernando Henrique Cardoso. Nessa estratégia, destaca-se o setor de transportes. (CAMPOS NETO; MOREIRA; MOTTA, 2018).

Todos os indicadores de atividades da construção mostram que uma melhora relativa no desempenho setorial só ocorreu a partir de 2004. Pode-se associar este melhor resultado a alguns fatores básicos: crescimento mais estável do PIB; níveis mais reduzidos dos juros nominais; e o surpreendente aumento da disponibilidade de créditos para o segmento imobiliário via recursos do Sistema Brasileiro de Poupança e Empréstimo (SBPE) e do Fundo de Garantia por tempo de Serviço (FGTS). Ressalta-se que a flexibilização das regras do Sistema Financeiro de Habitação (SFH) e a implementação do Sistema de Financiamento Imobiliário (SFI), em 1997, permitiram a ampliação das fontes de recursos para a construção imobiliária nesta última década. A desregulamentação do SFH criou condições para o retorno do financiamento imobiliário direto ao mutuário, feito pelos agentes financeiros e não mais pelos construtores. Isto conduziu a uma ampliação do mercado de imóveis, na medida em que aumentou a oferta de crédito e liberou os construtores para suas atividades-fim (a construção), segundo estudo da Câmara Brasileira Indústria da Construção (CBIC). (TEIXEIRA, 2009).

Uma economia em expansão constante, com maior oferta de crédito e juros em trajetória descendente, cria expectativas favoráveis aos agentes econômicos e reforça o ambiente mais propício aos investimentos em bens de capital.

O custo social da opção por políticas econômicas com foco na abertura de mercado nas duas últimas décadas, foi a diminuição dos investimentos produtivos, inclusive da construção, e a perda de postos de trabalho. No acumulado da década de 1990, houve desaceleração no ritmo de ocupação tanto para o total das atividades quanto para a construção, que deixou de ocupar 229.122 trabalhadores pela queda no ritmo de sua produção. O patamar de ocupação no setor, que era de 3,936 milhões de pessoas em 1990, passou para 3,706 em 1999. (PORCIONATO, 2016).

As políticas implementadas após 2003 incorreram em benefícios a esses grupos econômicos, tanto em suas atividades originais – a construção pesada, como em suas frentes de diversificação das atividades e internacionalização de seus projetos. As políticas implementadas em resposta à crise econômica internacional de 2008-2009, levaram à retomada dos investimentos públicos com o Plano de Aceleração do Crescimento (PAC), além do reaquecimento do mercado habitacional com o programa Minha Casa Minha Vida (MCMV).

Nos anos 2000 o setor da construção civil teve uma ampla participação no Produto Interno Bruto (PIB) do país, partindo de um crescimento de 6,6%, em 2004, para alcançar uma taxa recorde, de 11,6%, em 2010, superando as taxas de crescimento nacional e mundial (7,5% e 5,3%, respectivamente) de acordo com o Instituto de Pesquisa Econômica Aplicada. (IPEA DATA, 2012).

Ao analisar as séries de investimento bruto da economia brasileira no período 1947-2004, Morandi e Reis (2009) observam que o setor teve uma participação de 64% do investimento bruto total no período. Os autores afirmam que o valor adicionado da construção civil cresceu, em média, 19,6% ao ano para no período de 1996-2007, sendo que o crescimento foi acentuado, a partir do ano de 2002, quando o regime de metas inflacionárias estava consolidado e teve início o processo de queda da taxa de juros básica (IBGE, 2009). No período de 2002-2007, a taxa de crescimento anual média do setor no País, se comparada à média para o total dos anos de 1996-2007, foi mais elevada, de 23%. (FOCHEZATTO; GHINIS, 2011).

É consenso que na década de 2000, especialmente entre 2004-2012, a atividade da construção civil cresceu significativamente, superando a década anterior (anos 1990) (HAGUENAUER *et al.*, 2001); por outro lado, após o ano de 2012 o setor sofreu retração, com destaque para o ano de 2015, quando, segundo o IBGE (2015), o setor teve uma retração de 16,5% em relação ao ano anterior (2014). Parte do crescimento do setor nos anos 2000 é devido ao Programa de Aceleração do Crescimento (PAC), programa implantado durante o governo Lula.

Lançado em 22 de janeiro de 2007, o PAC, tinha como objetivo promover o desenvolvimento econômico, através da aceleração da economia e do aumento do emprego, estimando a melhoria nas condições de vida da população brasileira. As metas propostas pelo PAC envolvem uma expansão significativa da taxa de investimento, o qual tinha sido feito em grande parte pelo setor produtivo privado (empresas, fundos de investimento do mercado financeiro, fundos de pensão, empreiteiras) em parceria com o setor público (Governo Federal, Estados e municípios). (JARDIM; SILVA, 2015). A iniciativa está organizada em duas partes: a primeira reúne os investimentos em infraestrutura e, a segunda, as ações para ampliação do crédito. Segundo dados gerados pelo PAC, de 2007 a 2010, foram investidos R$ 503,9 bilhões em infraestrutura, de um total previsto de R$ 619 bilhões. (JARDIM; SILVA, 2015; PORCIONATO, 2016).

Parte desse valor total, em torno de R$ 219,20 bilhões de reais, foram investimentos feitos por empresas estatais, sendo que, destes, 148,7 bilhões de reais foram investidos pela Petrobrás, empresa de economia mista; e R$ 67,80 bilhões de reais foram investidos com recursos do orçamento fiscal da União e da seguridade. O que resta do montante, R$ 216,9 bilhões de reais, foram investidos pela iniciativa privada, especialmente empresas, fundos de pensão e fundos do mercado financeiro.

O PAC se construiu em um contexto de progressiva liberalização dos gastos públicos, viabilizada pela ampliação da reserva (aumento da exportação de commodities), o que fez com que houvesse um considerável crescimento econômico. Isso se refletiu na redução dos indicadores de pobreza e desigualdade, resultando em parte no Programa Bolsa Família (programa de transferência de renda), no aumento do salário mínimo e na emergência e consolidação da classe C, que passa a ter uma importância crescente e a integrar as estratégias empresariais do setor imobiliário (CARDOSO, 2013; JARDIM; SILVA, 2015).

O Programa de Aceleração de Crescimento (PAC)

O PAC foi tema de diversos estudos sociológicos que mostram a importância do Estado, especialmente do governo Lula no processo. Em livro que aborda as relações entre Estado e mercado no Brasil contemporâneo (2002 – 2014), citamos a pesquisa de Jardim e Silva (2015) sobre o Programa de Aceleração do Crescimento (PAC) e suas diversas nuanças, como o papel do PAC durante a crise de 2008, a geração de novos postos de trabalho, a inclusão social pelas finanças e a introdução de serviços por meio de alianças entre entidades públicas e privadas.

Jardim e Silva (2015), a fim de compreender e interpretar as novas relações entre Estado, mercado e trabalho no capitalismo dos governos petistas, pontua vantagens, desvantagens, limites e ambiguidades das convergências e divergências entre o Estado e os diversos agentes, elites e as instituições com as quais passa a negociar projetos e ações via PAC.

O PAC foi adotado em 2007, durante o governo Lula (2003-2010), com continuidade no governo Dilma (2011-2016). O programa utiliza-se de parcerias-público-privadas visando à retomada do planejamento e à execução de grandes obras de infraestrutura social, urbana, logística e energética do Brasil, com o intuito de contribuir para o desenvolvimento acelerado e sustentável da economia. O argumento defendido por Jardim e Silva (2015), é de que o cenário descrito e analisado pode ser compreendido como a introdução de um novo desenvolvimentismo no Brasil contemporâneo, diferente daquele vivido durante a Era Vargas e com peculiaridades do conceito proposto por Bresser-Pereira. O PAC foi utilizado em um contexto de baixo crescimento econômico e racionamento de energia. Acerca do quadro geral sobre a introdução do PAC apresenta-se uma contextualização da política monetária e macroeconômica dos Governos Lula (2003-2010).

Dados apresentados nos estudos de Jardim e Silva (2015) mostram o número de empresas fechadas e o número elevado de trabalhadores entre 1995 e 2013. Para os autores, no período Cardoso (1995-2002) por causa das políticas de abertura de capital para conter a inflação, houve um número expressivo de pedidos de falência. Os países asiáticos, norte-americanos e europeus passaram a exportar significativamente para o Brasil. No contexto de crise cambial em 1999, esse quadro começou a mudar, pois a desvalorização do real favoreceu as exportações. O quadro se alteraria, mais ainda, na década seguinte, quando houve crescimento acentuados do emprego com carteira assinada, a partir de 2007. As efetivas reduções de desemprego observadas nos períodos governamentais posteriores estariam relacionadas, segundo os autores, ao aumento do mercado interno através de financiamentos, investimentos e distribuição de renda. (JARDIM; SILVA, 2015).

A complexa estratégia monetária montada, com maior intensidade a partir de 2009, permitiu que importantes instituições viabilizassem créditos à produção de infraestrutura e consumo. Por meio de suas estatais, Caixa Econômica Federal, Banco do Brasil e BNDES, que compraram títulos do Tesouro, o governo foi, em grande medida, credor de si mesmo, tanto por meio direto nas instituições financeiras de sua propriedade, como pelos fundos de pensão que têm essas mesmas empresas públicas como principais patrocinadoras. (JARDIM, 2007; 2009; JARDIM; SILVA, 2015). Tal contexto teria possibilitado a constituição da diretoria dos fundos de pensão subordinada ao governo federal e compartilhada com a gestão de origem sindical (JARDIM, 2009).

O diferencial dos governos Lula e Dilma, entre 2003 e 2012, foi colocar as instituições bancárias e os fundos de pensão como fundamentais na compra de títulos e também no empréstimo do Tesouro – aumentando consideravelmente a capacidade de realização de empréstimos e criação de novos produtos financeiros às pessoas físicas e jurídicas. Essa política aumentou os ativos dos bancos públicos e dividendos que retornam ao Tesouro. (JARDIM, 2009).

O governo Cardoso buscou privatizar as empresas estatais e propôs uma política de cortes de gastos e política monetária orientada prioritariamente para atender às metas de inflação, através de altas taxas de juros, admitindo uma taxa de desemprego considerável (como contenção de consumo). Jardim (2007) lembra que, nesse governo, os fundos de pensão foram utilizados nos leilões das privatizações; enquanto no governo Lula, os fundos de pensão representaram uma alternativa do governo para investimentos caracterizados pelo governo como investimentos sociais, já que os recursos dos fundos de pensão foram usados na geração de emprego e renda via PAC. (JARDIM, 2007).

O grande financiador do PAC foi o BNDES, que, somente em 2011, realizou desembolsos de US$ 73 bilhões no Brasil, enquanto no mesmo ano o Banco Mundial havia desembolsado US$ 43 bilhões no mundo todo. Desta forma, os dividendos das estatais, o aumento da arrecadação de impostos e os descontos do PAC, deram abertura para o aumento de gastos públicos, e sobretudo os gastos sociais, que seriam um desdobramento da política monetária, o que se caracterizava como uma novidade no caso brasileiro. (JARDIM; SILVA, 2015).

Para os autores, se na década de 1990 as políticas econômicas e monetárias do governo Cardoso estavam voltadas para o controle da inflação a qualquer preço, tendo como consequência alto índice de desemprego, aumento da dívida pública e da falência de empresas, devido a abertura comercial que culminou em baixo crescimento econômico, crise energética e problemas críticos nas políticas públicas, na primeira década dos anos

2000 esse cenário mudou com a emergência do novo governo em 2003.

Instituições-chave como o BNDES tiveram a função alterada de maneira drástica, de coordenadora das privatizações para financiadora e também investidora em parcerias públicos privadas (JARDIM; SILVA, 2015). As opções políticas refletiram significativamente no nível de emprego, já que o PAC foi um dos principais motores de geração de emprego e renda no país.

Portanto, os arranjos institucionais que permitiram alianças entre o setor público e o privado consistem em arranjos jurídico intitulados Parcerias-Público-Privadas (PPP). Modelo originado na Inglaterra, durante o governo Thatcher, na década de 1980, assume, no Brasil, as seguintes características: compartilhamento de riscos entre o poder público e a iniciativa privada; garantias para o setor privado e o value for Money, ou seja, ganho do setor público quando o setor privado assume financiamento, desenho, construção e operação do objeto de serviço. (NASCENTES, 2009). O mesmo argumento é defendido por Porcionato (2014) e Jardim e Porcionato (2017).

Segundo Nascentes (2009), o número de projetos sob a modalidade PPP passou a aumentar na Inglaterra depois de 1995, devido à uma cláusula, no qual, o setor público se comprometeria a adquirir os serviços do setor privado, fornecendo consumidores. Como contrapartida, os riscos do negócio seriam transferidos ao parceiro privado. No ano de 2000, o governo britânico criou o Joint Venture Partnership UK (PUK), um centro de apoio ao setor público em projetos de políticas de governo e investimentos. No PUK, 51% do capital era de origem privada e 49% do governo, ou seja, o setor privado detinha o controle.

Em 2002 iniciou-se uma discussão para adoção das PPPs no Brasil, com a elaboração do projeto de Lei nº 2.546 de 2003, que permitiria adaptar a lei de licitações e concessões de serviços públicos, pois no caso brasileiro os órgãos de planejamento são interministeriais, diferentes da PUK inglesa. A Lei nº 11.079 de 2004 instituiu a PPP como uma alternativa do governo à falta de recursos para investimento em obras de infraestrutura, buscando parceiros privados nos investimentos, e tendo como principal financiador o BNDES (via recursos do Tesouro) e a participação relevante dos fundos de pensão nas PPPs, inclusive na composição acionária das Sociedade de Propósito Específico (SPE). (JARDIM, 2009; PORCIONATO, 2014; JARDIM; PORCIONATO, 2017).

No Brasil, Silva (2011) traz o fenômeno empírico do setor elétrico, a Eletrobrás, como sócia majoritária nas principais hidrelétricas das PPP planejadas no PAC. A Eletrobrás era submetida ao Ministério de Minas e Energia, portanto, sob domínio público. Quanto às instituições públicas que definem as PPPs, o controle está nas mãos do extinto Ministério do Planejamento, Orçamento e Gestão (MPOG) e do também extinto Ministério da Fazenda e da Casa Civil, o mesmo grupo que controla as ações do PAC com presença de empresas públicas e bancos públicos, demonstrando privilégio de informações e capital econômico por parte do Estado onde se definem as PPPs.

A lei de PPP, associada a outras leis anteriores (como a lei de concessões) e a posterior entrada do BNDES, como fundo garantidor, serviu como arcabouço legal e financeiro para que o PAC fosse criado e colocado em prática. Nesse contexto de PPP, até 2004, segundo o BNDES, 52% dos financiamentos eram privados e 31% público-privados. Em 2011, houve um aumento para

75% de financiamentos público-privados, em um cenário no qual BNDES, governo e fundos de pensão passaram a compor o capital social de uma série de grandes empresas, algumas inclusive haviam sido privatizadas do setor elétrico, como a Light e a AES Corporation. (JARDIM; SILVA, 2015).

Foi justamente com a criação do PAC que se intensificou a constituição das PPPs, através da formação de Sociedades de Propósito Específico (SPE). Concretamente, as ações do PAC estiveram sustentadas nas seguintes estratégias: I) maciça programação de investimentos em infraestrutura logística (rodovias, ferrovias, portos e aeroportos), geração e transmissão de energia e infraestrutura social (saneamento e habitação), com grande participação das empresas estatais e bancos públicos; II) incentivos tributários (exonerações fiscais) e financeiros (expansão e redução do custo do crédito para investimentos) ao setor privado; III) arranjo de compromisso da política fiscal e monetária até 2010 (cujo elemento central é a redução progressiva da taxa básica de juros). (JARDIM; SILVA, 2015).

Sobre a primeira estratégia, a seleção das obras foi feita em três esferas: municipal, estadual e federal. Estados e Municípios submetem propostas de obras a serem financiadas pelo programa, que foram analisadas pelo comitê de gestão do PAC e então aprovadas ou não. De acordo com os dados apresentados por Jardim e Silva (2015), os investimentos somaram R$ 235,7 bilhões. Segundos os relatórios do PAC, esses investimentos serviam de medida anticíclica à crise, com geração de emprego e renda. Portanto, com a efetivação do programa habitacional, o mercado da construção atingiu 11,3 milhões de empregos em 2010, representando 14% do total de ocupados na economia. Entre 2005 e 2010, a geração de emprego no setor cresceu em um ritmo de 5% ao ano. (JARDIM; SILVA, 2015).

Em 2011, com a eleição da presidenta Dilma Roussef (2011-2014) houve continuidade ao programa lançado no governo Lula e o Pac foi batizado de PAC 2, organizando os investimentos em 6 diferentes eixos: Transporte, Energia, Cidade Melhor, Comunidade Cidadã, Minha Casa Minha Vida e Água e Luz para Todos. O programa teve ênfase na inclusão social dos pobres por meio do eixo Comunidade Cidadã e nos investimentos em obras para a Copa do Mundo (2014) e Olímpiadas (2016). (PORCIONATO, 2016).

Sobre os investimentos em infraestrutura esportiva, um total de R$ 33 bilhões foi alocado na introdução da infraestrutura para os dois eventos esportivos, sendo que a maior parte foi alocada para projetos na área de transportes, dos quais, estimava-se R$ 11 bilhões destinados a mobilidade urbana e R$ 5,5 bilhões para portos e aeroportos. Os investimentos para o período de 2011 a 2014 foram estimados em R$ 1 trilhão, do qual, 50% seriam direcionados para o setor de energia e 30% para o programa de habitação. (JARDIM; SILVA, 2015).

Nesse programa tivemos a presença maciça das empresas da construção civil, que, em 2015, foram envolvidas na Operação Lava Jato, tema desse livro.

Foi nesse contexto de implantação do PAC e do protagonismo do Programa Minha Casa Minha Vida, que parece ter ganhado vida própria e se desvinculado do programa que o originou, o PAC, quando as empresas da construção civil envolvidas na Operação Lava Jato se consolidaram como as maiores empresas da construção civil do século 21. A seguir, faremos apontamentos sobre o Programa Minha Casa Minha Vida (MCMV) e o Programa de Investimento em Logística (PIL), responsáveis pelo aquecimento do setor durante os governos Lula e Dilma. Usaremos as pesquisas anteriores do grupo Nespom-Fclar (Núcleo de Estudos e Pesquisa sobre Emoções, Sociedade, Poder, Organização e Mercado) como marcador empírico para o MCMV.

Programa Minha Casa Minha Vida (MCMV)

Considerando o crescimento do setor da construção civil no Brasil na primeira década dos anos 2000, a pesquisa desenvolvida por Porcionato (2016) e Jardim e Porcionato (2017) estudaram, a partir desse grande mercado, a construção social do mercado da habitação entre 2002-2012. Com forte influência dos argumentos de Polanyi e Granovetter, as autoras argumentaram que este mercado estaria enraizado em variáveis sociais, em especial, o papel do Estado.

Seguindo a linha de análise de Polanyi (1980, p. 72), que argumenta que "uma economia de mercado só pode funcionar em uma sociedade de mercado" e que todo mercado é uma criação histórica, datada, cultural e humana e de Granovetter (2007, p. 13), para quem "fatos econômicos não ocorrem em um vazio, mas dentro de um marco social, composto por relações sociais variadas", Jardim e Porcionato (2017) mapearam o arcabouço institucional criado para implementar o programa habitacional Minha Casa Minha Vida, como o Ministério das Cidades (MC), criado em 2003, logo após a posse do presidente Lula (2003-2010). No contexto, o ex-prefeito de Porto Alegre, Olívio Dutra, foi indicado para o cargo de Ministro. De acordo com Cardoso (2013), a equipe convocada para compor o ministério tinha fortes vínculos com o Fórum Nacional da Reforma Urbana e já tinha participado de algumas experiências de administração local em Governos do Partido dos Trabalhadores (PT).

A criação desta instância veio a ocupar um vazio institucional no cenário nacional (CARDOSO, 2013), com o objetivo de integrar as áreas de habitação, saneamento ambiental e transporte urbano e mobilidade, tendo o uso e ocupação do solo como política transversal.

Ao longo de 2003, a Secretaria Nacional de Habitação desenvolveu as bases normativas e institucionais da política habitacional, a saber, a Medida Provisória (MP) 252 e a Resolução 460. A MP 252 representou benefícios de renúncia fiscal, portanto, incentivou grande parte do setor imobiliário; a Resolução 460 do Conselho Gestor do Fundo de Garantia por Tempo de Serviço (FGTS) permitiu criar um sistema de descontos no FGTS, o que reduziu os custos de financiamento com os recursos do fundo, beneficiando os setores de baixa renda (CARDOSO, 2013).

Também fez parte desse contexto, o surgimento do Programa Crédito Solidário em 2004, para atender as reivindicações de movimentos sociais. Trata-se de um programa voltado ao atendimento de necessidades habitacionais da população de baixa renda. O programa buscou a concessão de empréstimo direto ao beneficiário, para produção e aquisição de nova habitação ou para conclusão e reforma de moradias existentes (PORCIONATO, 2016).

No ano de 2005, foi aprovado um projeto de lei para a criação de um fundo de moradia, o Fundo Nacional de Habitação de Interesse Social (FNHIS). A lei que instituiu o FNHIS também estabeleceu as institucionalidades para a criação do Sistema Nacional de Habitação (SNH), que contou com atribuições aos três níveis de governo, dando destaque para os municípios (CARDOSO, 2013).

Portanto, a Resolução 460, que previa descontos do FGTS, somada à criação do FNHIS, marcou um momento inovador na política habitacional, que foi o compromisso do Governo Lula em subsidiar a produção de moradias para as camadas de baixa renda, atendendo a uma demanda que se manifestava a partir das críticas à atuação do modelo vigente, o Banco Nacional da Habitação (BNH). (CARDOSO, 2013).

Para Maricato (2005), uma das conquistas mais importantes do Governo Lula foi a elaboração de um novo paradigma para estruturar o SNH, inspirado no Projeto Moradia, elaborado no ano de 2000, no Instituto Cidadania. A coordenação do Projeto Moradia foi da arquiteta e ex-deputada estadual pelo PT, Clara Ant, junto com André de Souza, ligado à Central Única dos Trabalhadores (CUT). Além disso, o projeto contou com Ermínia Maricato, pesquisadora aposentada da Universidade de São Paulo (USP); Evaniza Rodrigues, mestre em Arquitetura pela USP, e consultora da CEF; Iara Bernardi, que foi Deputada Federal pelo PT, ligada às questões urbanas; Lúcio Kowarick, professor titular aposentado da USP e especialista em urbanização; Nabil Bonduki, professor da USP, especialista em planejamento urbano, relator do Plano Diretor e vereador pelo PT; e Pedro Martoni Branco, economista e diretor do Instituto Via Pública. (JARDIM; PORCIONATO, 2017).

As minibiografias levantadas por Jardim e Porcionato (2017) acima, indicam que a política urbana durante o período foi liderada por agentes com grande expertise no tema, por tratar-se de intelectuais que dedicaram suas carreiras às questões urbanas. A conclusão das autoras é que a política de habitação do Governo Lula, foi resultado das visões de mundos de pessoas sensibilizadas pelo tema. Elas argumentam na linha de Polanyi

(1980) e Granovetter (2007) que mercados não estão desenraizados da sociedade, nem da história de vida dos agentes que os compõem. O papel do Estado e sua histórica relação com o mercado da construção civil também ganharam destaque no texto das autoras.

Entre 2005 e 2008, foram criados programas habitacionais para a população com renda de até 3 salários mínimos mensais: Programa da Ação Provisão Habitacional de Interesse Social; Programa Urbanização, Regularização e Integração de Assentamentos Precários; e o Apoio à Produção Social de Moradia. Desde 2004, o mercado imobiliário habitacional experimentou uma fase de crescimento constante, com ampliação da produção e aumento dos preços. (JARDIM; PORCIONATO, 2017).

Como desdobramento das energias sociais dispendidas em torno do Programa, alguns meses depois da aprovação da MP que colocou o MCMV em vigor, 220 mil contratos de habitação já haviam sido assinados (PORCIONATO, 2016). Nessa linha, Jardim e Porcionato (2017) concluíram, que o mercado da habitação construído nos anos 2000, com especial estímulo do MCMV, foi apoiado e regulado, direta e indiretamente pelo Estado. As motivações dos agentes que compuseram o Estado nesse período ajudaram na consolidação da pauta habitacional, que por sua vez, colocaram agentes do Estado em constante diálogo com agentes do mercado da construção civil, responsável pelas obras. As autoras destacam passagens de reuniões entre o Executivo e agentes do mercado da construção civil. (JARDIM; PORCIONATO, 2017, p. 17). Esses mesmos agentes do mercado da construção civil, considerados centrais para a implantação do PAC e do MCMV e justamente por isso, recebidos com pompas no Planalto Central, ocupariam, alguns anos depois, as principais páginas dos jornais do país, durante a Operação Lava Jato que prenderia os principais dirigentes das empresas do setor.

A seguir, apresentamos o Programa de Investimento em Logística (PIL), que também mostra as relações viscerais entre agentes estatais e agentes do mercado da construção civil.

Programa de Investimento em Logística (PIL)

Em 10 de janeiro de 2013, Marcelo Odebrecht foi recebido, no Palácio do Planalto, pela então presidenta do Brasil, Dilma Rousseff. Na ocasião, Dilma e Edilson Lobão, Ministro de Minas e Energia tiveram reuniões com o empresário; também receberam, Murilo Ferreira, presidente da Vale e Rubens Ometto, presidente da Cosan. (MENDES, 2013). Tal encontro nos ajuda a contextualizar a atuação do governo na área de infraestrutura, assim como as relações que o Estado mantém com o setor da construção civil. Na época, segundo semestre de 2012, a presidenta havia lançado um programa de apoio à logística, portos, aeroportos, ferrovias e rodovias.

O Programa de Investimento em Logística (PIL) teve início durante a primeira gestão (2011-2014) de Dilma Rousseff, em 15 de agosto de 2012. Assim como observado, anteriormente, em outros programas do governo, as Parcerias Público-Privadas (PPPs) foram a base jurídica do PIL, responsável pela regulação dos critérios de contratação do poder público frente à iniciativa privada.

O PIL apresentava uma mistura de investimento convencional (70% de financiamento público) e investimento por meio de recursos do setor privado. Diferente do que ocorreu nos anos 1990, as concessões de bens públicos de transporte foram firmadas através da Lei no 8.987, de 13 de fevereiro de 1995, que estrutura os contratos de concessão comum.

O PIL foi estruturado em quatro segmentos: a) Programa de investimento em Logística: rodovias; b) Programa de Investimento em Logística: ferrovias; c) Programa de Investimento em Logística: portos; e d) Programa de Investimento em Logística: aeroportos. Sobre o setor rodoviário e ferroviário foi anunciado um investimento inicial (de recursos federais) no montante de R$ 133 bilhões. Em dezembro de 2012, dias 06 e 20 respectivamente, foram publicados os programas que contemplariam o setor aeroportuário e o portuário. Para o primeiro, os investimentos públicos giravam em torno de R$ R$ 26,2 bilhões direcionados para 270 aeroportos regionais e concessão dos aeroportos do Galeão (RJ) e de Confins (MG). No caso dos portos, a previsão era de um aporte de R$ 54,6 bilhões para concessões, arrendamentos e construção de Terminais de Uso Privativo (TUPs) até 2017. (FERNANDES, 2019)

No montante, estavam previstos mais de R$ 253 bilhões de reais em investimentos públicos nos quatro setores de transporte. Em julho de 2015, o Governo Federal publicou a 2º etapa do PIL, e a previsão de aportes públicos ampliou-se para a ordem de R$ 198,4 bilhões nos quatro modais. Segundo o Ministério do Planejamento, Orçamento e Gestão, os objetivos do programa eram aumentar a produtividade via modernização da infraestrutura do País e contribuir para a retomada do crescimento econômico. (FERNANDES, 2019)

A atuação no ramo das concessões também é explorada pelas construtoras aqui estudadas e envolvidas na Operação Lava Jato. O caso da CCR, do Grupo CCR, fundada em 1999, e uma das maiores companhias de concessões de infraestrutura da América Latina, sendo considerada a líder do segmento de concessões no Brasil com 19% (3.959,1 Km) do controle das rodovias sob gestão da iniciativa privada, possui cerca de 30% da estrutura acionária formada por Camargo Corrêa – atual Mover (14,86%) – e Andrade Gutierrez (14,86%).

No que se refere aos investimentos do setor da construção no primeiro governo Dilma, segundo a imprensa especializada no ramo da construção, no cenário de 2013, "obras "pipocam por todo o País", e representou para o Brasil a vivência de "um novo ciclo de expansão de sua infraestrutura, com a diversificação dos investimentos públicos e privados.". (GRANDES DA CONSTRUÇÃO, 2013, n.p.).

Em 2013, o Bradesco lançou o primeiro fundo de debêntures de infraestrutura no Brasil. A criação do fundo se baseia no apoio ao programa das concessões rodoviárias, portos, aeroportos, linhas de transmissão entre outros projetos aprovados pelo governo federal na Lei 12.431. Na época, Joaquim Levy era o diretor superintendente da Bram (Bradesco Asset Management); em 1° de janeiro 2015, Levy assumiria o posto de ministro da Fazenda do governo Dilma. Levy, que é engenheiro naval com doutorado em economia, como diretor superintendente da Bram se mostrou otimista ao afirmar: "Sentimos apetite dos investidores em financiar a infraestrutura e fundos de investimento podem ser um veículo muito poderoso e ágil. Esperamos novas emissões de acordo com a Lei 12.431 para continuar aplicando em bons projetos". (PINHEIRO, 2013, n.p.).

Contudo, este programa, que teve o setor da construção civil como a grande parceira, foi suspenso com o impeachment da presidenta Dilma, em 2016.

Após demonstrar, por meio de uma linha histórica, que a construção do setor andou de mãos dadas com o desenvolvimento do Estado Brasileiro, no próximo item mostraremos o ranking do setor elaborado pela revista O Empreiteiro e divulgado pela Câmara Brasileira da Industria da Construção (CBIC) entre os anos de 2003 a 2018.

O ranking da Engenharia no Brasil: quem controla o setor?

O ranking da engenharia elaborado pela revista O Empreiteiro demonstra os 50 maiores faturamentos empresariais atuantes no setor da construção civil brasileira.

A revista O Empreiteiro (2016) se define como "publicação técnica mensal, segmentada, em circulação controlada, dirigida a todos os segmentos de infraestrutura", sendo obras de transportes, tais como rodovias, ferrovias, aeroportos, portos, transporte metropolitano, metrô; energia, como geração e distribuição, inclusive fontes eólica e solar; saneamento, como distribuição e tratamento de água e esgoto, além de reuso de água; habitação social e telecomunicações; indústria de construção industrial, como fábricas, hipermercados, shoppings, hotéis, edifícios corporativos e imobiliária, incluindo as mil maiores indústrias brasileiras e as mil maiores prefeituras municipais.

Por meio do ranking apresentado, temos que a Odebrecht, Camargo Correa e Andrade Gutierrez são as principais empresas do setor; direto e indiretamente, fazem a reprodução social do setor da construção civil no Brasil. São as empresas escolhidas para estudo, pois, ao decidirmos estudar o envolvimento do setor na Operação Lava Jato, decidimos por olhar o tema a partir das três primeiras construtoras do ranking.

Os três gráficos, a seguir, representam alguns aspectos do Ranking das 500 Grandes da Construção. Para esse item, fizemos um corte de análise e consideramos apenas as 50 primeiras empresas.

O gráfico 1 representa crescimento do faturamento das 50 maiores empresas do setor de construção civil e o gráfico 2 representa a porcentagem da soma dos faturamentos das três empresas – Camargo Corrêa, Odebrecht e Andrade Gutierrez em relação a soma do faturamento das 50 maiores empresas. As três empresas de construção juntas, Camargo Corrêa, Odebrecht e Andrade Gutierrez, desde os anos 2000, correspondem, em média, por 30% do faturamento das 50 maiores empresas da engenharia brasileira.

A comparação das 50 maiores construtoras nacionais em 2018, com o primeiro levantamento, realizada em 1971 pela revista O Empreiteiro (com base no faturamento anual das empresas), nos permite afirmar que houve pouca, ou quase nenhuma mudança nas empresas que ocupam as primeiras colocações. Segundo levantamento histórico de Campos (2012), a construtora Camargo Corrêa liderou o ranking entre os anos de 1971 a 1978, e de 1980 a 1983; a Odebrecht assumiu a liderança do ranking em 1997 e mantém a posição, sendo o ano de 2018 o último ano mapeado; e a Andrade Gutierrez liderou o ranking de 1987 a 1994. O gráfico 3 representa as posições ocupadas pelas construtoras CC, ODB e AG no ranking entre 1990-2018. Portanto, essas construtoras se alternam, ao longo da história, entre as três primeiras do ranking. Gráfico 1 Faturamento em mil (R$) das 50 maiores empresas do setor construção civil.

Gráfico 1 – Faturamento em mil (R$) das 50 maiores empresas do setor construção civil

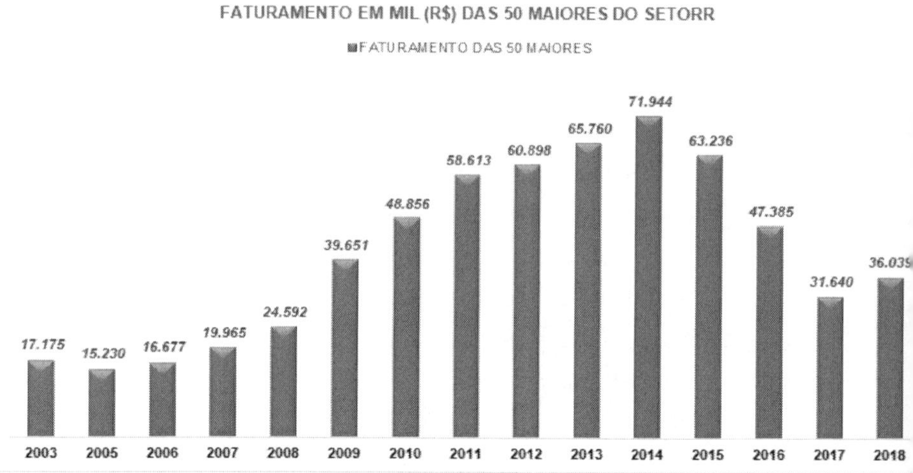

Fonte: Elaboração própria com base no Banco de Dados da Câmara Brasileira da Industria da Construção (CBIC).

Gráfico 2 – Porcentagem do faturamento CC, ODE e AG sobre o faturamento total (50 maiores)

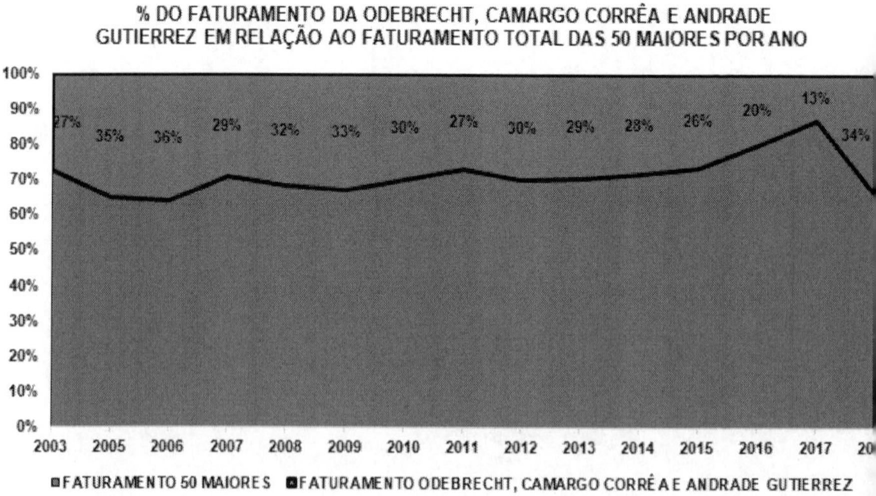

Fonte: Elaboração própria com base no Banco de Dados da Câmara Brasileira da Industria da Construção (CBIC).

Gráfico 3 – Ranking Construtoras (1990 – 2018)

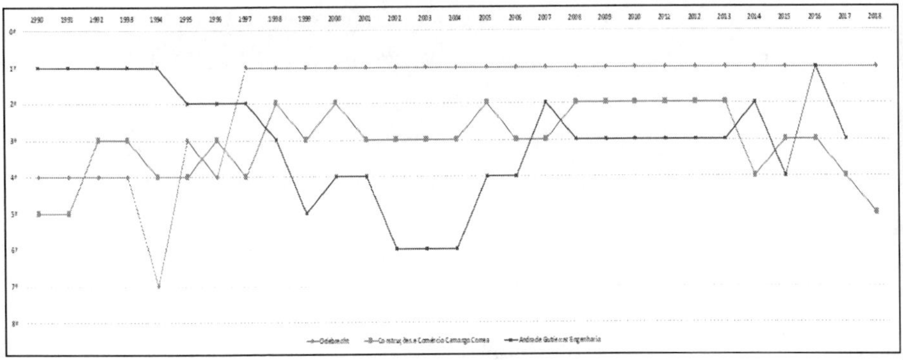

Fonte: Elaboração própria com base no Banco de Dados da Câmara Brasileira da Industria da Construção (CBIC).

*Em 2016 e 2017 a Odebrehct não participou do Ranking.

Retomamos que a relação dessas empresas bem posicionadas no ranking, com o Estado é de longa data, com predominância no PAC, como já exposto.

A Odebrecht, por exemplo, em 2008 começou a construção da Usina Hidrelétrica Santo Antônio, no Rio Madeira, em Rondônia, marco do setor energético brasileiro. A obra foi o ponto de partida do Programa de Qualificação Profissional Continuada – o qual priorizou a contratação de trabalhadores locais por meio da formação de mão de obra.

No que se refere à Andrade Gutierrez, ela participou em 1996 da montagem da segunda usina nuclear brasileira, Angra II. Em 2007, inicia as obras na Refinaria Duque de Caxias (Reduc), para a Petrobrás. Em 2009, executa a construção da Usina Santo Antônio. Em 2010, é a líder no consórcio construtor da hidrelétrica de Belo Monte. Em 2011 entrega a Refinaria Gabriel Passos (Regap), amplia e moderniza a Refinaria de Paulínia (Replan). Em 2012 a AG é responsável pela construção do corredor Transcarioca e do Parque Olímpico. A AG foi responsável pela reforma no estádio Nacional de Brasília e no Maracanã, e pela construção da Arena da Amazônia, em Manaus e o Beira Rio, em Porto Alegre, obras vinculadas ao PAC.

Trata-se de alguns exemplos para evidenciar o local que elas ocupam no ranking do setor, assim como as relações dessas empresas com o Estado, independente do partido político que esteja no poder.

As análises dos gráficos nos ajudam a entender quais são as empresas que contribuem com o PIB do setor. Para reforçar a análise, os dados apontam que, apesar da indústria de construção nacional ser composta por um grande número de firmas, elas são de diferentes portes, ou muito grandes ou muito pequenas, com predominância numérica das últimas, que empregam até quatro pessoas e que somaram 74% do total das empresas na média de 2002-2007, segundo IBGE (2009). Outra característica do segmento é a pouca diversificação espacial e por atividade, uma vez que 97,6% das empresas possuem unidade única local – são poucas as empresas que possuem mais de uma unidade local e são diversificadas espacialmente (IBGE, 2009).

Desta forma, a minoria das empresas (grandes empresas) possui certificação de serviços de engenharia reconhecidos no mercado internacional e têm atuação em vários países. O segmento de construção pesada brasileiro é apontado como um dos pioneiros do investimento no exterior. (TEIXEIRA, 2009).

Os gráficos, a seguir, representam, primeiro, a porcentagem (%) da variação do PIB da construção com a porcentagem da variação do PIB Brasil e o PIB Trimestral: Construção Civil – 1998-2018.

Gráfico 4 – PIB Trimestral: Construção Civil – 1998-2018

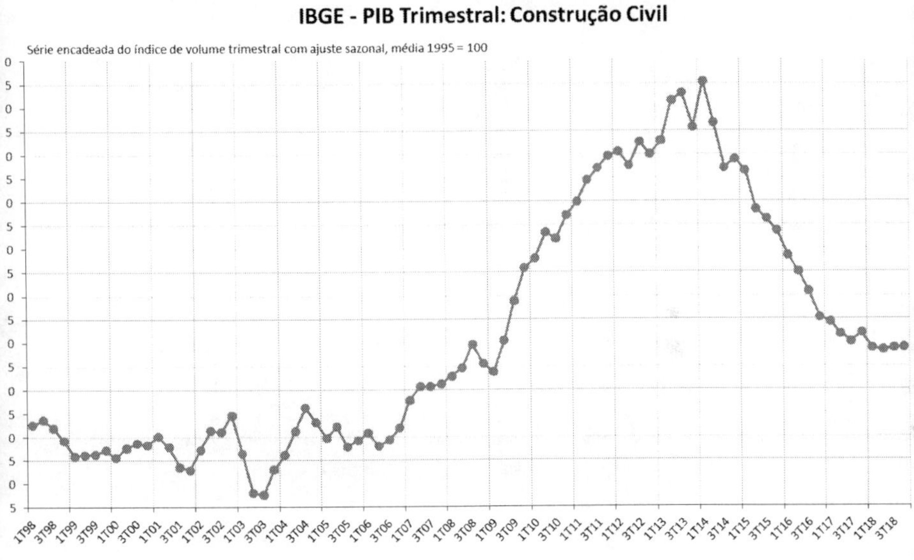

Fonte: FIESP (2019)

Como mostra o gráfico 4, após primeiro trimestre de 2014, o mercado de construção civil iniciou uma queda; não por coincidência é o início da operação Lava Jato, que levou ao constrangimento e a depreciação pública dessas empresas. Como argumentaremos na última seção, a perda das empresas não será apenas simbólica, mas também material, motivo que leva as empresas a alterarem seus portfólios de investimentos e a própria identidade, como a mudança de marca.

Gráfico 5 – PIB Brasil X PIB Construção Civil (Variação %) – 2004 a 2020

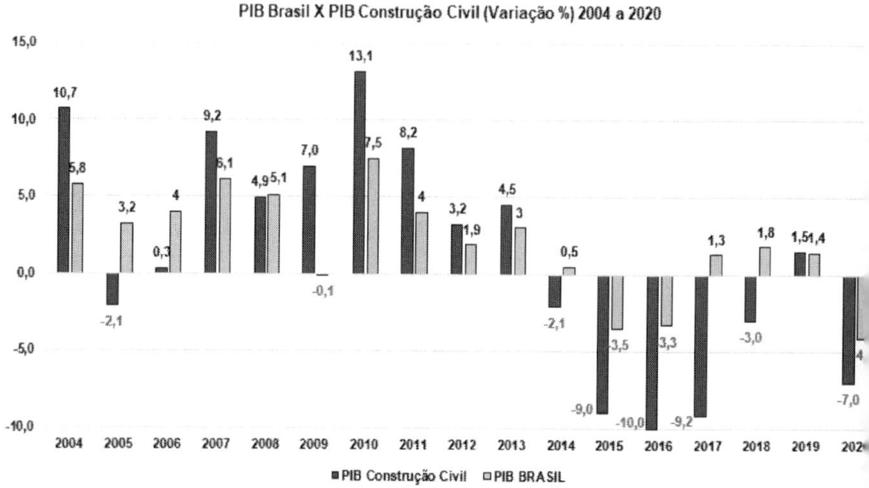

Fonte: Elaboração própria com base no Banco de dados da Câmara Brasileira da Indústria da Construção (CBIC)

Em contraste com o desempenho da Construção Civil, o PIB da economia como um todo, registrou em 2018 o segundo ano consecutivo de crescimento. Apesar de tal recuperação, o PIB do país ainda acumula uma queda de 4,7% em relação ao registrado em 2014. Segundo dados divulgados pelo Observatório da Construção da FIESP, em 2018, o Produto Interno Bruto (PIB) da Construção Civil, registrou a quinta retração anual consecutiva, com declínio de 2,5% em relação ao PIB de 2017. Os dados são das Contas Nacionais Trimestrais do IBGE. Com isso, acumula queda de 27,7% desde 2013, ano que marcou o patamar máximo do valor adicionado do setor. (FIESP, 2019).

Enquanto esta seção teve o objetivo de uma análise genal do setor, passando por seus primórdios até a sua consolidação como grande cliente do Estado, a próxima seção tem como foco as três empresas estudadas: a Camargo Corrêa, Norberto Odebrecht e Andrade Gutierrez.

Empresas dominantes e a elite econômica

Inspirada no entendimento de que "para as grandes famílias da aristocracia e da grande burguesia, a duração no tempo é fundamental" (SAINTI-MARTIN, p. 57, 2008), o objetivo da seção é apresentar as três empresas do estudo, Camargo Corrêa, Andrade Gutierrez e Norberto Odebrecht, por meio de um levantamFento sobre crescimento e expansão das empresas, tanto no setor da construção, quanto na diversificação dos negócios, até a constituição de grandes conglomerados nacionais – as holdings. Em seguida, identificar os principais agentes sociais que compuseram o corpo de conselheiros e acionistas das três empresas, atentos aos sobrenomes familiares de tais postos.

Baseando-nos na narrativa histórica apresentada por cada empresa, e nos conceitos de fronteiras sociais e mobilidade espacial (LABACHE; SAINT-MARTIN; 2008) analisamos as transformações espaciais pelas quais as três construtoras passaram, saindo de uma dimensão local, para nacional e finalmente, para internacional. Entendemos que a fronteira social de uma empresa não é dada; a fronteira social é resultante de práticas vivenciadas, construídas e reconstruídas ao longo da trajetória individual e coletiva das empresas; ela opera classificações e desclassificações sociais. (BOURDIEU, 1979). Portanto, as classificações espaciais das empresas estudadas contribuem para a classificação social das mesmas.

O objetivo da seção é fornecer elementos analíticos para a compreensão de como cada uma delas agirá no contexto de reelaboração da face, para fugir da crise simbólica e econômica trazida pela Operação Lava Jato.

Transpondo barreiras sociais: o local, o nacional e o internacional

As chamadas "gigantes do setor da construção civil" são empresas brasileiras de obras de infraestrutura pesada, como a Camargo Correa (1939), a Odebrecht (1944), a Andrade Gutierrez (1948), a Queiroz Galvão (1953), a Mendes Júnior (1953). Tais empresas são consideradas a primeira geração da infraestrutura nacional, e em praticamente toda a sua trajetória, nunca deixaram de estar entre as cinco maiores empresas de construção do país, sendo que sempre atuaram junto ao Estado nas obras de infraestrutura nacional. (CAMPOS, 2012; PORCIONATO, 2017).

A pesquisa de Campos (2012) sobre as principais empreiteiras brasileiras enfatiza o arranque espacial (geográfico) que tais empresas operaram para atingir o aspecto de empresas nacionais de atuação e, em paralelo, também de projeção internacional. Desta forma, o conceito de fronteira social, apoiado no conceito de mobilidade espacial, nos ajudam a compreender, a partir da narrativa histórica, o status de construtoras do Brasil. As fronteiras apoiadas no espaço foram, na pesquisa realizada por Labache e Saint-Martin (2008), as evocadas com mais frequência nas entrevistas que, segundo as autoras, também são as mais perceptíveis.

Segundo Labache e Saint-Martin (2008), a noção de fronteira foi conceituada recentemente nas ciências sociais e opera como uma ferramenta teórico metodológica que permite refletir os contornos dos grupos sociais. Cada fronteira é marcada por características históricas das trajetórias individuais e coletivas. Nesse sentido, a demarcação de fronteiras passa por processos/operações morais e cognitivas/práticas e políticas, nos quais, circunscrevem ou produzem segregações dentro da sociedade.

As pesquisadoras objetivaram apreender como as pessoas jogavam simbolicamente com essas fronteiras; se elas eram deslocadas, transpostas ou respeitadas no decorrer das trajetórias. Observou-se que a mobilidade geográfica era o aspecto mais evocado nas entrevistas, ou seja, o lugar de origem. Desta forma, Labache e Saint-Martin (2008) analisaram que as fronteiras sociais são impactadas por trajetórias marcadas por enraizamento, por acomodação em uma posição estabelecida ou por rupturas ou descontinuidades (fracasso escolar, divórcio, migração forçada, perda emprego, sucessão de empregos precários); o que poderia incitar, segundo as autoras, transgressões de fronteiras.

O estudo nos ajuda a entender o processo de nacionalização e internacionalização das empresas Camargo Corrêa, Odebrecht e Andrade Gutierrez. Com base no conceito de fronteira social (LABACHE; SAINT-MARTIN, 2008), assumimos que as narrativas históricas destas empresas, operam classificações de ruptura com o local e evidencia a mudança para alcance de projeção nacional, assim como as obras, que ascendem do impacto local para o impacto nacional. O mito de origem dessas empresas, afirma que a história do Brasil caminha de mãos dadas com a história do setor "na construção de dois gigantes: o Brasil e o setor da construção civil" (JARDIM; PORCIONATO, 2017, p. 22).

Para mostrar a construção de fronteiras sociais nessas empresas, assim como a importância dos sobrenomes no processo, iremos recuperar a histórica de tais empresas e sua trajetória local, escrita por eles mesmos. Para tanto usaremos biografias das empresas e dos agentes, por meio de e-book, da seção "Quem Somos" e "Histórico" da página institucional on-line, matérias/reportagens de revistas do ramo da construção e sites internacionais de árvore familiar (GENI, 2021). O uso de biografias escritas pelas próprias empresas se justifica, pois estamos interessados em como essas empresas construíram suas narrativas e seus mitos de origem, assim como identificar como instalaram as fronteiras sociais. Na última seção observaremos se as fronteiras descritas nessa seção, terão eficácia simbólica (ou não) no processo de reelaboração da face, para fugir da crise econômica e simbólica instalada pela Operação Lava Jato.

Construtora Camargo Corrêa

A história de fundação da Construtora Camargo Corrêa apresenta-se, inicialmente, em um "pequeno escritório" para em seguida, afirmar a grandiosidade dos seus empreendimentos em favor da construção do Brasil, conforme explicitado nos trechos a seguir:

> (...) são oito décadas de conquistas e realizações que ajudaram a conectar o Brasil; (MOVER PARTICIPAÇÕES, 2020, n.p.)

> (...) ajudou o interior de São Paulo a dar um salto de crescimento, ligando importantes cidades do oeste paulista; (MOVER PARTICIPAÇÕES, 2020, n.p.)

> (...) fez história ao ter seu nome gravado na construção de Brasília; (MOVER PARTICIPAÇÕES, 2020, n.p.)

Seu principal fundador, Sebastião Camargo, é apresentado como "filho de um pequeno produtor rural de Jaú-SP", nascido em setembro de 1909. A perda do pai, aos 17 anos, impactou nos estudos de Sebastião Salgado, que, segundo a narrativa, estudou até o terceiro ano primário, e ainda jovem aprendeu a "transportar terra retirada de construções usando uma carroça puxada por um burro". A narrativa apresenta a numerosa família e dificuldade financeira, ao afirmar que o pai de Sebastião deixara "10 órfãos" e em situação de precariedade financeira "pouco dinheiro para a família". A narrativa do trabalho árduo se apresenta: "com a pá em punho e as rédeas nas mãos, Camargo ajudou a construir as estradas que se multiplicavam pelo interior de São Paulo". (BEZERRA, G. 2016, p. 137).

No entanto, apesar da narrativa histórica da construtora apresentar o pai de Sebastião Camargo como "pequeno produtor rural", com dificuldade financeira, pesquisas de Oliveira (1989) indicam que a família Camargo foi uma das pioneiras a ocupar do dito "sertão" – o interior paulista. Oliveira (1989) analisa as famílias proprietárias de terras em Jaú no século XIX, nas décadas de 1850 e 1860, momento de ocupação da comunidade, e mostra como o poder local resultou da articulação da ação política no interior da classe proprietária, através do processo de organização e controle da sociedade.

A ocupação de Jaú-SP, terra natal de Sebastião Camargo, data de 1840, anos antes do estabelecimento da lei de Terras (1950). A família do proprietário José Ribeiro de Camargo, posteriormente chamado pelo título de Capitão, é um dos 20 proprietários para quem foi possível a recuperação da estrutura e organização familiar – em nível local. Os dados afirmam que José Ribeiro de Camargo teve 14 filhos. O grande número de filhos contribuiu para o fracionamento das propriedades através das divisões por herança. (OLIVEIRA, 1989). Tal situação pode nos ajudar a entender a situação de precariedade financeira, descrita na biografia do fundador da Camargo Corrêa, que o jovem Sebastião Camargo se encontrava.

Segundo Oliveira (1989), José Ribeiro de Camargo, ao entrar em contato com outros proprietários da ocupação, compunha a articulação da elite rural local, sendo um dos fundadores do povoado, participou da primeira Câmara Municipal, foi Juiz de paz e terceiro suplente de Delegado; mas a participação política não teve a mesma intensidade nos filhos, considerada como baixa participação política; parte desta explicação está na perda da hegemonia política do Partido Liberal (PL).

A pesquisa de Oliveira (1989) informa faltar dados sobre a partilha judicial da propriedade de José Ribeiro de Camargo, a Fazenda Trindade. Mas informações a respeito da herança indica que possa ter ocorrido aglutinações da propriedade como também participação dessa família em outras heranças através de alianças matrimoniais. Um projeto de lei da Assembleia Legislativa do Estado de São Paulo, de 2013, que classifica Jaú como Município de Interesse Turístico, menciona, na justificativa, que a cidade possui aeroporto particular, do Grupo Camargo Correa.[1]

Apresenta-se, também, na descrição de fundação da Construtora Camargo Corrêa, a caracterização de "modesto empreiteiro", que, junto com seu sócio, o advogado Sylvio Brand Corrêa, criaram, em 1936, na sede na rua Xavier de Toledo, centro

1 O aeroporto localiza-se a 55 km de distância do aeroporto de Bauru-SP, 65 km de Araraquara-SP, 160 km de Ribeirão Preto-SP e 204 km de Viracopos/Campinas-SP. Do porto de Santos-SP está a 395 km.

da cidade de São Paulo, com "investimento inicial de 200 contos de réis"; esta informação, na época, indica pouco capital para investimento. Em 27 de março de 1939, surge a Camargo, Corrêa & Cia. Ltda. – Engenheiros e Construtores, atuando oficialmente como construtora. O nome da rua é um fato que aparece na narrativa ao evidenciar o "salto de crescimento" da construtora na década de 1960, época em que a empresa passou a atuar também na indústria de cimentos e fez a mudança de sede, para a o Bairro da Vila Olímpia, cidade de São Paulo. (BARHAM, 1987).

As características das obras estão diretamente ligadas às fronteiras espaciais (geográficas) de atuação da construtora. A primeira obra da Construtora Camargo Corrêa foi a terraplanagem de um trecho de 12 quilômetros, em Apiaí-SP; tal obra fazia parte de um contrato com o Departamento de Estradas de Rodagem de São Paulo (DER-SP) na década de 1940.

Nas décadas de 1950 e 1960 a Camargo Corrêa inicia a construção de usinas hidrelétricas, a primeira, a UHE de Limoeiro (1955) na cidade de Mococa-SP, de Jupiá-SP (1962) e de Ilha Solteira-SP (1965); e começa a diversificar sua atuação e passa a atuar no ramo de cimento, ramo este ligado à construção, através da Camargo Corrêa Cimentos (CCC), fundada em 1968.

A narrativa histórica da empresa Camargo Corrêa (CC) afirma que, "A década de 1970 marcou avanços importantes para a infraestrutura no Brasil". Desta forma, temos a associação do avanço da construtora ao avanço do Brasil, confunde-se, assim, as histórias de "avanço", pois, segundo a narrativa, foi a CC que, pioneiramente, introduziu maquinário Shield no Brasil, "Camargo Côrrea, que introduz no País as máquinas Shield, os "Tatuzões", que permitem a escavação de túneis sem prejuízo às edificações existentes". As "inovações" na empresa são entendidas como inovações "no Brasil". (MOVER PARTICIPAÇÕES, 2020). O mito de origem da empresa relaciona o crescimento da empresa com o do Brasil. Foram essas inovações que permitiram à empresa se destacar também, na construção de transportes, especialmente de metrô.

Nas pesquisas sobre atuação das empreiteiras na ditadura, Campos (2015, p. 11) afirma que "a Camargo Corrêa participou dos projetos mais ambiciosos do regime militar", ao participar de obras como Itaipu, Carajás, Transamazônica, Rio-Santos, ponte Rio- Niterói (como líder do consórcio que fez a obra), metrô de São Paulo, Tucuruí□, ferrovia do Aço, aeroporto supersônico de Manaus. Em 1996, foi a responsável pela construção do Aeroporto Internacional de São Paulo, na cidade de Guarulhos. Os empreendimentos em transportes da Camargo Corrêa alcançaram várias partes do Brasil.

A Camargo Corrêa também estruturou uma carteira internacional na execução de projetos em variados setores, incluindo estradas, rodovias, mineração, saneamento e energia. Na liderança de um consórcio, a Camargo Corrêa, nos anos 1980, participa da construção e montagem da Usina de Guri, na Venezuela. A hidrelétrica é concluída em 1986. Em 1999, a ocorre construção do Gasoduto entre Bolívia e Brasil (Gasbol). A empresa possui obras na América do Sul, Argentina, Peru, Colômbia e também na África – Angola e Moçambique.

Informações atualizadas do site institucional da construtora informam que "no Brasil mais de 50% de todo o parque gerador a partir de fontes hídricas tem sua participação" e "é reconhecida como a maior na construção de hidrelétricas" (CAMARGO CORRÊA, 2021). No portfólio da construtora há o registro de: 35 usinas hidrelétricas concluídas - participou de quatro das cinco maiores hidrelétricas do mundo: Itaipu (a segunda maior do mundo), Belo Monte (a terceira), Guri, na Venezuela (a quarta), e Tucuruí (a quinta).; mais de 65.000 MW de potência instalada; sete usinas termelétricas; uma usina nuclear.

Informamos as obras de infraestrutura da Camargo Corrêa em números: 10 aeroportos (sendo três bases militares); 3 grandes portos; 1.300 km de ferrovias; 2.500 km de ruas e rodovias; 112 km de metrô; 180 pontes e 1 estaleiro. (PORCIONATO, 2016).

De acordo com Campos (2015), em 1983, a CC constava como a 5ª maior empresa privada nacional, devido ao complexo empresarial para além da atuação na construção. Esse item será explorado na próxima seção, que abordará a estruturação da empresa em holding e a diversificação de atuação.

Construtora Norberto Odebrecht

A Construtora Norberto Odebrecht, como já mencionado, foi fundada em 1944 e leva o nome do fundador. A história da construtora é apresentada através de uma ruptura – a imigração alemã – com o marco da chegada de Emil Odebrecht ao Brasil em 1856. Emil era engenheiro alemão e fez morada no Vale de Itajaí, Santa Catarina, e seu neto, Emílio Odebrecht, fundou, em 1923 a construtora Isaac Goldim e Odebrecht Ltda. e posteriormente a Emílio Odebrecht & Cia.

Dados da página da construtora afirmam: "Somos um grupo de origem brasileira com mais de 75 anos de trajetória. Por meio de nossos Negócios, realizamos importantes contribuições para o desenvolvimento do Brasil e dos 13 países onde atuamos". (NOVONOR, 2020, n.p).

Os dados para mapeamento histórico da Construtora Odebrecht foram coletados no Especial Odebrecht da revista

Grandes Construções, edição nº 54, de 10 de novembro de 2014. A capa traz Norberto Odebrecht, fundador da Construtora Norberto Odebrecht (CNO).

A família de Emil é originária de Greifswald, na Pomerânia. Emil nasceu em 29 de março de 1835 em Dobrzany (antiga Jacobshagen) na Polônia. Emil emigrou pela primeira vez para o Brasil em 1856, com a justificativa oficial de fundar uma empresa agrícola. Porém, volta a sua terra natal em 1857, retornando a Blumenau-SC em definitivo em fins de 1861.[2] Pela segunda vez, Emil já era formado engenheiro, havia prestado serviço militar e estudado Geodésia, Astronomia e Cartografia, pela Universidade de Greifswald.

Quando retorna ao Brasil, traz consigo equipamentos topo-geodésicos e cartográficos. Durante o período de estudos na Alemanha adquire um lote em Blumenau-SC em 1858 e solicita sua naturalização em 1857 e a recebe em 1859. No início de 1862 faz explorações e demarcações nas regiões de Blumenau-SC, Joinville-SC, entre outras. Casou-se em 10 de fevereiro de 1864 com Bertha Bichels, que havia imigrado com pais e irmãos em 1857. Através de várias expedições, Emil participou ativamente na colonização do Vale do Itajaí, faz detalhado levantamento topográfico do Alto Vale, ocupou-se da elaboração de cartas geográficas e linhas telegráficas nos estados de Santa Catarina e Paraná. É considerado na biografia familiar como o "Rondon do Sul".

A família Odebrecht é muito numerosa. Emil e Berth tiveram 15 filhos, cerca de 1.350 netos, bis, tri, tetra e pentanetos, que viveram/vivem no Brasil, Alemanha, Estados Unidos,

2 O retorno se deve a pouca idade e falta de estudos, segundo ele mesmo escreve – em trechos de cartas do Livro "*Cartas de família*: ensaio biográfico de Emil Odebrecht e ensaio biográfico de seu filho Oswaldo Odebrecht Sênior". (ODEBRECHT, 2006).

Suíça, França, Áustria, Dinamarca, Suécia, Canadá, Portugal, Itália, Chile, Irlanda, Espanha e Nova Zelândia. Entre os 15 filhos, Friedrich Edmund Heinrich Odebrecht (1864), nascido em Blumenau, Santa Catarina, se casou com Cäcilie Altenburg e tiveram 10 filhos, Emílio Odebrecht, pai de Norberto é um dos 10 filhos do casal. O avô de Norberto, Friedrich Edmund Heinrich Odebrecht, era comandante de navio e faleceu em alto mar em 25 de novembro de 1908; foi sepultado em Fortaleza, Ceará. (BLUMENAU EM CADERNOS, 1976).

O pai de Norberto, Emílio Odebrecht, é primogênito de Edmundo, e, segundo narrativa, "fora influenciado desde a infância e a juventude pela tradição familiar na engenharia", seja através do avô, seja do tio Adolfo, engenheiro civil formado pela Politécnica do Rio de Janeiro no início do século XIX. A edição da revista *Grandes Construções* (2014, n.p.) apresenta as raízes da família Odebrecht como "fincadas na história de urbanização das cidades de Blumenau-SC, Recife-PE e Salvador-BA, além de uma marca na evolução do concreto armado e no desenvolvimento moderno no País".

Emílio acompanhou o avô em explorações e nos serviços da rede telegráfica e em 1914. Aos 20 anos, mudou-se também para o Rio de Janeiro. Lá encontrou-se com o primo Emílio Baumgart, estudante da Escola Politécnica que trabalhava na Companhia Construtora em Cimento Armado. Por seu intermédio, entrou na empresa, fundada pelo alemão Lambert Riedlinger, que chegara ao Brasil em 1911, trazendo a técnica de construção do concreto armado, já adiantada na Alemanha e que aqui dava seus primeiros passos. Com Baumgart[3] e Riedlinger,

3 Baumgart é considerado o criador da técnica brasileira do concreto armado e, até hoje, é admirado pelos projetos audaciosos e criativos que executou. Lúcio

Emílio iria participar da introdução no Brasil da "era do concreto armado" na indústria da construção e na arquitetura em geral.[4] A Companhia Construtora assinou edificações históricas, como os hotéis Central, Glória e Copacabana Palace e os escritórios da Companhia Antarctica, no Rio de Janeiro. (GRANDES CONSTRUÇÕES, 2014).

Emílio Odebrecht, desde 1914, se capacitava na nova técnica construtiva. Mudou-se para Recife-PE para executar a obra da ponte Maurício de Nassau. A construção da ponte foi um divisor de águas em sua vida. Em 1918, Lambert Riedlinger nomeou para gerente da filial de Recife-PE o engenheiro Isaac Magalhães de Albuquerque Gondim, de tradicional família pernambucana. Recém-formado, já tinha conhecimentos práticos, pois durante todo o curso trabalhara no serviço público, no porto, na seção técnica ligada ao escritório de desenho, cálculos, medições, levantamentos e sondagens hidrográficas. Gondim e Emílio uniram-se e criaram a Isaac Gondim & Odebrecht, a primeira empresa de construção do Nordeste. A sede em Recife-PE, na Rua do Imperador, foi, logo depois, acrescida de uma filial em Jaraguá, Alagoas. (GRANDES CONSTRUÇÕES, 2014).

Costa, num depoimento dado depois da morte do engenheiro Baumgart, com quem conviveu na Escola Nacional de Belas Artes, confirma que "seu engenho, intuição e prática do ofício, a princípio malvistos pelo pensamento catedrático dos doutos, acabaram por consagrá-lo, tal como merecia, mestre dos jovens engenheiros especializados na técnica do concreto armado". Fonte: http://www.odebrechtonline.com.br/materias/00201-00300/252 – Edição Histórica –Novembro de 2004.

4 A Companhia Construtora em Cimento Armado, fazendo jus ao nome, é tida como a primeira construtora especializada em cimento armado no Brasil, funcionando já em 1912. Após um começo modesto, nos limites de obras de prédios particulares, passou a executar grandes obras em todos os ramos da engenharia, em vários pontos do país. Sua grande rival, a Construtora Cristiani & Nielsen, só abriria a filial brasileira em 1919.

Segundo narrativa divulgada pela empresa, a disposição de Isaac Gondim em seguir outros rumos e de Emílio, que queria continuar construindo, levou a dissolução da sociedade entre eles; e em novembro de 1923, Emílio Odebrecht, associado a Gustavo Adolpho Schaefer e Benedito Ximenes de Souza Neves, constitui uma empresa para exploração de construções em geral, principalmente com cimento armado e instalações hidráulicas. Com sede no Recife, na Rua Duque de Caxias, ao lado do prédio do Diário de Pernambuco, a Emílio Odebrecht & Cia. teria participação ativa nas obras realizadas durante o governo de Sérgio Loreto, entre as quais destaca-se a construção do Palácio da Justiça. (GRANDES CONSTRUÇÕES, 2014).

Emílio, atraído pelo surto do cacau, chegou à Salvador em 1925. Naquele ano, a Emílio Odebrecht & Cia. já mantinha filiais na capital baiana, em Blumenau-SC, João Pessoa-PA e Maceió-AL. Gustavo Schaefer e Benedito Neves haviam deixado a sociedade, substituídos pelos engenheiros civis José Cândido de Morais Nascimento e Armando Campelo. (GRANDES CONSTRUÇÕES, 2014).

A segunda metade dos anos 1920, na Bahia, foi justamente chamada de "era da fermentação edificatória". A Emílio Odebrecht & Cia., já em 1926, fez uma ponte sobre o Rio Cachoeira, em Itabuna, a primeira de concreto armado da Bahia – mas as ações da construtora se concentraram mais na capital. Vieram o Edifício Magalhães, de Magalhães & Cia., em 1928, e, em seguida, o Palácio da Saúde e da Assistência para substituir a antiga construção dos tempos coloniais, que havia sido demolida. Em 1929, ergueram-se duas obras marcantes, uma na capital – a sede da Cia. de Navegação Baiana – e outra na fronteira com Pernambuco, junto ao Rio São Francisco, a Catedral de Petrolina. (GRANDES CONSTRUÇÕES, 2014).

A Emílio Odebrecht & Cia. ganhou diversos contratos na virada da década. Não eram obras públicas as que realizou entre 1930 e 1932, mas estavam ligadas a serviços essenciais para a população, de natureza assistencial e educacional, como o Hospital São Jorge, o Colégio Antônio Vieira, dos jesuítas, e os pavilhões do Liceu Salesiano, todas em Salvador.

Entre 1933 e 1936, a construtora intensificou sua atuação no interior do Estado da Bahia, particularmente em obras ligadas aos negócios do fumo e do cacau: o edifício da Associação Comercial de Ilhéus, quando a exportação de cacau vivia seu auge, e a fábrica de Charutos Suerdieck, em Maragogipe. Na capital, ergueria a fábrica de Chocolates Behring, os cinemas Aliança e Santo Antônio, a abóbada e o telhado do Mosteiro de São Bento e, em Itaparica, o cais principal da ilha. As marcas da Emílio Odebrecht & Cia. deixadas na Bahia já eram, na época, numerosas e expressivas. No ano de 1936, a empresa tem como sócios o construtor e sua mulher Hertha Odebrecht, e se encontra sediada em Salvador, no imponente edifício do Jornal *A Tarde*. (NOVONOR, 2020.).

Na segunda metade dos anos 1930, a empresa continuou a realizar obras de caráter social, como o Hospital das Clínicas da Universidade Federal da Bahia (projeto e estruturas) e o Hospital Santa Terezinha (atual Otávio Mangabeira). Na narrativa oficial, a construção do edifício da Secretaria de Segurança Pública, para o governo do Estado, "contava com um ajudante especial: o jovem Norberto", que ficou responsável pela construção das esquadrias, que "começava a pôr em prática os conhecimentos de serralheiro adquiridos nas oficinas do pai". No mesmo período, a Emílio Odebrecht e Cia. construiu, entre outros empreendimentos, um novo cinema, o Excelsior; o edifício da Companhia de Seguros Aliança da Bahia, na Cidade Baixa de Salvador; o Hospital da Sagrada Família e, no começo da década de 1940, a ponte ferroviária de Mapele-Passagem, com 720 m, para a Estrada de Ferro Leste Brasileiro. (NORBERTO ODEBRECHT, 2015).

Outra ruptura foi a Segunda Guerra Mundial, que segundo a narrativa histórica da empresa "os materiais de construção vindos da Europa tornaram-se caros e escassos, deflagrando uma crise no setor". Emílio retirou-se dos negócios e seu filho, Norberto Odebrecht, o substituiu em 1941. Norberto nasceu em Pernambuco, Recife, mas cinco anos após seu nascimento, seu pai mudou-se para Salvador. No mito de origem divulgado como narrativa oficial, opera-se a mobilidade espacial para uma área "promissora para o mercado da construção civil, pois demandava obras de infraestrutura." (NORBERTO ODEBRECHT, 2015, n.p.).

Nos primeiros anos da década de 1940, ainda estudante, foi Norberto Odebrecht quem deu andamento às obras contratadas pelo pai, que, em 1941, retornou a Santa Catarina. Pouco antes da formatura de Norberto, como engenheiro civil, em 1943, pela Escola Politécnica da Universidade Federal da Bahia, as obras da Emílio Odebrecht & Cia. estavam concluídas. Na trajetória, descreve-se que tal feito segue uma trajetória familiar de três gerações de engenheiros atuantes no ramo da construção.

Segundo a trajetória de Norberto Odebrecht, "sementes do empreendedorismo" emergiam em Norberto, que foram cultivadas pelo "ambiente familiar" e pela proximidade com pastor Otto Arnold, também imigrante alemão e fez parte da infância de Norberto Odebrecht, ajudando a estruturar "ensinamentos sobre ética e disciplina e a prática de servir". Tais ensinamentos, segundo a narrativa, foram "valiosos para a vida e a carreira do fundador da Organização. Ele levaria cada um deles para o dia a dia nas empresas, que cresceram, se diversificaram e se internacionalizaram". (NORBERTO ODEBRECHT, 2015, n.p.).

Aos 15 anos, Norberto começou a participar do "mundo do trabalho do pai" – portanto, na construção – e passou a dividir o tempo da escola com "outro tipo de professor, os mestres-de-obras, que lhe deram as primeiras lições do ofício. Em agosto de 1944, um ano após ter se formado, funda a Norberto Odebrecht Construtora Ltda. (NORBERTO ODEBRECHT, 2015).

Norberto Odebrecht, assume o papel de reparação perante as instabilidades mencionadas na narrativa histórica; portanto, apesar de pertencer a uma geração de engenheiros, as mudanças, externas e internas afetaram os negócios, e coube à Norberto assumir o papel nos negócios da família. A seguir, trecho selecionado da narrativa sobre a trajetória de vida de Norberto Odebrecht, que argumenta no sentido sugerido por nós.

> Ainda no terceiro ano da faculdade, é requisitado pelo mundo adulto, quando a empresa do pai começa sua fase de dificuldades. O país passava então por instabilidades por conta de reflexos da Segunda Guerra Mundial. Norberto Odebrecht assume o negócio e batalha para recuperá-lo, buscando como parceiros aqueles que trabalhavam na empresa. (NORBERTO ODEBRECHT, 2015, n.p.).

> "Eu pensei ter herdado uma dívida, mas na verdade, o que eu herdei foram os seus mestres-de-obras, homens treinados por meu pai em sua escola de canteiros, nas mais diversas funções", lembraria Norberto. (GRANDES CONSTRUÇÕES, 2014, p. 24).

O início da Construtora Norberto Odebrecht é marcado pelo o que o fundador chamou de TEO – Tecnologia Empresarial Odebrecht. A TEO é parte do fundamento filosófico que ajudou a estruturar a história da construtora, e consiste na autonomia do encarregado, na partilha das responsabilidades e dos resultados. Norberto deixou sob a responsabilidade dos próprios mestres-de-obras tarefas como pedidos, compras e admissão de pessoal – que eram entregues aos escritórios centrais das construtoras. Para Norberto, segundo história oficial "era uma forma de motivar as pessoas e estimular sua criatividade". (GRANDES CONSTRUÇÕES, 2014, p. 24).

É assim que a revista descreve a passagem de Norberto de mestre-de-obras para empresário, que se "incumbia do relacionamento com os clientes, fornecedores e banqueiros, com o objetivo de conquistar obras". (GRANDES CONSTRUÇÕES, 2014, p. 25). A abertura da nova empresa foi uma exigência para a continuidade dos negócios, tanto por parte do Banco da Bahia, através de um pacto econômico, quanto pelas dificuldades de reestruturação da Emílio Odebrecht & Cia. "Norberto começou a agir plenamente como empresário, atuando em obras como o Fórum Rui Barbosa, o Hotel da Bahia". (GRANDES CONSTRUÇÕES, 2014, p. 25)

A primeira obra da Construtora Norberto Odebrecht foi a construção do Círculo Operário, em Salvador, em 1946. Segundo narrativa oficial, essa foi uma das "obras que fortaleceram a credibilidade da construtora", (GRANDES CONSTRUÇÕES, 2014, p. 25); e também cita o Estaleiro Fluvial da Ilha do Fogo (1947), entre as cidades de Juazeiro-BA e Petrolina-PE, no Rio São Francisco, com capacidade para navios de até 1.200 t, o cais e ponte de atracação em Canavieiras-BA (1948). E quatro outros portos, um deles em Ituberá-BA (1949).

Em 1952 a Odebrecht constrói a primeira hidrelétrica, a UHE de Correntina-BA (divisa com Goiás) ainda em âmbito local. Na narrativa da Odebrecht, no ano de 1953 temos a seguinte referência "início de uma parceria", na qual destaca-se a realização da primeira obra para a Petrobras – o acampamento do projeto Oleoduto Catu-Candeias, na Bahia. (OEC, 2018).

Na narrativa histórica da nacionalização da Odebrecht, a expansão da empresa se deu, primeiro, no Nordeste, com estímulos da Sudene, "a abertura de sua filial em Recife, estimulada pela ação da Sudene" e a conquista de várias obras em Pernambuco, como as fábricas da Willys Overland, Coperbo, Alpargatas Confecções e das Tintas Coral do Nordeste.

Em 1969 tem-se a expansão para Sudeste, no qual assume a construção, no Rio de Janeiro, do edifício-sede da Petrobras, do campus da Universidade Estadual do Rio de Janeiro, do Aeroporto Internacional do Galeão e da Usina Termonuclear Angra I. O ano de 1973 é o ano que a empresa atribui a atuação nacional, "O Grupo passa a ter atuação nacional, com obras na maioria dos estados brasileiros" e cita as obras de construção da Ponte Colombo Salles, em Florianópolis-SC, e a restauração do Teatro Amazonas, em Manaus-AM.

Dez anos depois, em 1979, a narrativa histórica aponta a "diversificação e internacionalização" da construtora. A diversificação será analisada na seção seguinte.

Em 1984 a Odebrecht inicia sua atuação na Angola com assinatura do contrato para a construção da Hidrelétrica de Capanda. E em 1985, segundo narrativa histórica da empresa, 30% dos contratos em carteira eram no exterior. Em 1987, inicia-

-se a primeira obra da Odebrechrt na Argentina, a construção da Hidrelétrica de Pichi Picún Leufú (PPL), na Patagônia, e também no mesmo ano, obras do projeto de Irrigação Santa Elena, em Guayaquil, Equador. Em 1998, a Odebrecht adquire a construtora José Bento Pedroso & Filhos e inicia sua atuação em Portugal – a nova empresa passa a chamar-se Bento Pedroso Construções. Em 1991 começa a atuar nos Estados Unidos, quando a narrativa oficial descreve como "sendo a primeira empresa brasileira a realizar uma obra pública no país. O primeiro projeto conquistado é o Metromover, em Miami. Também nesse mesmo ano é adquirida a inglesa SLP Engineering, especializada na construção de plataformas de petróleo. Em 1992, a construtora atuou na Colômbia – ao conquistar a concorrência para construir a Ferrovia La Loma-Santa Marta, e também constrói a Barragem Los Huítes, no México e do Centro Comercial El Lago na Venezuela.

Em 1994, nos 50 anos de história do grupo, a narrativa histórica da construtora exalta a "presença" em 21 países. Em 2001, afirma que a revista de engenharia norte-americana Engineering News Records (ENR), diz que a Construtora Odebrecht se torna a maior empresa na construção de usinas hidrelétricas e aquedutos, a maior construtora da América Latina e uma das 30 maiores exportadoras de serviços do mundo. Em 2003, a empresa começa a atuar nos Emirados Árabes, em 2004, é eleita a Melhor Empresa de Engenharia da América Latina, pela revista Global Finance.

Como mostramos, o mito de origem da empresa relaciona o crescimento da construtora com o do Brasil, assim como destaca a construção de prédios usados para fins sociais, como orfanato, igrejas no início da sua história. Em entrevista concedida ao Núcleo da Cultura Odebrecht, em 2004, Norberto Odebrecht atribuiu o êxito na Fundação e crescimento da empresa, aos princípios éticos herdados de seus pais e avôs. Veremos que estes princípios éticos serão colocados em prova durante a Operação Lava Jato.

Construtora Andrade Gutierrez

A Andrade Gutierrez foi fundada em 1948 pelos irmãos Gabriel e Roberto Andrade, além de Flávio Gutierrez, em Belo Horizonte. Dados do site institucional da empresa traz o mesmo mito de origem presente nas outras empresas já estudadas, a de que "desde 1948, a Andrade Gutierrez ajuda a construir e desenvolver o Brasil", portanto, desde a sua criação, através das obras que participou, colocando a empresa como responsável por "algumas das obras mais importantes da história do país". (ANDRADE GUTIERREZ, 2018, n.p.).

Na narrativa oficial de fundação, aborda que "a empresa é fruto do sonho de três jovens estudantes de engenharia da época os irmãos Gabriel e Roberto Andrade e o amigo Flávio Gutierrez"; o esforço físico e o sentimento de heroísmo também aparecem no discurso dos fundadores da Andrade Gutierrez, "sem temer o tamanho do desafio, arregaçaram à mangas e partiram para construir uma empresa moderna em um país atrasado". (ANDRADE GUTIERREZ, 2018, n.p.).

No fragmento selecionado, a seguir, temos o sentimento de honra por construir e representar o Brasil, inclusive no exterior.

> História de sucesso no Brasil e no mundo a Andrade Gutierrez completa 65 anos de importante participação na construção da infraestrutura brasileira, com vigor gerencial e saúde financeira invejáveis, buscando agora consolidar sua atuação em novos mercados no exterior. (GRANDES CONSTRUÇÕES, 2013, p. 22).

Gabriel Andrade nasceu em 1926, na cidade de Arcos, Minas Gerais. A família vem da tradição em seleção de cavalos e gado de leite, a Fazenda São Miguel (fazenda em que nasceram, mudou de nome, chama-se Calciolândia), destaca-se nos planteis de raça Gir Leiteiro selecionado, e desde 1962, atua na produção de leite à pasto. Os irmãos Andrade possuíam uma estruturação econômica baseada na propriedade de terra, voltada para criação de gado, no Estado de Minas Gerais. (SERTÃOBRAS, 2021, n.p.)

Gabriel Andrade e Flávio Gutierrez eram amigos de faculdade. Gabriel, aos 22 anos e Flávio Gutierrez, graduaram-se no curso de engenharia civil pela Escola de Engenharia da Universidade Federal de Minas Gerais. Gabriel, ainda estudante, foi o idealizador da fundação da construtora Andrade Gutierrez e que viria a ser fundada em dois de setembro de 1948, juntamente com seu irmão Roberto e seu amigo de faculdade, Flávio Gutierrez. Com estrutura familiar rural, além da dedicação ao ramo da construção civil, Gabriel foi sócio fundador, também nos anos 1940, em Arcos-MG, sua cidade natal, da fábrica de leite em pó, Industria São Miguel Produtos Alimentícios Ltda.

Segundo informações da revista Grandes Construções (2013), que contém entrevista com Gabriel Andrade, os três dividiram-se em diferentes tarefas: Flávio e Gabriel, como engenheiros, ficavam na linha de frente dos canteiros, enquanto Roberto comandava a estratégia do negócio, e para auxiliá-lo, contava com o contador Walter Melo.

Gabriel era o filho mais novo e Roberto, o filho do meio do casal Donato de Andrade e Laura Salles Botelho de Andrade. O casal teve três filhos, os dois meninos já mencionados e o mais velho, José Maurício. O pai dos irmãos, Donato de Andrade, foi graduado em Direito pela Faculdade do Largo São Francisco, em São Paulo, mas, segundo relatos, não chegou a exercer a profissão de advogado. Ao longo de sua vida, Donato se dedicou à agropecuária, seguindo os passos do seu pai, Gabriel Augusto de Andrade e do avô, Francisco Teodoro de Andrade.[5] Logo depois que Donato se formou, os registros mencionam que viajou para fora do Brasil; passou uma temporada estudando e fazendo estágios em zootecnia e ciências agrárias nos Estados Unidos.[6] (GRANDES CONSTRUÇÕES, 2013).

Donato, além de empresário do segmento de agronegócios, também foi deputado estadual (1919-1922). Nas décadas de 1950 e 1960, Donato, e os filhos, Roberto e Maurício Andrade foram responsáveis pela implantação e gestão da Industria São Miguel de Produtos Alimentícios, com filiais em outros estados. A empresa produzia leite em pó e manteiga. Depois de alguns anos, foi comprada pela multinacional Nestlé, que manteve a unidade de Arcos em atividade até 1998. (GRANDES CONSTRUÇÕES, 2013).

A mãe dos irmãos, Laura Sales Botelho de Andrade, nasceu em Lavras-MG, em outubro de 1888, e se mudou para Arcos em 1912, era sobrinha do ex-governador de Minas Francisco

5 Seu avô, Francisco Teodoro de Andrade, ganhou fama em Minas Gerais como introdutor da linhagem Passa Tempo de cavalos mangalarga marchador, pioneira na marcha picada, que ele selecionava desde a década de 1860 na fazenda Campo Grande. Em 1881, seu tropel e sua fazenda foram transferidos ao filho mais velho, Gabriel Augusto de Andrade, que deu continuidade à linhagem, além de cultivar café e criar gado de origem europeia. Donato era o mais velho dos sete filhos de Gabriel, possuia a patente de coronel da Guarda Nacional.

6 Na ocasião, levou uma carta de apresentação assinada pelo senador Ruy Barbosa e chegou a ser recebido em Washington pelo então secretário da Agricultura James Wilson, um político de Iowa que permaneceria 16 anos no cargo, de 1897 a 1913. Wilson era um dos maiores especialistas em temas agrícolas dos Estados Unidos, e foi o secretário que mais tempo ficou no cargo na história do país. Donato, então com 25 anos, recebeu a recomendação de que fosse ao estado de Kentucky, onde visitou fazendas, conferiu o que havia de mais moderno em manejo de pastos e criação de equinos. Depois de pegar malária no Tennessee, o jovem brasileiro voltou para casa com o plano de procurar terras calcárias, mais férteis do que as de Passa Tempo.

Sales. Mudou-se com o marido para a fazenda São Miguel, uma propriedade com 2 mil hectares de terras, em Calciolândia, situada a 12 quilômetros de Arcos. Laura tinha 37 anos quando Gabriel Andrade nasceu. Laura Andrade dá nome a uma das principais avenidas de Arcos.[7]

O irmão mais velho, José Maurício de Andrade, 13 anos mais velho do que Gabriel, nasceu em Lavras-MG, e teve sua trajetória política associada à história de Juscelino Kubitschek, que conheceu durante a Revolução Constitucionalista de 1932. Em 1947, também se elegeu deputado à Assembleia Constituinte de Minas Gerais pelo PSD, partido do ex-prefeito Juscelino Kubitschek (JK). Apoiou a eleição de JK como governador do Estado em 1950 e, em seu segundo mandato como deputado (1951-55); foi líder do Executivo na Assembleia Legislativa de Minas Gerais (ALMG). Também foi presidente da Comissão de Finanças, Orçamento e Tomada de Contas. Acompanhou a trajetória de Juscelino, elegeu-se deputado federal quando JK chegou à Presidência da República (1955). Na Câmara dos Deputados, permaneceu por quatro mandatos (1955-1969) e fez parte do chamado Bloco Mudancista, que apoiou a transferência da capital para Brasília. José Maurício, abandonou a política nacional e passou a participar ativamente das gestões de sua esposa, Hilda Borges de Andrade, como prefeita de Arcos (1989/1992 e 1997-2000). (JUSBRASIL, 2011).

Roberto Andrade, 12 anos mais velho do que Gabriel, ajudou o irmão a fundar a Andrade Gutierrez, também engenheiro, formado mais de uma década antes na mesma faculdade.

7 As informações foram obtidas na página do Facebook "Bairro Bonfim – Arcos". Publicação: Avenida Laura de Andrade. Disponível em: https://www.facebook.com/651769788770466/posts/avenida-laura-andradesaiba-mais-sobre-o-nossa-homenageadalaura-salles-botelho-de/732741947339916/. Acesso em: 21 fev. 2021.

Roberto era casado com Sonia e pai de um menino, Sérgio, e administrava a fábrica de laticínios da família.

A partir do Instituto Cultural Flávio Gutierrez, Flávio Gutierrez é descrito como "engenheiro de origem espanhola", e "Sob a sua liderança, a pequena construtora fundada em Belo Horizonte conquistou espaço entre as grandes empresas do setor, atuando em todo o território brasileiro e também no Exterior.". O pai de Flávio, Leonardo Gutierrez, radicou-se em Belo Horizonte no final do século XIX, que segundo a narrativa, o objetivo era participar da construção da nova Capital; foi cônsul honorário da Espanha no Estado de Minas Gerais.

O livro digital Na estrada com Gabriel Andrade, publicado em 2015, por Camilo Vannuchi, jornalista, escritor, mestre e doutor em Ciências da Comunicação pela USP, foi importante meio para mapear, tanto a história da construtora quando a da família Andrade – que será analisada na penúltima parte desta seção. O livro se divide em 9 capítulos e é, segundo Vannuchi (2015, n.p.), "a história em construção de um construtor em construção".

No livro encontramos a referência ao trator Caterpillar D6 que Donato, pai de Gabriel e Roberto, havia comprado em 1938,[8] oito anos antes da fundação da construtora. A compra do trator representou um "contrassenso", pois, o objetivo do trator era, em uma fazenda dedicada mais à criação de gado de leite e à produção de manteiga, melhorar as estradas do entorno, o que facilitaria o transporte de leite das fazendas vizinhas para sua fábrica de laticínios, que existia desde os anos 1920. (VANNUCHI, 2015).

8 A demora na chegada do equipamento foi consequência da Segunda Guerra Mundial, até 1945, a Caterpillar foi obrigada a interromper sua produção convencional para se dedicar exclusivamente ao esforço de guerra, fornecendo equipamentos, tanques e tratores para as zonas de conflito.

Gabriel possuía cotas de participação na SaMiGue, antiga Indústria São Miguel de Produtos Alimentícios, o que lhe garantiria, naquele ano de 1946, cerca de 80 mil cruzeiros (equivalentes a cerca de US$ 70 mil em 2014). Maurício foi consultado sobre a possibilidade de integrar a empresa, mas recusou o convite, alegando incompatibilidade com a função de deputado. No entanto, seu filho, Eduardo, anos depois, seria o principal executivo da empresa.

> "Não pegaria bem a um representante da Assembleia defender interesses privados em eventuais concorrências abertas por órgãos públicos, como o DER-MG e o DNER. De longe, ele se comprometia a fazer o que estivesse a seu alcance para contribuir para o sucesso da firma, em especial desempenhando o papel informal de relações públicas, apresentando o irmão caçula a políticos e autoridades que pudessem influir de alguma forma nos caminhos da construtora". (GRANDES CONSTRUÇÕES, 2013, n.p).

Gabriel procurou Roberto, que aceitou o convite, mas que segundo a narrativa oficial da empresa, preferia que sua atividade na construtora se restringisse à atuação de gabinete, junto à área financeira ou comercial. Nesse sentido, ele não acompanharia o dia a dia das obras de perto. Pensando nisso, Gabriel decide chamar alguém com seu "perfil", ou seja, "alguém mais ou menos da sua idade, recém-formado, que esbanjasse disposição e que tivesse intimidade". Segundo narra o livro, o desejo mais comum dos colegas de turma do curso de engenharia, "era entrar para a Companhia Siderúrgica Nacional", (...) "o emprego dos sonhos, quase sempre empregos públicos, mas não a própria empresa". (VANNUCHI, 2015, n. p.)

Como aluno do curso de engenharia, o livro narra como Gabriel começou a busca por um terceiro sócio; teve duas negativas, motivadas por falta de dinheiro, e uma terceira negativa por falta de afinidade.[9] Por fim, "as intenções de Gabriel se cruzaram com as expectativas de Flávio Gutierrez, também colega na Escola de Engenharia" (VANNUCHI, 2015, n. p.). O livro traz uma passagem sobre quem foi Flávio Castelo Branco Gutierrez.

> Eu era estudante e ainda tinha dois anos de escola por fazer. Devia estar no quarto ano, faltava o quinto. Foi em 1947. A indústria deu dividendo, então, eu tinha dinheiro. Apareceu a oportunidade de comprar um scraper e alugar o trator do papai para fazer obra. Então, eu tomei a iniciativa de chamar o Roberto e fui convidar um terceiro sócio. (VANNUCHI, 2015, n. p.).

> O Roberto dirigia a fábrica de laticínios e não ia poder se dedicar à empresa. Eu queria ter um sócio aqui perto com o qual eu pudesse conviver no dia a dia. Tinha que ser um sócio que fosse hábil para negociar. O primeiro critério era ser um sujeito fácil para fazer combinações, honesto, de bom trato. Outro critério era ter dinheiro para poder formar a sociedade. Eu era pragmático. Chamei o Flávio Gutierrez. Tínhamos empatia, porque eu costumava ir estudar na casa dele. Ele era um cara simpático, extrovertido. (VANNUCHI, 2015, n. p.).

9 "Gabriel aventou a hipótese de convidar o colega Caetano Mascarenhas, cujo patrimônio era maior do que o dos Andrade. Para ele, capital não seria um problema. Por outro lado, Gabriel não tinha tanta afinidade com Caetano, e a conversa não andou". Fonte: (VANNUCHI, 2015, n. p.).

Como vemos, a biografia humaniza o empresário Flávio Gutierrez, colocando-o como alguém carismático e extrovertido. Outro dado sociológico foi a busca de um sócio que se aproximasse de sua "personalidade" e renda, a partir da sua rede de amizade.

Outro relato no livro chama atenção pelo fato dos jovens realizarem suas primeiras obras na própria fazenda São Miguel. Equipado com o scraper, o Mineiro – trator adquirido por Donato, pai de Gabriel – atuava alargando estradas, abrindo canais e auxiliando no dia a dia da SaMiGue. Com o trator compartilhado, ficavam a mercê da fazenda e do calendário da safra, os três sócios, então, se reuniram, fizeram as contas e decidiram que era hora de ter o próprio trator. Foi Flávio quem achou um novo D6, a "preço muito". O novo trator foi comprado por 239 mil cruzeiros (o equivalente a US$ 95 mil no final de 2014).

> Compramos o scraper para engatar no Mineiro, o trator do papai. Mas nem pudemos usar. Era fim de ano e chovia demais. E não conseguimos nenhum contrato. Fomos até uns caras que faziam estradas e eles falaram: "Não, nós já estamos organizados, não vamos fazer subempreitada". Então nós fomos até o diretor do DNER, que era tio da mulher do Roberto, para ver se ele nos arranjava um contrato. "Ah, contrato aqui só com pistolão de ministro pra cima. (VANNUCHI, 2015, n. p.).

Na narrativa oficial, a empresa coloca-se como inovadora, representada no trator D6, que permitiu que novas obras fossem contratadas, em Belo Horizonte-MG, já em 1948, tais como: canalização de córregos, terraplenagens, abertura de ruas. A empresa foi contratada pela SaMiGue para abertura de um canal de dois quilômetros para desviar água do ribeirão São Miguel e, devido a um desnível de dez metros, permitiu seu aproveitamento hidrelétrico: 90 quilowatts, a energia era suficiente para manter a fábrica. Portanto, em nossa perspectiva, o trator D6 não é apenas uma tecnologia a serviço da empresa, mas uma fronteira social, já que naquele momento, esse tipo de maquinário era raro no Brasil.

O mito de origem narra como a Andrade Gutierrez obteve o primeiro contrato com o DNER. Foi através de um contato universitário, professor de engenharia, que aceitou uma "parceria" com a recém-criada construtora. A iniciativa foi de Flávio e em duas as ocasiões; a segunda foi quando Flávio foi procurar o colega Márcio Drummond, filho do então diretor geral do DER de Minas Gerais, José Custódio Drummond. Aqui, temos uma narrativa sobre a importância do círculo de amizades dos quais participa Flávio.

> Vencer a concorrência para o trecho junto à Lagoa dos Ingleses fora uma vitória pessoal de Flávio, que desenhara a estratégia e a colocara em prática. Os sócios sabiam que seria praticamente impossível o DER confiar aquela obra a uma firma nova, sem currículo, fundada apenas um ano antes por dois moleques recém-formados. Mas Flávio decidira mexer os pauzinhos e arriscar. Seu primeiro lance foi procurar o engenheiro Paulo Vieira, professor na faculdade de Engenharia, e propor uma parceria, uma espécie de consórcio. Vieira presidia uma construtora tradicional em Minas Gerais chamada Alcino Vieira, que detinha know how e os atestados de experiência exigidos pelo cliente. Em troca, a Andrade Gutierrez entraria com o trator de última geração e a força de trabalho. (VANNUCHI, 2015, n.p.)

> Feito o acordo, faltava resolver outro impasse: a concorrência seria restrita às empresas que fossem convidadas pelo DER. Novamente, Flávio arregaçou as mangas e foi procurar o colega Márcio Drummond, filho do então diretor-geral do DER mineiro, José Custódio Drummond. Seu pedido não poderia ser mais explícito: que Márcio conseguisse com o pai uma carta-convite para que o consórcio pudesse apresentar sua proposta. (VANNUCHI, 2015, n.p.).

Entre 1947 e 1949, a Andrade Gutierrez fez três ou quatro "obrinhas" para a prefeitura, como Gabriel costumava dizer, sempre subcontratada pela Pampulha, dando início a uma longa história de parceria com o setor público, cuja representação máxima são as atuais relações com o Estado.

> Primeiro nós fizemos umas obrinhas aqui da Prefeitura, que o Maurício, meu irmão, ajudou a conseguir. Ele era deputado e me apresentou ao prefeito, o Otacílio Negrão de Lima. Ele disse que não tinha obras para contratar, mas nos recomendou ir até a construtora Pampulha, que estava abrindo ruas na cidade, para oferecer nosso equipamento. Dito e feito. A Pampulha nos contratou como subempreiteira para fazer algumas ruas. (VANNUCHI, 2015, n. p.).

A revista *Grandes Construções* (2013), publicou depoimento de Gabriel Andrade, na época aos 86 anos, com o título "História de Sucesso no Brasil e no Mundo", uma edição especial sobre a Andrade Gutierrez. Tais registros são importantes pois fazem parte da construção simbólica em torno da empresa, por meio de fronteiras sociais. Nesse sentido, a reportagem traz a Andrade Gutierrez como empresa de "importante participação na construção da infraestrutura brasileira", além de citar suas qualidades gerenciais e econômicas como sendo de "vigor gerencial e saúde financeira invejáveis". (GRANDES CONSTRUÇÕES, 2013, p. 24).

Em seu depoimento Gabriel afirmou,

> Nós começamos com a vantagem de contar com a terraplenagem mecanizada, enquanto os outros trabalhavam à mão, à mão e a carroça de boi. Não precisava ser muito inteligente para ganhar vantagem num ambiente desse. E logo chegou o Soberano (trator Caterpillar) que está lá homenageado na sede da Andrade. Foi o primeiro trator de terraplenagem da empresa. (GRANDES CONSTRUÇÕES, 2013, p. 23).

Como já sugerimos, a questão da tecnologia empregada pelas empresas também é uma fronteira social. No caso em que Gabriel se refere às operações feitas à mão, vimos que se opera uma fronteira de distinção ao desqualificar os concorrentes que não possuíam tal tecnologia. Na reportagem, Gabriel comenta os passos iniciais de estruturação da construtora:

> O Brasil não tinha indústria. O Plano Joppert instituiu o Fundo Rodoviário Nacional (FRN). Nós vimos que a construção ia se tornar uma indústria. Procurei um colega que fosse amigo, tivesse dinheiro e disposição e convidei o Gutierrez. Propus que comprássemos algumas máquinas para fazer estradas. Essa empresa começou com o entusiasmo de dois estudantes de engenharia, e mais o irmão de um deles, que contribuiu com grande experiência, fazendo essa empresa que, me parece, é um sucesso. (GRANDES CONSTRUÇÕES, 2013, p. 23).

O Plano Joppert, a que Gabriel Andrade se refere, é o Decreto no 8.463, de dezembro de 1945, publicado pelo então ministro do governo Getúlio Vargas, Maurício Joppert, da pasta de Viação e Obras Públicas. O decreto criou o Fundo Rodoviário Nacional (FRN) e reestruturou o DNER (Departamento Nacional de Estradas e Rodagem), tornando-o responsável pela execução da política rodoviária federal e pela aplicação dos recursos do fundo – 40% para a União e 60% para os estados. (GRANDES CONSTRUÇÕES, 2013)

Na narrativa histórica da Construtora Andrade Gutierrez, afirma-se, sobre os anos de 1956, que com JK eleito, a construtora cresce com planos de modernização do Brasil. Em 1957, A Andrade Gutierrez começa realizar obras fora da região Sudeste, com a construção da rodovia ligando São Paulo a Curitiba, em 1961, e a construção de 80 km da estrada Rio-Bahia. Nos anos seguintes, a construtora se dedica ao setor de transportes, principalmente o de rodovias, ligada ao Plano de Metas de JK. (GRANDES CONSTRUÇÕES, 2013).

A Andrade Gutierrez caminha para a atuação nacional e para a internacionalização. Em 1979 conclui as obras do Porto de Trombetas, no Pará; e em 1980 inicia a construção do Aeroporto de Confins, em Belo Horizonte-MG. Em 1983 a empreiteira conclui as obras da ferrovia de Carajás, no Pará. Anos antes, em 1975, a Andrade Gutierrez havia iniciado seu primeiro empreendimento binacional, a construção da Usina Hidrelétrica de Itaipu. Nas falas de Gabriel Andrade, sobre o início da construção de usinas hidrelétricas pela construtora, conta com orgulho:

> Nós pleiteamos construir usina hidrelétrica. Não conseguimos, fomos desprezados. O engenheiro hidrelétrico não se mistura com o rodoviário. Até que a Petrobrás foi fazer uma barragem na Refinaria Gabriel Passos (Regap). Nós conseguimos (o contrato) e, com isso, entramos para um seleto grupo de engenheiros que faziam barragem para hidrelétricas. Aí nós participamos da construção de Itaipu, que seria a maior hidrelétrica brasileira. (GRANDES CONSTRUÇÕES, 2013, p. 27)

> Acontece que as firmas mais poderosas fizeram um trabalho para que a nossa proposta fosse recusada. Mas a gente tinha um documento, provando a nossa capacidade para corte em pedra tão boa quanto a deles. O Roberto Andrade estava com medo de a gente ser rifado, e aí a gente entrou num avião com o Gutierrez e fomos descer lá em Assunção, Paraguai. Gozado que, andando na rua com o Gutierrez, uma pessoa nos cumprimentou na porta do hotel. Era o Sebastião Camargo, que já estava lá também. Ele ficou tão sem jeito que até chamou o Gutierrez de "Gutierrão". O Roberto Andrade é que gostou e ficou uns dias chamando o Gutierrez de Gutierrão. (GRANDES CONSTRUÇÕES, 2013, p. 27-28).

A presença de Sebastião Camargo no local se deu porque a Camargo Corrêa fazia parte do consórcio de construção da hidrelétrica. A construção de Itaipu foi feita através de um consórcio de construtoras, o consórcio Unicon (brasileiro) e Conempa (paraguaio). O consórcio brasileiro Unicon era formado pelas empresas: Cetenco Engenharia Ltda.; Cia. Brasileira de Pavimentos e Obras (CBPO); Camargo Corrêa e Mendes Júnior, lideradas pela Andrade Gutierrez.

O processo de internacionalização da empresa era representado por um plano chamado AG 2000 – o desafio da Renovação. Em 1984, a Andrade Gutierrez inicia o primeiro contrato internacional, a construção da Rodovia Epena-Impfondo-Dongou no Congo, após a visita do ministro dos Transportes do Congo à rodovia Manaus-Porto Velho. (GRANDES CONSTRUÇÕES, 2013, p. 29).

A primeira oportunidade na América Latina surgiria em 1984, na Bolívia: um trecho de 150 km da estrada Chimoré-Yapacani, para o Servicio Nacional de Caminõs. Depois foi a vez de outra rodovia, a Mendez-Morona, na fronteira do Equador com o Peru. Na sequência, realizou obras na América Central. Em 1990 começam as obras para a construção do Aeroporto Internacional de Nassau, nas Bahamas. Em 1993, a AG constrói, na Bolívia, a rodovia Tambo Quemado/Rio Desaguadero.

Na América Latina, expande-se o número de contratos. Um dos destaques é a Siderúrgica Nacional e do Estaleiro Nor-Oriental para a PDV SA Naval, na Venezuela. No Peru, a companhia participa, entre outros projetos, do trecho da estrada San Alejandro-Neshuya e das obras de infraestrutura da mina Bayóvar, localizada no vilarejo de mesmo nome, no deserto de Shechura. Há ainda a Hidrelétrica de Las Placetas, na República Dominicana, e os aeroportos de Quito e Antígua, respectivamente no Equador e no Caribe. Gabriel Andrade ao relembrar o processo de internacionalização afirma que a empresa, ao construir estradas ajuda a construir a cultura e a civilização do país; aqui, notamos o mito de herói na construção da empresa e do Brasil acionado: "A gente sentiu que contribuiu. Que não foi um simples explorador e aproveitador. Aproveitamos sim, as oportunidades saudáveis. A gente tinha essa noção de que estava abrindo caminhos para a cultura, para a civilização, para a riqueza e formação de pessoas". (GRANDES CONSTRUÇÕES, 2013, p. 30).

Nas falas de Gabriel são operadas algumas fronteiras sociais, como o relato de "engenheiro hidrelétrico não se mistura com o rodoviário"; ao justificar a dificuldade em entrar no ramo de construção de hidrelétricas e a assimilação da construção de estradas com a construção de "caminhos" não físicos/espaciais, mas caminhos subjetivos, relacionado as oportunidades que a construtora operacionalizou não só no Brasil, mas fora dele também.

A AG também teve inserção na Europa, ao adquirir, em 1987, a companhia portuguesa Zagope e, por meio desta, atuar em consórcios com empresas europeias (francesas, espanholas e inglesas). Em 1992, inicia a ampliação do Metrô de Lisboa. Na Espanha, a Zagope executou a obra Túnel e Galeria de Emergência para a Obra Plataforma do Corredor Norte-Noroeste de Alta Velocidade. Na Argélia, na África, a Zagope foi responsável pelo Viaduto Transrhumel, na cidade de Constantine, considerada a mais importante obra de transporte do país. Em Angola, destacam-se as obras de infraestrutura, com obras de estradas e vias urbanas entre as províncias de Huíla, Cubango 9 e Luanda. Segundo Campos (2012), a AG foi indicada como a maior construtora do país em faturamento por oito anos seguidos, entre 1987 e 1994; grande parte disso se deve ao número de contratos no exterior que empresa acumulou nesse período.

Como mostramos nessa seção, as empresas acionam como mito de criação, a ideia de heroísmo e de responsabilidade na construção do Brasil. Acionam a ideia de muito esforço, trabalho físico e tecnologias distintas, como o trator D6, para a construção de fronteiras sociais, que as levaram de empresas locais à internacional, com fortes redes de relações construídas com o setor estatal. Na seção que trataremos da depreciação simbólica das empresas, por meio das denúncias do MP, sinalizaremos que as empresas passaram de heróis nacional a vilões, o que exigira o afastamento dos membros envolvidos na Operação Lava Jato, durante o processo de reelaboração da face.

Por fim, informamos que o crescimento das construtoras permitiu que as empresas, além de se nacionalizarem e se internacionalizarem – como foi demonstrado na seção anterior – também diversificassem a atuação para além do setor de construção e se estruturassem em grandes conglomerados empresariais.

Para além do mercado de obras: a diversificação do mercado.

As empreiteiras respondem apenas por parte do faturamento destes grupos econômicos que também passaram a atuar no agronegócio, moda, petroquímica, setor armamentício, telefonia e operação de concessões diversas.

Desta forma, a Construtora Camargo Corrêa, fundada em 1939, passa a ser uma das diversas subsidiárias da Camargo Corrêa S.A., criada em 1996; assim como a Construtora Norberto Odebrecht, fundada em 1944 é uma das subsidiárias da Odebrecht S.A., criada em 1981; e a Construtora Andrade Gutierrez, fundada em 1948, passou a subsidiárias da Andrade Gutierrez S.A. Todas as empresas são empresas familiares, de capital fechado, portanto, apresentam poucos acionistas ou possuem gestão com um único proprietário, diferente de empresas de capital aberto, que por comercializarem suas ações na

Bolsa de Valores, permitem a entrada de diversos acionistas por meio da compra de ações.

Passemos ao mapeamento dos ramos de atuação dos grupos empresariais até 2015. A data se justifica pelo início da Operação Lava Jato, pois, objetivamos refletir sobre o impacto da operação tanto nas construtoras, quanto nos seus grupos empresariais e as estratégias de busca de reelaboração da face dessas empresas diante da crise simbólica e econômica trazida pela Lava Jato.

Camargo Corrêa S.A.

Criada em 1996, a Camargo Corrêa S.A. é a holding que lidera a gestão e o controle dos negócios do grupo. A Camargo Corrêa S.A. é acionista de referência em várias empresas de capital aberto, como CPFL Energia, CCR S.A., Camargo Corrêa Desenvolvimento Imobiliário – estas três listadas no Novo Mercado da BM&FBovespa – Alpargatas S.A., Usiminas, Tavex Corporation e Cimpor. A holding Camargo Corrêa S.A. pertence à Participações Morro Vermelho S.A, empresa que reúne os acionistas.

Em 1996, foi criada a Camargo Corrêa Desenvolvimento Imobiliário (CCDI), para atuar no segmento de imóveis comerciais e residenciais. Em 2007, a CCDI entra no mercado de incorporação e construção de moradias dedicadas ao segmento de baixa renda, com a aquisição de 51% da empresa HM Engenharia e Construções; no ano seguinte (2008), a CCDI passa a deter o controle total da empresa. Lembramos que esse ano é o mesmo ano de fundação do PAC – que até então contava com um segmento para habitação, que em 2009 ganharia maior destaque e passaria a se chamar Programa Minha Casa Minha Vida (MCMV). (PORCIONATO, 2016).

Em 1999, é fundada a Companhia de Concessões Rodoviárias (CCR), da qual a Camargo Corrêa detém 14,86% de participação acionária (ano base junho/2018). Segundo informações mapeadas no Relatório Anual (2010), os negócios do grupo – para além do mercado da construção - são:

Quadro 2 – Atuação grupo Camargo Corrêa S.A. – 2010

I. Cimento – através da InterCement Participações S.A., holding que reunia os ativos do negócio de cimento. O Grupo Camargo Corrêa também era acionista da Cimpor, que tem sede em Portugal e operação em 12 países.
II. Calçados – através da Alpargatas S.A., controlada pela Camargo Corrêa, atuava nos segmentos de calçados e artigos esportivos, com as marcas Topper, Rainha, Mizuno, Timberland, Dupé e Havaianas.
III. Incorporação – a Camargo Corrêa Desenvolvimento Imobiliário (CCDI) atuava na incorporação de imóveis residenciais e comerciais e também no segmento de baixa renda com a subsidiária HM Engenharia.
IV. Concessões de Energia – o Grupo Camargo Corrêa era acionista privado no bloco de controle da CPFL Energia, que atua na geração, distribuição e comercialização de energia elétrica.
V. Siderurgia – participando do bloco de acionistas controladores da Usiminas.
VI. Naval – A Camargo Corrêa é acionista fundadora do Estaleiro Atlântico Sul, em Pernambuco, maior empresa de construção naval do hemisfério sul; e da Quip S.A., especializada na implantação de projetos de plataformas de petróleo offshore.
VII. Concessões de Transportes – a Camargo Corrêa Investimentos em Infraestrutura participava do bloco de controle da CCR S.A., concessionária de rodovias e de transportes.
VIII. Operações Aeroportuárias – por meio da A-Port, operações, investimentos e administração de aeroportos.

Fonte: Elaboração própria com base no Relatório Anual (2010).

Holding Odebrecht S.A.

Em 1981 é criada a holding Odebrecht S.A., voltada para a preservação das concepções filosóficas e o direcionamento dos Negócios. A diversificação inicia-se com a Odebrecht Perfurações Ltda e aquisição de um terço do capital da Companhia Petroquímica Camaçari (CPC) – é o primeiro investimento no setor petroquímico e a internacionalização acontece através dos contratos assinados no Peru e no Chile para construção de duas hidrelétricas. (NOVONOR, 2021).

Em 1984, ocorre a ampliação dos investimentos em petroquímica com a compra de ações da Salgema. Dois anos depois, em 1986, ocorreu outros novos investimentos em petroquímica com a aquisição de ações da Poliolefinas, PPH e Unipar e a incorporação da Tenenge, especializada em montagem industrial, com participação em mais de um terço do parque hidrelétrico do Brasil.

Nos anos 1990, como já mencionado anteriormente, a Odebrecht começa a atuar no ramo de concessões. Em 1993, a empresa inicia atuação na forma de concessão, e nesse mesmo ano, conquista concessões fora do Brasil, o Acesso Oeste a Buenos Aires, na Argentina e a construção, em Cingapura, da plataforma semissubmersível: a P-18, para a Petrobras.

Em 1995 é criada a OPP Química, formada pelos ativos da PPH e da Poliolefinas, que haviam sido adquiridos no âmbito do Programa Nacional de Desestatização, em 1993. No mesmo ano, inicia atuação da então criada Odebrecht Engenharia Ambiental, empresa privada responsável por serviços públicos de saneamento, em Limeira, interior de São Paulo. Em 1996 é criada a Trikem, a partir da aquisição do controle acionário da

CPC e da Salgema, ocorrida em 1994, também no âmbito do Programa Nacional de Desestatização.

Em 2001, o grupo adquire, em leilão, o controle da Companhia Petroquímica Nordeste (Copene), central de matérias-primas do Polo Petroquímico de Camaçari, na Bahia. Em 2002 funda-se a Braskem, que reúne todos os ativos petroquímicos do Grupo. Em 2006, é criada a Odebrecht óleo e Gás, posteriormente renomeada para Ocyan, atuando em perfuração offshore. Em 2007 é criada a ETH Bioenergia (atual Atvos), para atuar desde a produção e moagem de cana-de-açúcar, até a venda dos produtos finais. No mesmo ano também é fundada a OR, responsável por desenvolver projetos residenciais, empresariais, comerciais, turísticos e multiusos no Brasil e são adquiridos os ativos petroquímicos do Grupo Ipiranga. Em 2010 é criada a OTP, que assume investimentos em transporte e logística no Brasil.

Em 2010, também há aquisição de empresas, como o caso da Braskem, que incorpora a Quattor e a Sunoco Chemicals, tornando-se, assim, a maior produtora de resinas termoplásticas das Américas e da Atvos, que adquire a Brenco, uma das empresas líderes do setor. Em 2011, é criada a ODT, voltada para o desenvolvimento da indústria de Defesa; e no ano seguinte, em 2012, é criada a Odebrecht Properties, para a operação de ativos imobiliários no Brasil e a OLI, responsável por investimentos em logística e infraestrutura na América Latina, com projetos nos segmentos de estradas, mobilidade urbana e dutos, priorizando Colômbia, México, Panamá e Peru.

Em 2014, aniversário de 70 anos de criação do Grupo Odebrecht, a atuação do grupo se diversificava por meio de 15 negócios, conforme indica o quadro 3.

Quadro 3 – Atuação holding Odebrecht S.A. – 2015

1) Braskem; 2) Odebrecht Realizações Imobiliárias; 3) Odebrecht Engenharia Industrial; 4) Odebrecht Infraestrutura –Brasil; 5) Odebrecht Infraestrutura - África, Emirados Árabes e Portugal; 6) Odebrecht Infraestrutura - América Latina; 7) Odebrecht Estados Unidos; 8) Odebrecht Ambiental; 9) Odebrecht Latinvest; 10) Odebrecht Óleo e Gás; 11) Odebrecht Properties; 12) Odebrecht TransPort; 13) Odebrecht Agroindustrial; 14) Odebrecht Indústria Naval; 15) Odebrecht Defesa e Tecnologia;
Três Fundos de Investimento: 1) Odebrecht Africa Fund; 2) Fundo Odebrecht Brasil; 3) Odebrecht Latin Finance;
Cinco Empresas Auxiliares: 1) Odebrecht Serviços de Exportação; 2) Odebrecht Corretora de Seguros; 3) Odebrecht Previdência; 4) Odebrecht Engenharia de Projetos e 5) Odebrecht Comercializadora de Energia.

Fonte: Relatório Anual Odebrecht S.A., 2015.

Andrade Gutierrez S.A.

Assim como na Camargo Corrêa e Odebrecht, a ampliação da atuação da Andrade Gutierrez não se deu apenas no setor da construção civil, atuando em obras de hidrelétricas, termoelétricas, usinas nucleares, petroquímicas, mineração, siderúrgicas, refinarias, portos, metrôs, saneamento e urbanização, aeroportos, ferrovias, construção civil, mas também em outros setores.

Nos anos 1990, é elaborada a Estratégia Corporativa, que define focos de interesse, parâmetros de resultados e a organização interna. A companhia estabelece como vetor de atuação a área de Engenharia e Construção, mas abre novas frentes passando a atuar nos setores de Concessões e Telecomunicações.

Em 1993 a AG cria a AG Telecom e em julho de 1998, a empresa adquiriu, por meio do consórcio Telemar, do qual era líder, a Tele Norte Leste, concessão de telefonia fixa em 16 estados brasileiros, reconhecida nacionalmente pela marca Oi.

A AG Concessões é uma subholding do Grupo Andrade Gutierrez, criada em 1999, resultado da experiência do Grupo que já atuava em concessões de serviços públicos desde o início da década de 1990. Desde a fundação a AG foi uma empresa com foco em engenharia, e na década de 1990, com o contexto de privatização, entrou para o ramo das concessões.

A primeira experiência de sucesso da AG Concessões foi por meio da Companhia de Concessões Rodoviárias (CCR). A CCR, uma das maiores controladoras de rodovias sob concessão, na América Latina. A Ponte Rio-Niterói foi sua estreia neste nicho. A AG Concessões participa da administração de importantes vias brasileiras, como Dutra, Sistema Anhanguera/Bandeirantes, Castello Branco e outras.

A AG Concessões entrou no setor de Saneamento por meio da Dominó Holdings e ingressou como acionista da Companhia de Saneamento do Paraná (Sanepar) e, mais tarde, na Water Port, onde atua no sistema de água e esgoto no Porto de Santos. Também esteve presente na área de Energia (Light) e em gestão aeroportuária (Corporación Quiport), responsável pela gestão do aeroporto e construção do Novo Aeroporto de Quito, no Equador.

A AG reformulou, em 2003, sua estrutura organizacional, estabelecendo novas unidades de negócios e transferindo a sede de gestão da construtora para São Paulo. Em 2006, é criado o Fundo AG Angra, formado pelas empresas Andrade Gutierrez e Angra Partners, voltado a financiamentos de infraestrutura, sendo um dos participantes da empresa Santo Antônio Energia, responsável pela Usina Hidrelétrica de Santo Antônio, em Rondônia. O empreendimento marca o início da companhia nos empreendimentos do setor. A Andrade Gutierrez inseriu-se em novos segmentos, como a logística hospitalar e o setor de defesa.

As estratégias das empresas estudadas, que iniciam em âmbito local até o internacional e diversificam seus negócios, criam fronteiras sociais, tal qual apontado por Labache e Sain-Martin (2008), quando argumentam que os agentes sociais jogam com as fronteiras sociais e espaciais, deslocando-as, transpondo-as ou construindo-as. Esse item mostrou diversos movimentos nessa direção, da construção e reconstrução de fronteiras sociais pelas empresas estudadas.

Por fim, a estruturação das empresas até aqui apresentada, deve ser entendida em diálogo com os agentes que ocuparam os principais cargos das empresas ao longo dos períodos e dos processos. Desta forma, passaremos à especificação de cada nome presente na estrutura de cargos das empresas. A ideia é sublinhar o papel dos sobrenomes no processo de construção da imagem da empresa. Na última seção da tese, iremos observar se esses (seletos) sobrenomes, tornaram-se trunfos simbólicos ou apenas uma memória a ser esquecida no momento de reelaboração da face das empresas envolvidas na Operação Lava Jato.

A Elite Econômica do setor da construção civil: identificando os Sobrenomes

Após apresentar as empresas, trataremos dos agentes sociais e sobrenomes que as compõem. O objetivo é contribuir em uma discussão sobre elites, a partir de nosso contencioso empírico e inspirados na discussão sobre elite de Saint-Martin (2008; 2020).

Para a autora, o sobrenome é um tipo de capital social herdado, que pode tanto classificar, quanto desclassificar o agente possuidor no espaço social. Nesse sentido, Saint-Martin (2020) problematiza o sobrenome ao argumentar que existe nuances à sua sobrevivência; ou seja, apesar de sobreviver, por exemplo, como fonte de capital social em detrimento de uma diminuição do capital econômico, seu valor não é independente de seus portadores. Concordando com Saint Martin (2020), na última seção desta tese mostraremos que os agentes da construção civil presos, tiveram seus sobrenomes estigmatizados pela sua comunidade, no caso a empresa, motivo que as construtoras passaram a se distanciarem dos sobrenomes desclassificados e depreciados pela operação Lava Jato.

Em nossa pesquisa, o sobrenome é parte do capital social herdado e também impulsiona o capital simbólico das três empresas estudadas, mas lida com quatro sobrenomes, os Odebrecht, os Camargo, os Andrade e os Gutierrez.

Costa (2014) propõe a distinção entre elite empresarial – os dirigentes das entidades de representação do empresariado[10]

10 Relembramos que na seção anterior, quando apresentamos as principais entidades do setor de construção civil, historicamente alguns postos dessas entidades foram ocupados por fundadores de grandes construtoras. Desta forma, sinalizamos para uma convergência de elite empresarial e econômica, no entanto, não aprofundamos a discussão por não se tratar de objeto de pesquisa.

– e elite econômica – os dirigentes das grandes empresas. Neste caso, assumimos o conceito de elite econômica a fim de observar a sucessão de postos chaves no comando das três empresas aqui estudadas, atentos aos sobrenomes familiares que ocuparam tais postos.

Dito isso, informamos que a seção apresenta dados dos herdeiros das famílias das construtoras aqui estudadas, operando-se a classificação para aqueles que constituem a parte empresarial (sobrenome empresarial) e aqueles que não ocupam postos de chefia nas diretorias das empresas (sobrenome não empresarial). Esses dados foram mapeados com o intuito de mostrar o capital social constituído em relação às três empresas e às quatro famílias, através de negócios conjuntos. Essa discussão é importante para entender nosso argumento sobre as estratégias de reelaboração da face das empresas diante da crise trazida pela Lava Jato. Ou seja, na última seção iremos relativizar o poder do sobrenome em contexto do escândalo envolvendo estes sobrenomes. Iremos argumentar que os sobrenomes se tornaram um elemento simbólico desclassificador, o que motivaria as empresas a mudarem suas marcas, identidades e logos.

A seguir, apresentamos os herdeiros e os dirigentes do Grupo Camargo Corrêa, posteriormente os do Grupo Odebrecht e por fim o do Grupo Andrade Gutierrez. O mapeamento desses agentes inicia-se nos anos de 1990. Essa escolha justifica-se pelo fato de ser nessa época que os fundadores estão fazendo a transição para a segunda geração. Nas décadas 2000 e 2010, pudemos observar a terceira geração chegar aos postos de comando das empresas. A segunda justificativa baseia-se no artigo de Campos (2015), Os Odebrecht, os Camargo e os Andrade que explora agentes que ocuparam cargos nas construtoras nas décadas de 1960, 1970 e 1980. Nesse sentido, nossa pesquisa busca complementar esse estudo já existente.

Os Camargo

O primeiro deles, Sebastião Ferraz Camargo, casado com Dirce Penteado – sobrenome tradicional da burguesia industrial paulista, torna-se o maior acionista da empresa ao comprar as ações de Silvio Corrêa e também dos sócios minoritário Antônio Giuzio e Wilson Camargo Barros. (CAMPOS, 2015). Em 1994, Sebastião Camargo falece, aos 85 anos. Segundo o site da empresa, a década de 1990 marca um período de consolidação da companhia em novos negócios, entre eles, o de concessões de energia e transporte, que ao final da década, responderiam por 17% e 5% das receitas brutas totais, respectivamente. Até então, a empresa tinha como foco as áreas de infraestrutura pesada, como a construção de hidrelétricas e estradas. (CAMARGO CORRÊA, 2021).

Em março de 1996, é constituída a holding Camargo Corrêa S.A., e Alcides Tápias assume a presidência do Conselho de Administração da nova empresa. Exerceu entre os anos de 1996 a 1999 a presidência da empreiteira Camargo Corrêa, função para a qual foi contratado pela empresa. Foi responsável por uma reestruturação do grupo empresarial, que expandiu e diversificou suas atividades naquele período. Alcides Tápias foi convidado pelo então presidente da República Fernando Henrique Cardoso, para assumir o cargo de ministro do Desenvolvimento, Indústria e Comércio Exterior, para o qual, assumiu a função em 14 de setembro de 1999, após deixar a presidência do Grupo Camargo Corrêa.

De 1999 até 2006 a presidência do grupo Camargo Corrêa foi ocupada por Raphael Antônio Nogueira de Freitas, que fez carreira como presidente do conselho administrativo. É formado em engenharia civil pela Escola Politécnica da Universidade de São Paulo em 1962. Em 1974 completou o curso de Aperfeiçoamento Administrativo para Executivos da Escola de Administração de Empresas da Fundação Getúlio Vargas. Antônio era diretor da construtora Camargo Corrêa, quando, em 1997 foi eleito vice-presidente do Conselho de Administração da CPFL (ALÉCIO, 1997).[11]

Durante dez anos (2006-2016), a estrutura de governança do grupo foi liderada pelo presidente do Conselho de Administração, Vitor Hallack, e por três vices presidentes: Fernando de Arruda Botelho, Carlos Pires Oliveira Dias e Luiz Roberto Ortiz Nascimento. Os três vice-presidentes são casados com as três filhas de Sebastião Camargo e herdeiras do grupo. Segundo reportagem do Valor Econômico, os três genros "se juntaram e passaram a administrar a companhia porque as herdeiras Rosana Camargo de Arruda Botelho, Renata Camargo Nascimento e Regina Camargo Pires não tinham aptidão para os negócios." (FERNANDES; PUPO, 2012, n.p.).

As ações de caráter social do conglomerado ficaram a cargo das três filhas de Sebastião e Dirce Camargo, e ganham força com a criação do Instituto Camargo Corrêa (ICC). Em 2000, Renata de Camargo Nascimento, filha do meio, junto com as duas irmãs, Rosana Camargo de Arruda Botelho e Regina de Camargo Pires Oliveira Dias, lideraram a criação da fundação corporativa, como o Instituto Camargo Corrêa. As três herdei-

11 Em 1997, a Camargo Corrêa atuou com a Votorantim e o Bradesco no consórcio VBC, que, juntos com fundos públicos de pensão, adquiriram a CPFL (Companhia Paulista de Forca e Luz, fundada em 1912). (CAMPOS, 2015). Na ocasião, Carlos Ermírio de Moraes, filho de Antônio Ermírio de Moraes, presidente do Grupo Votorantim, havia sido eleito presidente do conselho de administração da CPFL.

ras são acionistas da empresa Participações Morro Vermelho, fundada em setembro de 2000, sediada na cidade de Jau-SP. A empresa atua como holding de instituições não financeiras.

Com informações obtidas através do levantamento Forbes (2014) e Cartier Women's Initiative (2021), mapeamos as três herdeiras do Grupo Camargo Corrêa. A primeira filha, Rosana Camargo de Arruda Botelho é acionista e Diretora da Participações Morro Vermelho S.A. (PMV), e membro de várias organizações sem fins lucrativos, tais como: Presidente do Conselho Deliberativo da World Childhood Foundation[12] no Brasil; Membro do Conselho da World Childhood Foundation na Suécia; Membro da Fundação Loma Negra[13] (Argentina); Membro do Instituto Alcoa[14] no Brasil; Membro Associado do Instituto de Cidadania Empresarial (ICE) (Institute for Corporate Citizenship[15] no Brasil; Membro do Conselho Superior de Responsabilidade Social da FIESP (Federação das Indústrias do Estado de São Paulo), Brasil e Membro do Grupo

12 World Childhood Foundation, ou Childhood, é uma organização internacional dedicada à promoção e defesa dos direitos da infância em todo o mundo. Atualmente, seu foco de atuação é o abuso e a exploração sexual de crianças e adolescentes. Foi fundada em 1999.

13 "Estamos comprometidos com o desenvolvimento comunitário e local, para o qual focamos nossos melhores esforços na valorização das capacidades dos jovens, entre 15 e 29 anos, de forma a promover o seu desenvolvimento pessoal e profissional." (LOMA NEGRA, 2021).

14 O Instituto Alcoa é uma entidade sem fins lucrativos, que tem o propósito de transformar coletivamente os territórios em que a Alcoa está presente: Poços de Caldas, em Minas Gerais; São Luís, no Maranhão; e Juruti, no Pará, a fim de torná-los mais inclusivos e menos desiguais. Foi fundado em 1990. (ALCOA, 2021).

15 O Instituto de Inovação em Cidadania Empresarial (ICE) nasceu em 1999 com um propósito claro: reunir empresários e investidores em torno de inovações sociais que pudessem alavancar seu investimento pessoal e filantrópico, de suas fundações e seu investimento corporativo para promover a inclusão social e a redução da pobreza no país. (ICE, 2021).

de Orientação do Programa Itaú Social, Brasil. (CARTIER WOMEN'S INITIATIVE, 2021).

Rosana foi casada com Fernando de Arruda Botelho, fundador do Instituto Arruda Botelho e bisneto do Conde de Pinhal – Antônio Carlos de Arruda Botelho – família tradicional de São Carlos-SP. Em abril de 2012, Fernando de Arruda Botelho morreu em um acidente aéreo na zona rural de Itirapina-SP, na região de São Carlos-SP. Em novembro de 2013, a prefeitura de São Carlos-SP inaugurou um monumento em sua homenagem, um exemplar do avião Xavante, localizado na rotatória da Rua Miguel Petroni com a Avenida João Dagnone, no bairro Santa Felícia, que passou a integrar o Complexo Viário Fernando de Arruda Botelho. Devido a morte, Fernando de Arruda Botelho foi substituído pelo americano A.C. Reuter.

Assim como os antepassados de Rosana Camargo participaram da ocupação e fundação de Jaú-SP, os de Fernando também o fizeram em São Carlos-SP; as duas cidades localizam-se a cerca de 100 km de distância uma da outra, segundo serviço de visualização de mapas e imagens de satélite obtidos através do Google Mapas. A pesquisa de Oliveira (1989) faz menção ao Conde de Pinhal, antepassado de Fernando, quando apresenta a relação de dependência econômica de Joaquim de Oliveira Matozinho, genro de outra família fundadora de Jaú-SP, a de Manoel Joaquim Lopes. Na ocasião, Joaquim atuava como especular de terras na região, e acabou contraindo empréstimos volumosos no Banco de São Paulo, no qual o Conde de Pinhal era banqueiro e seu amigo. Segundo Oliveira (1989), o contexto de chegada de José Ribeiro de Camargo a Jaú-SP (1849) foi o apossamento de terras de seu sogro, José Ribeiro de Araújo, que havia recebido duas sesmarias na região (1813 e 1818). O Conde de Pinhal é herdeiro de terras na sesmaria do Pinhal, e constitui fazendas nos municípios de São Carlos-SP e Jaú-SP.

A segunda filha de Sebastião Camargo é Renata de Camargo Nascimento, acionista e membro do Conselho de Administração da Participações Morro Vermelho S/A; assim como a irmã, é, desde 1975, membro ativo de diversas organizações sem fins lucrativos. Renata ajudou a criar o ICE do qual é membro do Conselho Deliberativo e Presidente da Diretoria Executiva. Em 2000, junto com as irmãs, liderou a criação da fundação corporativa Instituto Camargo Corrêa. Desde 2007 é Presidente do Conselho de Administração da COMUNITAS[16], organização que trabalha com a população carente no Brasil. Renata atuou como conselheira do Instituto Alpargatas, Fundação Loma Negra, Instituto Alcoa, Associação Obra do Berço, Grupo de Institutos, Fundações e Empresas (GIFE), Grupo Orientador do Programa Social Itaú e Arredonda Brasil. Ela é casada com Luiz Roberto Ortiz Nascimento. Luiz formou-se em economia pela Universidade Presbiteriana Mackenzie em 1973 e desde 1977 é vice-presidente no conselho de administração do Grupo Camargo Corrêa. Em outubro de 2020 foi denunciado pelo MP, na operação Greenfield.[17]

A terceira filha de Sebastião Camargo é Regina de Camargo Pires Oliveira Dias. Regina é casada com Carlos Pires Oliveira Dias, controlador da Raia Drogasil, maior rede de drogarias do Brasil em faturamento e número de lojas. O fato é que

16 "Somos uma organização da sociedade civil que fomenta e fortalece um pacto coletivo entre setores para o desenvolvimento sustentável do País". (COMUNITAS, 2021).

17 Operação Greenfield foi deflagrada em 05 de setembro de 2016 e investiga irregularidades em fundos de pensão brasileiros.

nenhuma das três filhas se casou com engenheiro ou profissionais do ramo da construção; outro dado interessante é que esse levantamento foi feio pela Forbes (2014) e Cartier Women's Initiative (2021), portanto, sites internacionais com a escrita em inglês. No Brasil, temos silenciamento sobre o destino das herdeiras, há apenas a menção de serem inaptas aos negócios (FERNANDES; PUPO, 2012).

Em setembro de 2015, o Brasil possuía 31 mulheres na lista de bilionárias sendo que "a maioria herdou fortuna". Entre elas, temos as três filhas de Sebastião Camargo e uma herdeira do Grupo Andrade Gutierrez, Ângela Gutierrez, filha de Flávio Gutierrez, um dos fundadores da construtora Andrade Gutierrez. (UOL, 2015).

Como vimos a partir da história das herdeiras, existe uma divisão sexual do trabalho junto aos herdeiros brasileiros. As mulheres cuidam das associações sem fins lucrativos e de fundações assistenciais ligadas às empresas, enquanto os homens comandam, presidem as empresas.

Em 2016, após dez anos à frente da presidência do Conselho de Administração, Vitor Hallack, deixa o cargo e quem assumiu foi Heinz-Peter Elstrodt. De acordo com o comunicado da empresa, a mudança deu-se devido a "um novo modelo de governança corporativa com foco na gestão de portfólio de investimentos com ótica de longo prazo", e a preparação faz parte de um processo de chegada da terceira geração da família fundadora da holding. (EXAME, 2016, n.p.).

Heinz-Peter Elstrodt foi presidente da consultoria McKinsey & Company, na América Latina, em que atuou por mais de 30 anos. Na página on-line, a consultoria se define como "Somos a consultoria de alta gestão mais influente do mundo" como também

"Ajudamos organizações a solucionar questões". (MCKINSEY, 2021). Relembramos que, em 2016, a construtora Camargo Corrêa já se encontrava envolvida na Operação Lava Jato.

Segundo imprensa de negócios, os responsáveis por levarem Elstrodt à presidência do conselho foram os herdeiros de Sebastião Camargo. A terceira geração da família Camargo é personificada pelos netos André Pires Oliveira Dias, Marcelo Pires Oliveira Dias e Fernando Augusto Camargo de Arruda Botelho e dois genros, maridos de duas netas, Claudio Borin Guedes Palaia e Marcelo Gomes Condé. A mais recente geração de acionistas tem sete integrantes – apenas Luiz Felipe Kok de Sá Moreira não está ligado à família. (RIBEIRO, 2016). Portanto, temos uma reprodução dos sobrenomes geracionalmente.

Em abril de 2020, durante processo de reestruturação da empresa, que estamos chamando de ou reelaboração da face, outro nome foi chamado para presidir o conselho de Administração da holding[18], Wilson Brumer. Brumer tem carreira nos setores de mineração, siderurgia e energia, passagem pelo setor público em Minas Gerais, sendo conselheiro independente de várias empresas e há um ano presidindo o conselho diretor do Instituto Brasileiro de Mineração (Ibram). Em declaração ao jornal Valor Econômico, Brumer afirma: "É a junção da experiência com a juventude da nova geração da família. Vi para ajudar os acionistas na estratégia de avaliar os seus negócios." (RIBEIRO, 2020, n.p.).

A seguir trataremos dos herdeiros e da elite econômica do Grupo Odebrecht.

Os Odebrecht

A partir da narrativa de fundação da construtora Odebrecht, pudemos observar que os Odebrecht tiveram um

18 A Camargo Corrêa S.A. mudou o nome para Mover.

forte histórico familiar ligada a área da construção civil. Desta forma, iniciamos o mapeamento dos agentes que ocuparam os principais cargos da empresa a partir de 1998, quando Norberto Odebrecht retira-se dos negócios e concentra-se na presidência do conselho de curadores da Fundação Odebrecht e Emílio Odebrecht, seu filho (2ª geração) assume a presidência do conselho de administração da Odebrecht S.A.

Norberto casou-se com Iolanda Vallares Alves e tiveram 5 filhos: Norberto Odebrecht Junior, Emílio, Ilka, Martha e Eduardo.[19] Com um rígido sistema de sucessão familiar, a liderança do grupo foi passando para os descendentes de Norberto, no qual, cada membro recebia uma parte do negócio, mas apenas um de cada geração ficaria com o comando. Em 1991, Norberto passou a sucessão para seu filho, Emílio Alves Odebrecht, que em 2008 passou para seu filho, e neto de Norberto, Marcelo Bahia Odebrecht, que por sua vez está envolvido diretamente na Operação Lava Jato.

Emílio Alves Odebrecht, nascido em Salvador-BA, formou-se em Engenharia Civil pela Universidade Federal da Bahia em 1968. Deu início a sua trajetória profissional em 1966, como estagiário na Construtora Norberto Odebrecht. Em 1981, tornou-se Vice-Presidente da holding Odebrecht S.A. Dez anos depois, substituiu Norberto Odebrecht, fundador da Organização Odebrecht, como Diretor-Presidente da empresa. No ano de 1998, tornou-se Presidente do Conselho de Administração.

O primogênito Norberto Odebrecht Júnior, nascido em 11 de maio de 1948, é arquiteto e era solteiro até a data da última pesquisa, realizada em fevereiro de 2021. Os dados mapeados mostram que é administrador e sócio-acionista da Catabas

19 Lima (2018) traz a genealogia da família Odebrecht e como já mencionado, é extensa. Desta forma, apenas focaremos nos descendentes de Norberto Odebrecht.

Empreendimentos Imobiliários LTDA, empresa especializada na construção de villages (empreendimentos residenciais de luxos), salas comerciais, flats, shopping center e prédios residenciais.[20] Não obtivemos dados de que teria assumido algum cargo na Construtora da família.

Emílio Odebrecht transfere a presidência da Odebrecht S.A. para Pedro Novis e concentra-se na presidência do conselho de administração da empresa. Pedro Augusto Ribeiro Novis é nascido em 25 de maio de 1947. Graduou-se em Direito na Universidade Federal da Bahia e é Membro do Conselho de Administração da Braskem desde agosto de 2001, sendo nomeado Presidente do Conselho em março de 2002; foi membro do Conselho da Odebrecht S.A, desde outubro de 1997; Diretor-Presidente da Odebrecht S.A. e da ODBPAR Investimentos S.A e membro do Conselho Consultivo da Construtora Norberto Odebrecht. Pedro Novis é amigo de infância do cantor Caetano Veloso e foi seu parceiro na música Relance, lançada por Gal Costa, no antológico álbum Índia, em 1973. (JC ONLINE, 2017), o que mostra que suas relações sociais respingam para o campo da arte.

Em 2009, Pedro Novis transfere a presidência da Odebrecht S.A. para Marcelo Odebrecht – filho de Emílio – 3ª geração da família Odebrecht. Em 2010, o Grupo é eleito como a Melhor Empresa Familiar do Mundo pelo International Institute for Management Development (IMD), da Suíça. Em 2011, o Grupo está entre as dez empresas mais admiradas pelos jovens do Brasil, de acordo com o ranking da Cia. de Talentos. (PORCIONATO, 2016).

Marcelo Odebrecht, nasceu em 18 de outubro de 1968, entrou na Odebrecht em 1992, quando concluiu o curso de

20 Disponível em: http://www.catabas.com.br/a-empresa/. Acesso em: 21 out. 2020.

Engenharia na Bahia e trabalhou na construção de um prédio na capital do Estado, Salvador. Dois anos depois, trabalhou em uma hidrelétrica em Goiás; em seguida, foi para a Inglaterra, onde a companhia montava duas plataformas de petróleo. Teve uma breve passagem pelos Estados Unidos e retornou ao Brasil para atuar na área petroquímica. Em 2002, assumiu o setor de engenharia e construção da empresa. Em dezembro de 2008, aos 40 anos, ele assumiu a presidência do grupo de engenharia e construção fundado por seu avô. Segundo reportagem da Revista Exame (2011, n.p.) Marcelo, através da sua carreira nas áreas de construção e petroquímida do Grupo Odebrecht, "está por trás de decisões que foram fundamentais para a mudança de perfil do grupo e que vão ter grande impacto em seu futuro".

Consultamos os Relatórios da Odebrecht (2007, 2010, 2015) e mapeamos outros membros do Conselho de Administração da Odebrecht S.A. São eles: Gilberto Sá, Luiz Almeida, Luiz Villar, Newton de Souza, Pedro Mariani, Pedro Novis, Renato Baiardi, Rubens Ricupero, Sérgio Foguel e Victor Gradin. Nota-se, nenhum membro da família com sobrenome Odebrecht.

Gilberto Sá nasceu na Bahia em 19 de outubro de 1940. Possui graduação em Engenharia Civil pela Escola Politécnica da Universidade Federal da Bahia (UFBA). Em sua carreira, especializou-se em finanças e participou da fundação e/ou gestão financeira de empresas privadas brasileiras como Casaforte S.A. (empréstimo imobiliário), Empreendimentos e Projetos S.A. (EMPROL) (empreendimentos imobiliários), Eletrosiderúrgica Brasileira S.A. (SISBRA) (metalúrgica), Empreendimentos da Bahia S.A. e sua sucessora, Multitrade S.A. (negociação).

Ingressou no Grupo Odebrecht em 1980 como Diretor da CBPO – Companhia Brasileira de Projetos e Obras. De 1983 a

1988, foi Diretor Administrativo Financeiro da Construtora Norberto Odebrecht S.A; e, a partir de 1988, tornou-se chefe das áreas Química e Petroquímica do Grupo. Em 1990, tornou-se vice-presidente da Odebrecht S.A., sendo responsável pela gestão financeira da holding do Grupo Odebrecht e suas empresas de apoio. Permaneceu no cargo até 27 de abril de 1995, quando foi eleito membro do Conselho de Administração da Odebrecht. Em abril de 2016, tornou-se membro do Comitê de Conformidade, órgão de apoio ao Conselho de Administração da Odebrecht. Foi membro dos Conselhos do Instituto de Hospitalidade, Portal da Misericórdia e Rodin Bahia (Abacult). Além de suas atividades na Odebrecht e Rangiroa Empreendimentos Patrimoniais Ltda., é membro do Conselho Sênior e do Conselho de Cultura da Associação Comercial do Estado da Bahia, do Definitório da Santa Casa de Misericórdia, do Conselho de Administração do Museu Carlos Costa Pinto, e também é Presidente da fundação Pierre Verger. (BIO, 2021, tradução nossa).

Sergio Foguel nasceu no Rio Grande do Sul em 28 de março de 1945. Possui graduação em Engenharia Civil pela Universidade Federal do Rio Grande do Sul (UFRGS) e mestrado em Administração de Empresas pela Universidade da Califórnia. Ele também é membro do Instituto de Tecnologia de Massachusetts (MIT). A partir de 1977, foi Vice-Presidente de Governança Corporativa, Planejamento Estratégico e Desenvolvimento Humano e Organizacional da Odebrecht S.A. Em 1992, foi eleito membro do Conselho de Administração da Odebrecht S.A. e tornou-se membro do Comitê de Conformidade, órgão de apoio ao Conselho de Administração da Odebrecht, em abril de 2016. Fora da Odebrecht, Sergio Foguel é consultor de fundadores e líderes de empresas, com foco em Estratégia de Governança; é membro do Conselho

Consultivo Internacional da Fundação Dom Cabral, do Conselho Internacional de Herdade (Itália) e do Conselho do Instituto de Negócios Familiares Parampara (Índia). (BIO, 2021, tradução nossa).

Luiz Almeida trabalhou na Odebrecht por mais de 30 anos. Foi responsável pelo negócio das Telecomunicações e Membro do Conselho de Administração da Odebrecht S.A. até 2001. Rubens Ricupero e Pedro Mariani são os primeiros conselheiros que não são executivos da Organização. Ricupero, antes de assumir posto no conselho, foi diretor da Unctad – Conferência das Nações Unidas sobre Comércio e Desenvolvimento, órgão da ONU - durante nove anos foi o Secretário-Geral da entidade. Ricupero esteve a serviço do Itamaraty por 36 anos, tendo sido Embaixador do Brasil em Genebra, nos Estados Unidos e na Itália. Mariani foi executivo do Banco BBM – que teve origem em Salvador, em 1958, sob denominação de Banco da Bahia – tem formação acadêmica e profissional voltada para economia e finanças, segundo a revista, "uma vida empresarial de 25 anos, durante a qual adquiriu larga vivência em assuntos societários (de sociedades abertas e fechadas)". (ODEBRECHT INFORMA, 2005, n.p.).

Victor Gradin foi professor de economia e secretário de desenvolvimento econômico da Bahia entre 1963 a 1967 e um dos principais executivos e sócios do grupo Odebrecht. Segundo reportagem do *Valor Econômico* (RIBEIRO; BRIGATTO, 2019, n.p.) ele "tinha uma grande amizade com o fundador da construtora, Norberto Odebrecht". Era líder da família Gradin –principal acionista depois da família Odebrecht – que, desde os anos de 1970 teve participação importante no processo de expansão da companhia. Victor Gradin morreu aos 86 anos em 25 de maio de 2019.

Newton de Souza nasceu no estado do Paraná em 6 de maio de 1953. É graduado em Direito pela Pontifícia Universidade Católica do Rio de Janeiro (PUCRJ) e mestre pela Universidade da Pensilvânia. Ele também participou do programa High Performance Boards da IMD em Lausanne, Suíça. Foi eleito Vice-Presidente do Conselho de Administração da Odebrecht S.A. em 12 de maio de 2017, quando Luciano Guidolin assumiu o cargo de CEO da Odebrecht. Ingressou no Grupo Odebrecht em 1988 como Conselheiro Geral da Odebrecht S.A., tornando-se Diretor Executivo em maio de 1997, sempre reportando-se diretamente ao Diretor Executivo. Ele fazia parte dos conselhos de administração de todas as principais empresas das áreas de negócios da Odebrecht. Foi também Presidente do Conselho de Administração da Companhia de Concessões Rodoviárias (CCR). Em dezembro de 2015, foi eleito membro do Conselho de Administração da Odebrecht S.A. Em sua história profissional, ele trabalhou como advogado visitante no escritório de advocacia Dechert, Price & Rhoads (Filadélfia), como advogado sênior no escritório Pinheiro Neto Advogados de 1976 a 1982 e como advogado sênior na Divisão de América Latina e Caribe do Banco Mundial (Washington, D.C.) de 1982 a 1987. (BIO, 2021, tradução nossa).

O engenheiro Benedicto da Silva Junior formou-se pela Escola de Engenharia Civil de Lins-SP, em 1984. No ano seguinte ele ingressou na Organização Odebrecht, como trainee, ainda pela Companhia Brasileira de Projetos e Obras (CBPO). Benedicto atuou em obras como as das usinas hidrelétricas de Xingó, em Sergipe, e de Três Gargantas, na China, onde liderou um grupo de empresas brasileiras. Em 1994 assumiu a função de diretor superintendente para o sudeste Asiático, trabalhando a partir de Kuala Lumpur na avaliação de negócios em Cingapura, Malásia, Tailândia, Laos,

Vietnã, Camboja, Indonésia, Filipinas e Brunei. Voltou ao Brasil em 1998, assumindo diversos cargos executivos na empresa, até tornar-se, em agosto de 2008, presidente da Odebrecht Infraestrutura. (GRANDES CONSTRUÇÕES, 2014).

Na delação de Claudio Filho, o então diretor de Relações Institucionais relata sua trajetória na Odebrecht. Afirma que assumiu o posto em 2004, quando seu pai, Claudio Melo, por problemas de saúde, teve que se retirar do cargo. Claudio Filho relata que iniciou sua trajetória na Odebrecht em 1989, como estagiário, atuando em uma obra em Luziânia/GO. Ainda como estagiário, trabalhou nas obras do Metrô do Distrito Federal e quando graduado, foi efetivado no setor de contabilidade ainda na obra do Metrô. Final de 1993, passou a integrar a área da Diplan – área de planejamento e acompanhamento gerencial, burocrático, interno da construtora – e permaneceu na função até maio de 1998, quando foi trabalhar em um empreendimento imobiliário chamado Luanda Sul, até agosto de 2004 (MIGALHAS, 2016).

Em 2015, Mônica Odebrecht – irmã de Marcelo fazia parte do Conselho de Engenharia e Construção do grupo, junto com seu marido, Maurício Ferro. Mônica é advogada e o marido foi vice-presidente jurídico da Odebrecht.

Amigo de Emílio Odebrecht, Renato José Baiardi, ex-presidente da Odebrecht Engenharia e Construção, deixou o cargo em 2002. Baiardi trabalhou por mais de 50 anos na Odebrecht, 15 deles como presidente da construtora; ao lado de Pedro Novis e Luiz Villar formou uma tríade de confiança na gestão de Emílio Odebrecht (MEGALE, 2019).

O item a seguir tratará dos herdeiros e a elite econômica do Grupo da Andrade Gutierrez.

Os Andrade e os Gutierrez

A Construtora Andrade Gutierrez, como já informado, foi fundada, em 1948, por três sócios, os irmãos Gabriel e Roberto Andrade e Flávio Gutierrez. Gabriel teve sete filhos, 19 netos e 10 bisnetos. Os dados são de dezembro de 2015, obtidos através de diversas fontes, livros, filmes, documentários e entrevistas na imprensa.

Com a estruturação da construtora ao longo dos anos, passemos aos filhos que assumiram postos na empresa, no conselho ou decidiram exercer outras atividades. Iniciaremos pela filha mais velha de Gabriel, Marília.

Marília de Furtado Andrade, desde 2008 adota o nome Li Na. Nasceu em 1950 em Belo Horizonte-MG e, aos 16 anos, começou na militância política na Ação Popular (AP). Estudou no mesmo colégio que a ex-presidenta Dilma Roussef. Aos 18 passou a dar aulas de alfabetização de adultos para mulheres dos operários da greve de outubro de 1968. Na década de 1970, mudou-se para Londrina-PR com o marido Manoel Costa e sua filha Elena da Silva Costa; à época com poucos meses de idade. No Paraná, ela terminou o colegial, que havia abandonado em Belo Horizonte-MG. Graduou-se em pedagogia, participou jornalismo estudantil. Durante militância foi ligada a Pedro Pomar.[21]

Uma passagem do livro de Vannuchi (2015, n.p.), menciona que Gabriel cita a neta Petra, filha de Marília e Manoel, na passagem ele afirma: "Petra fez esse filme. Gostei muito". O filme em questão era um longa-metragem chamado Elena. Petra Costa é neta de Gabriel Andrade, e seu filme Elena foi vencedor

21 Os dados foram obtidos através do depoimento de Li An ao Canal do Youtube Dh Paz (DEPOIMENTOS, 2014).

dos prêmios de melhor documentário (júri popular) melhor direção, melhor direção de arte e melhor montagem no 45º Festival de Brasília, documentário no Films de Femmes 2013 (França). O filme conta a história da busca da cineasta pela irmã, Petra tinha 7 anos, quando Elena deixou o Brasil, na década de 1990, para tentar carreira de atriz em Nova York (EUA).

O Oscar 2020 teve indicação do documentário brasileiro Democracia em vertigem, da também diretora Petra Costa. O documentário foi lançado na Netflix em 2019 e mostra a crise política e o processo de impeachment de Dilma Rousseff. Segundo Henri Pierre Gervaiseau, professor do Departamento de Cinema, Rádio e Televisão da Escola de Comunicações e Artes (ECA) da USP, afirma que a indicação "foi procedente", principalmente, pelo posicionamento pessoal, subjetividade do relato e conjunto de registros documentais de situações reais. (JORNAL DA USP, 2020). A diretora e também narradora do documentário Petra, como já mencionado, é neta de um dos fundadores da Andrade Gutierrez, Gabriel Andrade.

Em 2012, a reportagem intitulada O Multiplicador de genética traz uma entrevista com Gabriel Andrade e aborda sua dedicação à criação de gado gir. A reportagem menciona que Gabriel, além de fundar a construtora Andrade Gutierrez, também "se tornou um dos mais respeitados nomes da Pecuária Nacional" (ONDEI, 2012, n.p.). Em 2011, Gabriel Andrade se afastou da rotina do grupo empresarial e passou o controle da Fazenda Calciolândia, herança do pai para quatro de seus filhos: Álvaro, Laura, Heloísa e Luciana.

Álvaro Andrade, é engenheiro mecânico formado na PUC de Minas Gerais (PUC-MG) com MBA em Administração de Empresas pela USP. Logo após se formar (1985) assumiu posto de Gerente de obras na Construtora Andrade Gutierrez (junho de 1988); ficou lá por 2 anos e 1 mês. Desde 2000 é membro do Conselho da holding Andrade Gutierrez S.A. Dados obtidos por nossa pesquisa, através da plataforma Linkedin, mostram que Álvaro é desde março de 2011, diretor proprietário da concessionária Morofest Honda em Contagem-MG; desde janeiro de 2013 é sócio proprietário da MotoArte, comércio de peças e acessórios para motos e desde março do mesmo ano, sócio da APICE, antiga FilmService, distribuidor nacional dos equipamentos Konica Minolta (raio-x).[22]

Laura Andrade é advogada e atua diretamente na governabilidade do legado deixado por seu pai, Gabriel Andrade, na fazenda Calciolândia. Também mapeamos que existe uma Fundação Laura Andrade (FUNDAÇÃO, 2021) no município de Arcos-MG, município em que nasceu Gabriel Andrade, seu pai, com data de abertura em 25 de outubro de 1978. Laura é acionista do grupo Andrade Gutierrez, foi Membro do Conselho de administração (2005-2009) e responsável pelo Programa de Formação dos jovens acionistas.

Heloísa é médica, professora livre-docente da Faculdade de Medicina da Universidade de São Paulo; Coordenadora do Serviço de Radioterapia do Instituto de Radiologia do HC-FMUSP; médica voluntária do ICESP e responsável pela Residência em Radioterapia do Hospital Sirio-Libanês de São Paulo.[23] Heloísa apresenta cadastro na plataforma Biblioteca Virtual da Fapesp.[24]

---

22 Fonte: https://br.linkedin.com/in/alvaro-andrade-1b751846.

23 Prêmio Marie Curie, homenagem aos que fazem a diferença no desenvolvimento da Radioterapia no Brasil. Disponível em: https://sbradioterapia.com.br/noticias/premio-marie-curie/. Acesso em: 07 jun. 2021.

24 Disponível em: https://bv.fapesp.br/pt/pesquisador/33559/heloisa-de-andrade-carvalho/. Acesso em: 01 fev. 2021.

Heloísa Andrade, assim como Laura, segundo a reportagem O Multiplicador de genética (ONDEI, 2012) está diretamente envolvida com a gestão da propriedade herdada – a Fazenda Calciolândia. A mesma reportagem traz o dado de que Luciana, estava morando fora do Brasil, na época, morava nos Estados Unidos. Não conseguimos obter mais dados sobre ela.

Flávio Furtado de Andrade, assumiu a criação de gado nelore na Fazenda Colonial, em Janaúba, norte de Minas Gerais, mantida desde a década de 1970. A Colonial Agropecuária tem como atividade econômica a pecuária seletiva, pecuária de corte e de leite. Nos dados da página online, traz a lista de sócios proprietários, os nomes de Felipe Pinheiro Andrade e Julia Pinheiro Andrade – filhos de Flávio, netos de Gabriel.

A partir de dados da Receita Federal, pudemos mapear que Paulo Furtado de Andrade - filho de Gabriel Andrade é empresário e possui participação societária em 19 empresas, todas no estado de Minas Gerais.[25]

Como podemos identificar, Álvaro assumiu postos na construtora do pai, os demais filhos seguiram outros passos. Partimos agora para analisar aqueles que tiveram postos de destaque na história da construtora, em primeiro lugar, Eduardo de Andrade, sobrinho de Gabriel e Roberto, Filho do irmão mais velho, José Maurício.

Eduardo Borges de Andrade, é formado em Engenharia Civil (1961), pela UFMG, com pós-graduação em Administração de Empresas pela FGV-SP. Iniciou sua carreira na Andrade Gutierrez, em 1961, como Engenheiro de Campo, e desde então ocupou as principais funções da empresa. Em 1969 passou a Diretor de Obras; em 1973 a Diretor de Operações e em 1978 assu-

25 Disponível em: https://www.vercnpj.com/nome/paulo-furtado-de-andrade. Acesso em: 01 fev. 2021.

miu a função de Diretor Superintendente, cargo correspondente ao de principal executivo da Construtora Andrade Gutierrez, no qual esteve até 2001. (CURRÍCULO, 2021; MEMÓRIAS, 2021).

Na década de 1990, liderou e coordenou o projeto intitulado AG-2000, com a finalidade de preparar a empresa para as novas transformações ocorridas no mundo, no país e no setor de construção, com o objetivo de definir uma nova Visão Empresarial, nova Estratégia e reformular a sua Estrutura Organizacional. Os relatos da empresa afirmam que houve sucesso deste projeto, e que a empresa transformou-se em Grupo Empresarial com a criação de uma Holding e quatro empresas, cada uma operando em um setor diferente: Infraestrutura, Telefonia e Construção Pesada, no Brasil e no Exterior.

A partir de 2001 Eduardo passou liderar a atuação da empresa no setor de investimentos em infraestrutura (Concessões de rodovias, metrôs, aeroportos, saneamento e energia elétrica). Dados de 2020 indicam que Eduardo é presidente do Conselho de Administração e da Diretoria da Administradora São Miguel S.A., holding que possui 1/3 das ações do Grupo Andrade Gutierrez. Também é membro do Conselho de Administração da Andrade Gutierrez S/A, Holding do grupo, do Conselho de Administração da Andrade Gutierrez Concessões, Presidente do Conselho de Administração da CCR – Cia de Concessões Rodoviárias, membro do Conselho de Administração da CEMIG e do Hospital Mater Dei e membro do Conselho Curador da FDC. (MEMÓRIAS, 2021).

Sérgio Andrade, filho de Roberto, e sobrinho de Gabriel, primo de Eduardo, assumiu os negócios do Grupo Andrade Gutierrez. Assim como observado nas outras empresas, a questão da sucessão é posta como fundamental. Em fevereiro de 2011, a Revista Exame (FURTADO, 2011) publica uma reportagem sobre a Andrade Gutierrez, na qual, discute a estrutura de comando e o olhar da empresa para novos negócios. A revista atribui a Sérgio Lins de Andrade, presidente do conselho de administração do grupo Andrade Gutierrez, como o principal responsável pelas "mudanças que vêm alterando o perfil da companhia mineira ao longo da última década". Sérgio é formado pela Universidade Federal do Rio de Janeiro. (FURTADO, 2011, n.p.).

A empresa possui internamente um programa intitulado "Sucessão de Gerações", encabeçado por Sérgio, desde final dos anos 1990, que tem como objetivo, a reestruturação do Grupo AG. Em suas palavras, "todo negócio que fica nas mãos da família não dá certo por muito tempo". (ISTO É, 2001, n.p.). "A partir de 1997, com a empresa envelhecendo, a sucessão passou a ser uma prioridade. O primeiro passo foi contratar a Faculdade de Economia e Administração da USP para ministrar um curso de MBA para mais de 200 executivos, a maioria cria da casa" (FURTADO, 2011, n.p.).

A imprensa de negócios expõe Sérgio como o "recluso", atuando nos bastidores e pouco aparece falando na imprensa, mas considerado um dos mais influentes empresários do Brasil:

> Sérgio Andrade falando à imprensa é uma raridade. Normalmente recluso, ele prefere confabular com interlocutores como o banqueiro Daniel Dantas, o presidente da Previ, Luís Tarquínio, e altos executivos de filiais de empresas multinacionais. Seu nome pode não aparecer todos os dias nos jornais, mas se trata de um dos mais influentes empresários brasileiros. (FURTADO, 2011, n.p.).

A reportagem traz a reorganização do organograma empresarial, com algumas funções sendo extintas e dirigentes promovidos. Foi em 2007 que ocorreu a definição, dentro da empresa, pelos representantes das famílias Andrade e Gutierrez, de que sócios e seus herdeiros não mais ocupariam cargos executivos. No lugar de Sérgio, foi nomeado Otávio Marques de Azevedo. Nas palavras de Sérgio, "a missão de Otávio vai ser de olhar para frente. Buscar oportunidades de investimento em negócios que não sejam muito grandes hoje, mas que venham a ser em dez anos". (MAGALHÃES, 2011, n.p.).

Foi Sérgio quem trouxe, a convite, o executivo Otávio Marques de Azevedo para o grupo, em 1992, para planejar a entrada da AG em telecomunicações. Lembramos que no ano seguinte, cria-se a AG Telecomunicações (1993). Na época, Otávio era vice-presidente da Telebrás. O objetivo de ambos, era traçar caminhos para a empresa reduzir contratos do governo na construção pesada, atividade original do grupo que, em 2007, respondia por cerca de 30% do seu faturamento, e focar a atuação nas concessões. Explica-se, também, que "as superintendências ocupadas por Eduardo Andrade e Roberto Gutierrez foram extintas. Ambos passaram a integrar o conselho de administração da companhia". O objetivo, segundo Sérgio, era "dar espaço para a profissionalização". Nas afirmações justifica-se a escolha dos nomes para diretorias. (MAGALHÃES, 2011, n.p.),

> O novo homem forte da construção da Andrade Gutierrez no Brasil chama-se José Rubens Goulart Pereira. À frente dos negócios das concessões está Ricardo Senna Coutinho. A área de telecomunicações continua a cargo de Otávio Marques Azevedo. A escolha desses nomes foi feita de maneira racional, impessoal e transparente. (FURTADO, 2011, n.p).

Em 2007, formou-se comitê executivo constituído por um representante de cada um dos sócios fundadores e ampliou-se o conselho de administração, com a participação de mais pessoas da família. Integrantes do conselho de administração da parte dos Andrade: Sérgio (filho de Roberto Andrade), João Pedro e Marcos (Filhos de Sérgio), e os primos Álvaro e Laura (Filhos de Gabriel) Eduardo (Filho de José Maurício); do lado Gutierrez: Roberto (faleceu em 2006, era Filho de Flávio), seu filho mais velho Rodrigo (Neto de Flávio), Ângela e Cristina (filhas de Flávio).

O único conselheiro fora das famílias fundadoras é Celso Fernandez Quintella, na AG há quase 20 anos. Foi eleito membro suplente do Conselho de Administração da Companhia em 2 de agosto de 1999, passando a membro efetivo em 30 de abril de 2001. Foi Diretor da Construtora Andrade Gutierrez S.A. desde 1991 e também Diretor da Telemar Participações S/A a partir de agosto de 1999. Passemos para as origens e herdeiros de Flávio Gutierrez, terceiro sócio e fundador da construtora Andrade Gutierrez.

O livro *Na estrada com Gabriel Andrade* (VANNUCHI, 2015) retrata como Gabriel iniciou sua "caçada" na busca de um terceiro sócio; relembramos que o irmão de Gabriel Andrade, Roberto Andrade, aceitou o convite de ser sócio fundador de uma construtora que atuava na construção de estradas. O terceiro sócio teria que ser alguém que fosse semelhante a Gabriel: jovem, recém-formado e que assumiria aventurar-se em negócios próprios, considerando-se que, segundo a narrativa, o objetivo dos colegas da turma de engenharia era tornarem-se funcionários públicos. Foi Flávio Gutierrez quem se encaixou no perfil traçado por Gabriel.

Flávio era filho único de Miguel Gutierrez e Carmelita Castelo Branco Gutierrez. Seu pai, Miguel, era o primogênito de Leonardo Alvarez Gutierrez y Bardón, que viera da Espanha para integrar a equipe de Aarão Reis, urbanista que planejou Belo Horizonte. Leonardo, avô de Flávio, trabalhara nas obras da estação ferroviária, fizera a terraplenagem dos terrenos onde foram erguidos os principais edifícios públicos e construíra parte do Palácio da Liberdade, sede do governo. Fora ele quem montara a imponente escadaria de ferro e mármore do hall do palácio, trazida da Bélgica sob encomenda.

Na primeira década do século XX, Leonardo investiu em terras (compra e comercialização) e comprou uma fazenda de 200 hectares nos arredores de Belo Horizonte; e em meados da década de 1920, a comercialização de terrenos na região motivou Leonardo a dividir a fazenda em lotes de 360 metros quadrados. O espanhol morreria em 1927, um ano antes da aprovação do primeiro loteamento pela prefeitura, de modo que a gleba foi partilhada entre Miguel e os quatro irmãos. Mais tarde, a área daria origem a três bairros contíguos: Gutierrez,[26] Barroca e Grajaú.

Foram esses terrenos que sustentaram o pai de Flávio. Miguel chegou a ter uma olaria, entre os anos 1930 e 1940, mas foi a urbanização do bairro Gutierrez que virou sua mina de ouro a partir de 1950, quando a maioria dos terrenos foi comercializada e convertida em lotes de alto padrão, em um dos bairros mais nobres da cidade.

---

26 O bairro Gutierrez é um bairro de classe média alta, localizado na região oeste de Belo Horizonte-MG. Com cerca de 20 mil moradores, surgiu nos primeiros anos da capital mineira e antigamente era composto por várias chácaras e fazendas de família tradicionais, que contribuíram de várias maneiras para o desenvolvimento da cidade.

Em novembro de 2006, a Revista ISTOÉ publicou a reportagem "Luto e Sucessão na AG". A reportagem dizia respeito ao falecimento de Roberto Gutierrez, filho do fundador da Andrade Gutierrez, Flávio Gutierrez, representava 33% dos acionistas da empresa; os outros dois são Sérgio e Álvaro Andrade, filhos dos fundadores Roberto e Gabriel Andrade. As falas presentes na reportagem foram de Sérgio Andrade e Ângela Gutierrez, irmã de Roberto.

Flávio Gutierrez teve três filhos: Roberto, Ângela e Cristiana. Como já mencionado, Roberto era um dos três acionistas da empresa de seu pai. Roberto era engenheiro, e morreu aos 53 anos. Roberto teve três filhos, Flávia, Rodrigo e Henrique. Rodrigo, filho de Roberto, neto de Flávio é formado em administração de empresas e é, segundo a ISTOÉ (2006), o único filho que já trabalha na construtora e entrou para o conselho.

Em depoimento à revista Ângela afirma que: "A única coisa certa é que o nosso conselho continuará sendo um grupo de amigos, e não apenas de sócios. É essa amizade que tem feito a empresa crescer." (ISTOÉ, 2006, n.p.). Com o falecimento de Roberto sua irmã Ângela, entra para o conselho em seu lugar.

Ângela Gutierrez é empresária, colecionadora de arte e empreendedora cultural. É formada em administração de empresas pela Fundação Getúlio Vargas, com especialização em Marketing. No entanto, Ângela construiu sua carreira na área cultural. É presidente do Instituto Cultural Flávio Gutierrez, responsável pela criação do Museu do Oratório, em Ouro Preto-MG, do Museu de Artes e Ofícios, em Belo Horizonte-MG e do Museu de Sant´Ana, em Tiradentes-MG.

Foi secretária de Cultura do Estado de Minas Gerais. Faz parte de conselhos de museus brasileiros e de consultorias internacionais na área de Museologia e Patrimônio Histórico e Artístico. É Membro do Conselho Consultivo do Instituto do Patrimônio Histórico e Artístico Nacional (IPHAN); Membro do Conselho da Fundação Dom Cabral; Membro do Conselho da Fundação Cultural da Arquidiocese de Mariana; Membro do Conselho Editorial da UNA Editora e do Conselho de Programação das TVs Universitárias de Minas Gerais. Foi membro do Conselho da Fundação Nacional Pró-Memória e do Conselho Nacional de Desenvolvimento Social. É pesquisadora do Barroco Brasileiro especializada em Arte Sacra. Também foi Diretora-presidente da revista Palavra, publicação de cultura, arte e ideias.

Ângela Gutierrez recebeu vários prêmios e condecorações na área da cultura: Ordem do Mérito Legislativo da Câmara Municipal de Belo Horizonte, Ordem do Mérito Legislativo do Estado de Minas Gerais, Medalha Santos Dumont, Medalha Juscelino Kubitschek, Medalha da Inconfidência, Medalha Alferes Tiradentes da Polícia Militar de Minas Gerais, Colar do Mérito da Corte de Contas Ministro José Maria de Alckmim do Tribunal de Contas do Estado de Minas Gerais, Ordem do Mérito do Estado Maior das Forças Armadas e Ordem Nacional do Mérito Cultural. Em 2006, recebeu o título de Cidadã Honorária da cidade Tiradentes-MG. Em setembro de 2010 foi homenageada pela Brazil Foundation, no Metropolitan Museum, em Nova Iorque, EUA. Em abril de 2011 recebeu a comenda De L'Ordre des Arts et des Lettres, mérito reconhecido pelo governo francês; no mês de junho foi homenageada pela Federação das Academias de Letras e Cultura de Minas Gerais; e foi agraciada no mês de dezembro de 2011 com a Medalha Reitor Mendes Pimentel, maior honraria que a Universidade Federal de Minas Gerais (UFMG) concede a profissionais amplamente reconhecidos em suas áreas específicas de atuação.

Ângela também publicou na área da cultura e é coordenadora de livros sobre a Arte Brasileira e Patrimônio Cultural: Ouro Preto, Tempo sobre Tempo (SANTOS, 1985); Alcântara, Cantos do Silêncio (SANTOS, 1987); Campo das Vertentes – O Brasil na Fonte (SANTOS, 1989); Objetos da Fé – Oratórios Brasileiros (OBJETOS, 1994); além de todas as publicações do Instituto Cultural Flávio Gutierrez. (FORBES, 2014).

Sob o título "Os herdeiros vão à escola", a revista Exame publicou, em outubro de 2010 uma reportagem sobre "parentes que não querem ser serpentes de suas empresas". A reportagem contém falas de Ângela Gutierrez, "Foi importante para que os filhos e os netos dos fundadores percebessem que há vários caminhos para o acionista fora da empresa", "Também nos conscientizamos da necessidade de uma estrutura familiar coesa para que possamos manter e ampliar o capital.". As afirmações de Ângela referem-se ao programa Parceria para o Desenvolvimento de Acionistas (PDA), da Fundação Dom Cabral, de Belo Horizonte-MG, do qual participou com outros sete herdeiros da Andrade Gutierrez. Segundo suas informações, não tem planos de trabalhar na empresa da família. (EXAME, 2010, n.p.).

Ângela Gutierrez foi casada com Clemente de Faria, que faleceu em um acidente aéreo, em Angra dos Reis, dia 12 de julho de 2012. Clemente pertence à família Faria, família tradicionalmente de banqueiros, dos antigos Banco da Lavoura, Banco Bandeirantes e Banco Real.

Cristiana Gutierrez, a terceira filha de Flávio (irmã de Ângela), é proprietária do Haras Morada Nova, fundado em

1991. O haras se localiza em Inhaúma e o escritório em Belo Horizonte, ambos em Minas Gerais. Na apresentação do Haras há um depoimento de Cristiana Gutirrez dizendo dividir o negócio com sua família:

> Tenho orgulho da nossa história. Nela reconheço acima de tudo, a vitória de um projeto construído passo a passo, com dedicação, busca permanente de padrões de excelência e, sobretudo, confiança para apostar nos caminhos traçados. E com a certeza de que um grande sonho será sempre o melhor alimento para uma jornada de vida. Hoje tenho a alegria de dividir este sonho com meus filhos. Flávio atua diretamente ao meu lado na gestão do haras; de Júlia e Fernanda recebo apoio incondicional (MORADA NOVA, 2021, n.p.).

Em agosto de 2011 o *Jornal Valor Econômico* publicou a reportagem "A harmoniosa relação dos Andrade Com os Gutierrez". Na ocasião, estava ocorrendo um almoço na sede da Andrade Gutierrez, bairro de Botafogo, Rio de Janeiro, e Sérgio Andrade, filho de Roberto Andrade, um dos fundadores da empresa, presidente do conselho de administração do grupo Andrade Gutierrez (AGSA) sugeriu uma reportagem sobre a reestruturação administrativa do grupo; o objetivo do almoço era para fechar o novo organograma. (MAGALHÃES, 2011).

Em 2011, portanto, segundo o Valor Econômico (MAGALHÃES, 2011), a holding AGSA passou a ter oito vice-presidentes, nas respectivas áreas: participações (ocupada por Ricardo Sena), novos negócios (Giovanni Foragi) e engenharia (Leandro Aguiar). As áreas de gestão corporativa também foram comandadas por VPs: jurídica, (Luiz Otávio Mourão), financeira (Ricardo Campolina), institucional (Flávio Machado

Filho) e controle (Claudio Miserani), além de Gente e Gestão (Claudio Gonçalves).

Assim como nas empresas anteriores, os sobrenomes também foram transferidos geracionalmente, para a presidência da empresa; e vimos a mesma lógica já encontrada: os homens cuidam dos negócios, as mulheres cuidam da arte, da cultura e das fundações da empresa.

As três empresas: divergências e convergências

Com inspiração em Saint-Martin (2008, 2020), objetivamos, nessa seção, identificar os agentes herdeiros das três empresas estudadas nessa tese, indicando o poder simbólico desses sobrenomes, que são transferidos para a presidência das empresas, geracionalmente. Ressaltamos, também, o poder do capital econômico na construção desses sobrenomes, contudo, ao longo da narrativa buscamos evidenciar outros capitais, como o capital social, expresso na influência regional de cada empresa, além das relações de amizade e de casamentos entre os herdeiros; e o capital cultural (via formação e trajetória de cada um dos principais herdeiros.

Ao longo da narrativa de formação e estruturação das construtoras, pudemos apreender as fronteiras sociais e espaciais dos indivíduos fundadores e suas famílias. Segundo Saint-Martin (2008), as demarcações de fronteiras operam construções morais e cognitivas, que juntam ou separam, e assim, diferenciam o "nós" dos "eles" dentro da sociedade. A definição de fronteiras ajuda a definir as elites, sejam elas econômicas, cultuais etc. Esse alinhamento indica que tais diferenciações se operam a partir de posições dominantes e privilegiadas do mundo social, que é a posição de elite, legitima para prescrever como o mundo deve funcionar, a partir do espaço social que ocupa. No caso estudado, o espaço social da construção civil. A elite da construção civil é legitima para falar e ouvir em nome da construção civil. Nesse processo, os sobrenomes aparecem como um dos principais marcadores de fronteira social no espaço da construção civil por nós analisado. Esse é um marcador que será ocultado na face de reelaboração da face, conforme argumentaremos na última seção.

No que se refere à construção de fronteira social, nos anos iniciais de sua fundação, as empresas se estruturaram com obras locais. Observamos que o espaço geográfico é constantemente rememorado na história da construção civil; desta forma, os aspectos das obras e o alargamento da atuação destas empresas são interligados. Portanto, o crescimento da empresa está ligado diretamente com as características das obras e o impacto destas em âmbito nacional, na construção do Brasil. Opera-se assim uma classificação baseada na atuação geográfica, a saber: narrativa de que as empresas estão presentes em todos os estados do país, e abrangência das obras, com a narrativa de construção de toda infraestrutura brasileira (transporte – estradas e metrô; geração e transmissão de energia elétrica).

A atuação local para nacional é a fronteira mobilizada na narrativa das três empresas para construir o status de construtores do Brasil, assim como a passagem por uma rede de relacionamentos local e órgãos públicos de atuação local e posteriormente nacional.

A experiências de CC e AG ligadas a uma elite rural local, a primeira pelo café no interior de São Paulo, e a segunda pelo leite no interior de Minas Gerais, se diferenciam da origem urbana da Odebrecht – com ruptura, durante imigração alemã. Igualmente, as duas empresas acionam familiares e outros descendentes imigrantes que impactaram nas trajetórias de mudanças geográficas (saída do sul em direção para o Rio de Janeiro, depois Recife e Salvador).

Assim, as experiências em torno de capital para investimento, marcaram a CC com modesto investimento e a AG com grande investimento como sócio da empresa do pai. A fronteira dos equipamentos também foi acionada: enquanto CC reforça o início braçal das operações, a AG mobiliza maquinário de última geração da época. A narrativa da Odebrecht se apoia na filosofia de descentralização de Norberto, para quem cada mestre-de-obras era autônomo para lidar com as obras que tocavam. As três empresas mobilizam o esforço inicial: começar de baixo, um grupo pequeno, trabalho árduo, desde jovens nas obras e o progresso a partir do pequeno e do local como marca do início das atividades empresariais. Da mesma forma, as três mobilizam o mito do heroísmo e a construção da empresa em paralelo à construção do Brasil, como mito de origem.

Nota-se durante pesquisa histórica sobre a família Odebrecht, uma enorme rede de relações e extensão e densidade geracional. A construtora fundada por Norberto em 1944 é consequência da construtora de seu pai, que acumulou e complementou capitais social, econômico e político ao longo da sua trajetória de vida.

O diploma é outra fronteira acionada pelos fundadores e herdeiros. Assim, a Odebrecht que retoma discursivamente a tradição de engenheiros na família, como o primeiro descendente engenheiro que imigrou para o Brasil. Tal caraterística reforça o segmento da herança familiar. Na AG o diploma de engenharia é valorizado como fronteira social. Contudo, Gabriel Andrade estabelece uma ruptura com a trajetória do pai. O diploma de engenheiro viria para não seguir os passos do pai – e do avô – na pecuária, embora traços do rural, da criação de gado e da pecuária se mantenham na família; nos dias de hoje, os filhos que não atuam na construtora atuam no rural. Assim, observamos que após a atuação na carreira da construção, há retomada de interesse pelas fazendas. Na AG também foi na universidade de engenharia que colegas se encontraram para formar a construtora, e esse comportamento na época não era o comum, visto a descrição de que os engenheiros preferiam atuar via órgãos públicos. Portanto, o diploma de engenharia aparece como importante fronteira social das três empresas.

No que se refere à fronteira social imposta pela internacionalização, tanto a Camargo Corrêa, a Odebrecht quanto a Andrade Gutierrez caminham para a atuação nacional e internacionalização. Outro aspecto da trajetória convergente das empresas e um marcador de fronteira, foi a diversificação na atuação nos ramos de negócios.

O sobrenome das famílias também é um importante marcador de fronteira. Tomemos por exemplo o caso da Odebrecht, cujo volume de memórias construída, evidencia o longo trabalho simbólico dedicado à preservação dos sobrenomes. O livro Cartas de família: ensaio biográfico de Emil Odebrecht e ensaio biográfico de seu filho Oswaldo Odebrecht Sênior contém as cartas redigidas por Emil Odebrecht e seus familiares entre 1862 e 1927, destinadas aos parentes que permaneceram na Alemanha. Em 2006, entre os dias 02 e 05 de novembro, membros da família Odebrecht comemoraram os 150 anos da imigração do patriarca da família Emil Odebrecht, nessa ocasião é que o livro foi lançado.

Outro aspecto da preservação da memória em torno do sobrenome é a extensa descrição dos principais membros da família ligado à construtora no site www.geni.com.[27]

No site da Odebrecht é possível consultar informações como: data de nascimento e data de óbito, Lugar de nascimento, membros de família (filho de, marido/esposa de, pai de, irmão de) com links para acesso. Através do geni.com, conseguimos dados de: Emil Odebrecht, Emilio Odebrecht, Norberto Odebrecht. Segundo Saint-Martin (2020), relatos históricos e memórias reforçam o empreendimento de celebração familiar, que são elementos importantes de estratégias de reprodução social e simbólica de uma família. Das três empresas, esta é a que mais investe na preservação da memória. Apesar disso, existe um silenciamento sobre a parte feminina (esposas), que não está ligada à história da construtora.

Sobre os sobrenomes dirigentes da empresa Camargo Corrêa, ela apresenta como sócios majoritários os familiares herdeiros de Sebastião Camargo, um dos fundadores da construtora. A empresa manteve controle acionário com a família Camargo, e os postos chave são ocupados por genros de Sebastião; e na terceira geração, por netos e também por genros – maridos das netas. As mulheres, nesta empresa como nas demais analisadas, ficaram encarregadas de atividades ligadas às fundações das empresas e ou culturais, evidenciamos o "bom ajuste" matrimonial, também identificado por Saint-Martin (2020).

27 Geni é um site de genealogia comercial e rede social americano. Foi criado em junho de 2006, em Los Angeles, Califórnia, Estados Unidos da América por David O. Sacks, Alan Braverman e Amos Elliston. Em novembro de 2012, Geni foi adquirido por empresa privada israelense MyHeritage. Desde 2016, MyHeritage mantém seu site genealógico separado do site Geni. Em maio de 2020, mais de 140 milhões de perfis foram criados no Geni (2021).

No caso da Odebrecht, os acionistas e postos chave são ocupados por rede de amizade local. A maioria do conselho em 2015 era formada por ex-executivos da Odebrecht, com longa participação em assuntos estratégicos da empresa e ligados a Norberto e Emílio – segunda geração. Nota-se pouco a presença de outros familiares na empresa. Para Saint-Martin (2020), os vínculos sociais, rede de relações ou as boas companhias são estruturas fundamentais do capital social de membro de uma elite.

Outro traço em comum foram as criações de fundações ao longo da trajetória das três empresas, todas possuem um braço de responsabilidade social, destinado à gestão das mulheres herdeiras. Destacamos o Instituto Camargo Corrêa, Fundação Loma Negra e Instituto Alcoa; o Instituto Cultural Flávio Gutierrez e a Fundação Odebrecht, que também possui uma editora, ligada à Fundação Norberto Odebrecht. Nessa editora Norberto publicou uma série de livros que tratam da Tecnologia Empresarial Odebrecht (TEO), a base filosófica criada pelo fundador da construtora.

Desta forma, tem-se dois processos quase simultâneos nas histórias dessas três empresas, a saber: a passagem de uma atuação local para atuação internacional e a diversificação da atuação, até estruturarem-se em grandes conglomerados – as holdings.

Apesar de toda legitimidade construída pela elite da construção civil no Brasil, esse grupo dirigente teve seu prestígio questionado recentemente, por conta de envolvimento em casos de corrupção. Para Saint-Martin (2008), após os anos de 1990, as elites são, com frequência, envolvidas em casos de escândalos, sendo que os jornalistas e os meios de comunicação – imprensa, televisão – se tornam instrumentos para questionar a natural legitimidade desses grupos. A autora salienta que, em 2008, grandes chefes da indústria e do comércio, e também banqueiros, tornaram-se objeto de denúncias e de fortes críticas e cada vez era maior a frequência na qual eram chamados a prestar contas publicamente – se explicar, se posicionar; enfim, responder ao que estava sendo divulgado. Thompson (2002) também argumenta nessa linha.

Concordando com Saint-Martin (2008) e Thompon (2002), apresentamos na próxima seção os primeiros rituais de depreciação e de quebra de prestígio da elite da construção civil no contexto da Lava Jato. Para a próxima seção teremos a seguinte pergunta como fio condutor: É possível que os sobrenomes e as fronteiras sociais, construídas geracionalmente e por meio de um longo e coletivo trabalho simbólico percam prestígio no contexto da Lava Jato?

PARTE II

RITUAIS DE DEPRECIAÇÃO

Agentes do Estado

Nessa seção vamos mostrar como que ocorreu a depreciação das empresas da construção civil envolvidas na Operação Lava Jato, assim como os discursos de justificação da denúncia, por meio de dois agentes: Agentes do Estado e agentes da mídia.

Os rituais de depreciação via agentes do Estado são exemplificados nessa tese por meio das denúncias feitas pelos Procuradores da Força Tarefa da Lava Jato em Curitiba; o livro A luta Contra a corrupção: a Lava Jato e o futuro de um país marcado pela corrupção, escrito por Deltan Dallagnol (2017) – chefe da Força Tarefa em Curitiba é um dado complementar às denúncias dos agentes do Estado; o objetivo do estudo deste livro foi identificar, dentro dos rituais de depreciação, as justificativas de engajamento na Lava Jato acionadas pelo promotor da Operação Lava Jato. Entendemos que para um ritual de depreciação ter eficácia, ele precisa ser bem justificado, motivo pelo qual buscamos identificar as justificações dos agentes envolvidos.

No que se refere à depreciação construída pela mídia, recortamos como exemplo empírico o livro A elite na Cadeia: o dia a dia dos presos da Laja Jato de Walter Nunes (2019), responsável pela cobertura política da Lava Jato pelo jornal *Folha de S. Paulo*. Ao transformar a operação Lava Jato em um escândalo, a mídia ajuda na construção da depreciação dos envolvidos. Sabemos que outras possibilidades de recorte empírico existem, mas foi essa a nossa escolha: estudo de sete denúncias, do livro escrito pelo promotor da Operação e de um segundo livro, para representar a depreciação do setor via mídia.

As sete denúncias selecionadas para análise encontram-se dentro do recorte temporal da pesquisa, a saber, 2014 – 2016. O objetivo é analisar os conteúdos das denúncias ligadas às três empresas aqui estudadas, para expor como se deram os rituais de depreciação do setor, os conteúdos acionados pelos denunciadas e, em seguida, mostrarmos as estratégias de reelaboração da face e trunfos utilizados pelas empresas estudadas. Além das denúncias, analisamos o discurso presente no livro A luta contra a corrupção: a Lava Jato e o futuro de um país marcado pela corrupção, do Procurador Chefe da Força Tarefa da Lava Jato em Curitiba, Deltan Dallagnol (2017).

Para a análise do discurso das denúncias e dos livros estudados, inspiramo-nos nos escritos de Gregolin (1995) e utilizamos o software MAXQDA, um software acadêmico para análise de dados qualitativos e métodos mistos de pesquisa científicas e comerciais.[1]

Antes, porém, é chegado o momento de apresentamos o contencioso que ficou internacionalmente conhecido como Operação Lava Jato. Durante a descrição, iremos direcionar nosso leitor para os primeiros sinais de produção do discurso de depreciação do setor.

---

1 O MAXQDA é um softwer pago, desenvolvido pela empresa VERBI Software em Berlim, na Alemanha. Disponível em: https://www.maxqda.com/brasil.

O contencioso Lava Jato

A investigação de corrupção e lavagem de dinheiro no Brasil, iniciada em março de 2014, intitulada Operação Lava Jato é, nas palavras do Ministério Público Federal (MPF, 2021, n.p), "a maior investigação de corrupção e lavagem de dinheiro já realizada no Brasil" e teve como pano de fundo o setor da construção civil.

A primeira denúncia da Operação Lava Jato, no dia 21 de abril de 2014, envolveu o ex-diretor de Abastecimento da Petrobras, Paulo Roberto Costa e seus familiares por "embaraçarem a investigação de crimes praticados por organização criminosa" (DALLAGNOL, 2017, p. 31)

Na narrativa oficial do procurador da república Deltan Dallagnol (2017), Paulo Roberto Costa apresentava-se nas investigações como alvo periférico, já que o alvo central seria Alberto Youssef, e demais "doleiros".[2] No entanto, ao analisar a caixa de e-mail de Youssef, segundo Dallagnol (2017), chamou a atenção do delegado Márcio Anselmo, a existência de dados para pagamento de um veículo Land Rover Evoque blindado, no qual, apesar de Youssef ser o comprador, a nota fiscal estava no nome de Paulo Roberto Costa. Como a transação levantou suspeitas, ela levou à inclusão de Paulo Roberto na 1ª fase da Lava Jato, com início em 17 de março de 2014. No dia em que a operação foi deflagrada, duas equipes policiais se dirigiram até a residência e o

2 Doleiros são operadores financeiros especializados em dar aparência "limpa" ao dinheiro sujo. Dentre suas operações mais frequentes estão transferências internacionais paralelas ao sistema bancário oficial (chamadas de dólar-cabo) e disponibilização de grandes somas em espécie. (DALLAGNOL, 2017, p. 62)

escritório de Paulo Roberto, conforme relata Dallagnol (2017), dando detalhes sobre a confirmação das suspeitas:

> (...) como era de praxe, preferiram buscar uma cópia da chave na resid6encia do alvo, onde a outra equipe estava cumprindo um mandato de busca. Nesse meio tempo, Paulo Roberto acionou as filhas que, acompanhadas dos maridos, foram até o escritório. Quando a polícia voltou ao local logo depois, o chefe de segurança do edifício avisou que houvera uma movimentação estranha naquele andar. O que se descobriu em seguida, por meio das câmeras de vigilância. Foram pessoas subindo de mãos vazias e descendo com mochilas e sacolas. Vários materiais e recursos – 50 mil reais, reconheceriam mais tarde os investigados – haviam sido retirados do escritório enquanto a polícia buscava as chaves. (DALLAGNOL, 2017, p. 65).

No dia 23 de abril de 2014, o Ministério Público denunciou a formação de organização criminosa e a lavagem de dinheiro, que seria "oriundo de crimes contra a Administração Pública, em especial corrupção e desvio de dinheiro relacionados à construção da Refinaria Abreu e Lima, em Pernambuco".[3] O responsável pela construção da refinaria era o consórcio CNCC, formado pelas empresas Camargo Corrêa e CNEC Engenharia. Segundo narra Dallagnol (2017), "nessa época ainda não se tinha ideia de quem eram os executivos e funcionários do consórcio envolvidos nos crimes". (DALLAGNOL, 2017, p. 66). As denúncias que se seguiram envolviam práticas de crimes financeiros.

---

3 Síntese do Processo Penal 5026212-82.2014.404.7000 – Chave eletrônica: 160320068914. Disponível em: http://www.mpf.mp.br/grandes-casos/lava-jato/acoes. Acesso em: 20 jan. 2019.

Foi em 10 de dezembro de 2014, que o Ministério Público ofereceu denúncia contra a empresa OAS, depois vieram as empresas Galvão Engenharia, Engevix, Mendes Júnior, Camargo Corrêa e UTC Engenharia. Outras viriam a ser denunciadas em 2015, como a Andrade Gutierrez e a Odebrecht.

> Decidimos nos organizar em três equipes, que redigiram longas denúncias relacionadas à atividade criminosa das empresas OAS e Mendes Junior, Galvão e Engevix, bem como Camargo Corrêa e UTC. Foram 565 páginas descrevendo a corrupção na Petrobras, o sofisticado método de lavagem de dinheiro por meio das empresas de fachada de Alberto Youssef e a participação de cada um dos 35 acusados, incluindo 22 executivos, no esquema. Quanto às demais empresas, a equipe entendeu que as investigações precisavam ser aprofundadas. (DALLAGNOL, 2017, p. 91).

Segundo narrativa de Dallagnol (2017, p. 85),[4] "as colaborações viraram o jogo" e, portanto, a partir das informações, era preciso "definir o próximo alvo, e ele marcaria a Lava Jato para sempre". Dallagnol (2017) se referia à operação que envolveria as empreiteiras, a 7ª fase, intitulada Juízo Final, iniciada em 14 de novembro de 2014. As palavras de Dallagnol (2017, p. 91) sobre o episódio mostram seu entusiasmo com a operação: "Assim como Constantinopla foi divisor de águas na história, a 7ª fase seria o ponto de virada da Lava Jato". A segunda operação que

4 Paulo Roberto Costa e Alberto Youssef haviam apontado para a existência de um grande cartel das maiores empreiteiras brasileiras junto à Petrobras, porém não existiam provas consistentes desse arranjo. A Setal tinha condições de reunir provas, mas só o faria em troca de benefícios para ela e para os funcionários que ajudassem a colher as informações. (DALLAGNOL, 2017, p. 83)

envolveu outras duas empreiteiras, a Odebrecht e a Andrade Gutierrez, aconteceria em junho de 2015, na 14ª fase da operação, intitulada Erga Omnes (em latim, vale para todos) que para Dallagnol (2017, p. 98) "como a 7ª, marcava um momento importante da Lava Jato".

As denúncias envolvendo as três empresas em foco na pesquisa: Camargo Corrêa, Odebrecht e Andrade Gutierrez foram obtidas através do Ministério Público Federal (MPF, 2021), na seção de notícias do site. A primeira notícia, intitulada Lava Jato: MPF vai ao MP da Suíça acelerar a maior repatriação do Brasil, é datada de 26 de novembro de 2014.

Segundo Dallagnol (2017), a criação do site e das entrevistas coletivas (ou coletivas de imprensa) foi uma forma de dar transparência à atuação do MP, como também de garantir acesso público aos dados das investigações.

> (...) para dar transparência à atuação e garantir o acesso ao público aos principais dados da investigação, adotamos duas providências inovadoras. Uma foi a realização, no dia da apresentação das acusações, de entrevistas coletivas para explicar em detalhes os complexos esquemas de corrupção e de lavagem descobertos. Outra foi a criação do primeiro site da história brasileira dedicado a um caso criminal: www.lavajato.mpf.br. (DALLAGNOL, 2017, p. 91).

O site constituiu uma das principais formas de comunicação utilizadas pelos procuradores e pelo Ministério Público para divulgar conteúdos de informação criados pelo próprio órgão. Outras formas, como as coletivas de imprensa, serão apresentadas na próxima seção. Ambas as estratégias, como será demonstrado, reforçam o conteúdo apresentado nas denúncias e ajudam na construção da Lava Jato como escândalo e como desdobramento, a depreciação da imagem dos envolvidos.

Construção dos fatos: as denúncias

De acordo com o Código de Processo Penal brasileiro, Decreto-Lei Nº 3.689, de 3 de outubro de 1941, Art. 41º, denúncia ou queixa é o texto que contém a exposição do fato criminoso; ou seja, a descrição, "com todas as suas circunstâncias, a qualificação do acusado ou esclarecimentos pelos quais se possa identificá-lo, a classificação do crime e, quando necessário, o rol das testemunhas". (BRASIL, 1941).

Os textos produzidos nas denúncias e a própria produção de denúncias fazem parte de um contexto que, mais do que produções burocráticas e processos legais, são também discursos. Para Bourdieu (2014, p. 274), "a burocracia não cria somente arquivos, ela também inventa discursos de legitimação".

A primeira operação que envolveu o ramo da construção civil aconteceu no dia 14 de novembro de 2014, durante a 7ª Fase da operação Lava Jato, intitulada Juízo Final.

Nesta fase, ocorreram 27 prisões, entre elas, as dos presidentes da Camargo Corrêa, Dalton dos Santos Avancini, da OAS, José Aldemário Pinheiro Filho e da Queiroz Galvão, Ildefonso Colares Filho. Cerca de um mês após as prisões, em 11 de dezembro de 2014, a Força-Tarefa da Lava Jato em Curitiba ofereceu denúncias contra seis empreiteiras, OAS, Galvão Engenharia, Engevix, Mendes Júnior, Camargo Correa e UTC. Ao todo, foram denunciadas 36 pessoas.

As denúncias narravam a formação de um cartel de empreiteiras e a estruturação de uma organização criminosa, que segundo o MP, seria composto por quatro núcleos: Núcleo 1)

Cartel das empreiteiras, Núcleo 2) Agentes Públicos, Núcleo 3) Operadores financeiros e Núcleo 4) Parlamentares. O cartel, batizado de "clube", segundo MP, pelas próprias empresas, seria composto, inicialmente, por 9 empresas, a saber: Odebrecht, UTC, Camargo Corrêa, Techint, Andrade Gutierrez, Mendes Junior, Promon, MPE e Setal/SOG; a partir de 2006, mais sete empresas se juntaram ao "clube": OAS, Skanska, Queiroz Galvão, IESA, Engevix, GDK e Galvão Engenharia, totalizando 16 empreiteiras. Outras empresas, como Alusa, Fidens, Jaraguá Equipamentos, Tomé Engenharia, Construcap e Carioca Engenharia, segundo as denúncias do MP, apesar de não participarem do clube, participariam de negociações e de acordos previamente elaborados e assim, também saiam vencedoras nos processos de licitações. Outras denúncias também citam a WTorre, Egesa, Alumini Engenharia e Schachin Engenharia.

Desta forma, a pesquisa mapeou 26 empresas do setor da construção civil envolvidas na Operação Lava Jato. Todas as empresas mencionadas foram, ao menos uma vez, denunciadas ao longo da operação, algumas mais de uma vez. Nenhum outro setor econômico teve esse montante de empresas envolvidas. (JARDIM; PORCIONATO, 2017).

Na pesquisa analisamos 07 denúncias. O mapeamento das denúncias ocorreu no período da Operação Lava Jato, entre março de 2014 e março de 2020 – totalizando 6 anos de operação. Das denúncias analisadas, 06 foram feitas pela força tarefa de Curitiba, 01 pela Força Tarefa do Rio de Janeiro (Denúncia 07). Sobre os critérios, mapeamos denúncias em que os empresários e diretores da construção civil foram denunciados.

A partir do quadro da macroestrutura das denúncias, a análise se deu no que se intitula Introdução. Na introdução são apresentados os delitos praticados pelos denunciados em contexto geral. Nesta parte, o que nos chama atenção é o fato de que a descrição vai além dos crimes apresentados e cita outros crimes que não constam na denúncia. Desta forma, afirma-se que todos os crimes foram praticados – apesar de não denunciados –, e que todos são mencionados pois se inserem em um mesmo contexto.

Entendemos que parte dessa explicação está no mecanismo jurídico, na forma de fazer denúncia adotada pelo MP, o qual ramificou, em várias denúncias diferentes, fatos dependentes. Para alguns pesquisadores da área da ciência política e da sociologia do direito, como Rogério Bastos Arantes (2011a; 2011b), do Departamento de Ciência Política da Faculdade de Filosofia, Letras e Ciências Humanas da USP, essa é uma prática aprendida em processos anteriores, nos quais, todos os crimes eram apresentados de uma única vez, em uma única denúncia. O desdobramento é que mesmo o crime de cartel não sendo denunciado, ele faz parte da descrição para entendimento do contexto.

Arantes (2011a; 2011b) está à frente da coordenação do projeto de pesquisa Corrupção Política e Crime Organizado no Brasil, e afirmou que "mudanças no MPF, PF, Justiça Federal e no próprio sistema que integram, remodelaram a jurisdição criminal relacionada à corrupção política e ao crime organizado". (BELLESA, 2019).

A partir da macroestrutura Introdução e Contextualização, iniciamos a análise das denúncias. Categorizamos nomes criados e adjetivos utilizados pelos procuradores que narram o contexto geral dos acontecimentos – ou os propalados "fatos".

A primeira nomenclatura utilizada pela narrativa e que perpassa grande parte das denúncias é a de núcleo e derivação adjetivada núcleo criminoso. A nomenclatura faz parte da narrativa de explicação do crime de organização criminosa (Denúncias 1, 2, 3, 6, 7) como também da narrativa das demais, como aparece na contextualização – crime não denunciado (Denúncias 4 e 5). Foram codificados 114 segmentos (equivalente a parágrafos) com a utilização dos termos núcleo e núcleo criminoso.

A denúncia 06 narra a participação de Marcelo Odebrecht, Hilberto Mascarenhas Alves da Silva Filho, Luiz Eduardo da Rocha Soares, Fernando Migliaccio da Silva, Maria Lúcia Guimarães Tavares, Ângela Palmeira Ferreira, Isaias Ubiraci Chaves Santos em um "grupo ou escritório cuja atividade principal era a prática de lavagem de dinheiro". Tal escritório ficaria conhecido como Setor de Operações Estruturadas da Odebrecht.

Na introdução da denúncia, para além dos crimes denunciados, é afirmado que: "ainda à (c) criação e manutenção de escritório voltado à lavagem de dinheiro". É na Contextualização da denúncia que é criado, via MP, o nome que posteriormente será divulgado na mídia como o "setor de propina da Odebrecht".

> (...) este setor específico – chamado de Setor de Operações Estruturadas – foi implementado a partir da instalação de computadores e sistemas especificamente destinados para a programação e execução das comunicações internas relacionadas ao pagamento de propina, além da destinação de funcionários específicos para atuação nesta atividade ilícita. Este setor, ou escritório de lavagem e pagamento de propina atendia

> as empresas do grupo, fazendo pagamentos ilícitos a diversos servidores públicos.

> (...) a operacionalização dos pagamentos espúrios pelo setor de operações estruturadas envolvia tanto a realização de entregas de valores em espécie no Brasil quanto transferências realizadas entre contas abertas no exterior em nome de offshores, de modo a que tais pagamentos fossem feitos de modo dissimulado, impedindo que sua natureza ilícita fosse descoberta pelas autoridades.

Segundo narrativa da denúncia, o nome veio a partir de registros internos apreendidos durante busca e apreensão, realizada na Odebrecht. Nos registros existe a referência à "RAE Operações Estruturadas"; fazia parte desse grupo os denunciados Ângela Palmeira, Maria Lucia Tavares, Ubiraci Santos, Luiz Eduardo Soares sob supervisão de Hilberto Silva.

A denúncia também narra que:

> Embora a sistemática de pagamento reiterado de propina já existisse e fosse empregada há muito tempo pelas diversas empresas do grupo, MARCELO ODEBRECHT, no exercício de sua atividade de liderança empresarial, no período de pelo menos 2009 a 2015, fez com que funcionasse no âmbito do conglomerado empresarial um setor específico e especializado na lavagem de capitais e no pagamento de vantagens indevidas, o Setor de Operações Estruturadas.

Na macroestrutura "contextualização" e "fatos e imputações" foi elaborada a descrição das formas de atuação (atribuição) dos agentes denunciados. A partir da descrição presente na denúncia, buscamos identificar as primeiras justificativas construídas pelo MP para denunciar e prender os envolvidos.

Em primeiro lugar, identificamos que a contextualização e as imputações descrevem a corrupção com foco no indivíduo e em desfavor ou detrimento das organizações – no caso, a Petrobras. Mapeamos o uso dos termos "consciente" (conscientes/conscientemente), como adjetivo que caracteriza a atuação, assim como o termo "voluntário" – adjetivo, que remete à vontade própria, que não é forçado e livre (vontade livre). Tais termos aparecem ligados aos termos "benefício econômico" e "lucro ilícito". O termo "vantagem/vantagens" foi codificado em 987 segmentos (em todas as denúncias) – em 708 segmentos aparece ligado ao termo "operações indevidas".

Ao longo das imputações, repetem-se, reiteradamente, os termos "oferecimento" e "promessas", ligados aos termos "aceitação" e "recebimento", para descrever as imputações de corrupção ativa e passiva.

Ao mobilizar tais termos, as denúncias focalizam o caráter individual e racional dos agentes sociais denunciados. A denúncia do ministério público atribui que os fatos delituosos se encontram na esfera individual e por isso, seria desvios de caráter dos indivíduos à frente das organizações.

A seguir alguns dos segmentos que demonstram a individualização da conduta corrupta:

> (...) o denunciado PAULO ROBERTO COSTA, ocupante de cargo de direção na PETROBRAS S/A de modo consciente e voluntário, aceitou a promessa e recebeu os recursos ilícitos de tal vantagem, sendo certo que, mesmo sabendo das fraudes do cartel, efetivamente permitiu que o CONSÓRCIO NACIONAL

CAMARGO CORREA fosse o vencedor da licitação na modalidade convite e obtivesse o contrato da obra da RNEST.

OTÁVIO MARQUES DE AZEVEDO, ELTON NEGRÃO DE AZEVEDO JÚNIOR, FLÁVIO MACHADO FILHO, ANTÔNIO PEDRO CAMPELLO DE SOUZA DIAS e PAULO ROBERTO DALMAZZO, na condição de executivos do Grupo Andrade Gutierrez, assim como os executivos da empresa MENDES JUNIOR, e, ainda, o operador MARIO GOES, em unidade de desígnios e de modo consciente e voluntário, para que obtivessem benefícios para as empresas integrantes do CONSÓRCIO ANDRADE GUTIERREZ – MENDES JUNIOR – KTY, contratado pela PETROBRAS para execução de serviços da mesma obra, ofereceram e prometeram o pagamento de vantagens econômicas indevidas a RENATO DUQUE e PEDRO BARUSCO, então Diretor de Serviços e Gerente de Engenharia da PETROBRAS, no valor de, pelo menos, R$ 19.236.268,66, ou seja, 2% do valor do contrato original somado aos valores dos 7 aditivos que foram celebrados durante a gestão daqueles e implicaram em acréscimo de preço, para determiná-los a praticar atos de ofício que favorecessem as empresas integrantes do CONSÓRCIO ANDRADE GUTIERREZ – MENDES JUNIOR – KTY, bem como para que se abstivessem de praticar atos de ofício que viessem contra os interesses destas empreiteiras, seja no curso do procedimento licitatório ou por ocasião da execução contratual. Tais denunciados incorreram, assim, na prática, por mais 16 vezes, em concurso material, do delito de corrupção ativa, em sua forma majorada, previsto no art. 333, caput e parágrafo único, do Código Penal, visto que os funcionários públicos corrompidos não só aceitaram tais promessas de vantagens indevidas, em razão

> da função, como efetivamente deixaram de praticar atos de ofício com infração de deveres funcionais e praticaram atos de ofício nas mesmas circunstâncias, tendo recebido as vantagens indevidas prometidas para tanto.

> No período entre 2004 e 2014, MARCELO ODEBRECHT, na condição de gestor do Grupo ODEBRECHT, ROGÉRIO ARAÚJO, MARCIO FARIA e CESAR ROCHA, na condição de administradores e diretos do Grupo ODEBRECHT, praticaram o delito de corrupção ativa, previsto no art. 333, caput e parágrafo único, do Código Penal, pois ofereceram e prometeram vantagens indevidas a empregados públicos da PETROBRAS, notadamente ao seu então Diretor de Abastecimento, PAULO ROBERTO COSTA, representado, nesses casos, pelo operador ALBERTO YOUSSEF, para determiná-lo a praticar, omitir e retardar atos de ofício, incorrendo, então, na prática do delito de corrupção passiva, previsto no art. 317, caput e §1º, c/c art. 327, §2º do Código Penal, pois o Diretor não só aceitou promessas de vantagens indevidas, para si e para outrem, como efetivamente deixou de praticar atos de ofício com infração de deveres funcionais, e os praticou nas mesmas circunstâncias, tendo recebido vantagens indevidas para tanto.

Uma observação é o uso da adjetivação, por exemplo nos termos funcionários corruptos; empregados corruptos, o que enfatiza o desvio de caráter dos agentes denunciados. Aos adjetivos somam-se os fatos narrados e a estrutura argumentativa do texto. A classe do adjetivo amplia a compreensão subjetiva como um todo e no uso de adjetivo "o enunciador manifesta sua afetividade, agregada ao seu conjunto de crenças, valores e opiniões". (SILVA; OLIVEIRA; OLIVEIRA, 2013, p. 227).

Desta forma, a orientação desses indivíduos, apresentados nas denúncias é no âmbito do benefício econômico do lucro ilícito. O uso de tais termos reforça a construção da racionalidade individual presente na corrupção. O MP ancora-se, em modelos derivados da teoria racional econômica para justificar os atos de corrupção; assim, os indivíduos agiriam de forma livre e consciente, de modo a obter lucro e vantagens. Tais concepções são derivações da ideia de homus econômicos, no qual, o indivíduo agiria de forma a maximizar seus lucros/ganhos – completamente apartados do social.[5]

Como mostraremos na subseção seguinte, esse entendimento é reforçado quando Dallagnol (2017) apresenta a 10ª medida do pacote anticorrupção – recuperação do lucro derivado do crime; ou o chamado "confisco alargado". Segundo Dallagnol (2017, p. 162), a medida deve atuar para que o crime de corrupção não compense, ou seja, "o crime não deve compensar". Dessa forma, para o procurador pratica-se o crime de corrupção porque ele compensa – via impunidade do sistema de justiça e não restituição monetária/financeira do que foi "roubado"; logo, para "combater a corrupção" o crime deve parar de compensar via confiscos.

5 Para consulta de analises que mostram a negação do homo econômicus, consultar a larga literatura disponível em sociologia econômica. O grupo de pesquisa no qual esta pesquisa foi realizada, o Nespom, é referência em sociologia econômica e tem comprovado os limites da teoria do homus economicus. JARDIM, M. (Org.). *A natureza social das finanças*. Bauru: Edusc, 2011. JARDIM, M. (Org.) *Estado e Mercado no Brasil contemporâneo*. São Paulo: Laboratório Editorial, 2013. JARDIM, M. (Org.). *MercadoS*: Nem sagrado, nem profano. São Paulo: Cultura Acadêmica, 2015.

Na direção oposta ao argumento do promotor, os estudos sociológicos sobre práticas de corrupção demonstram que elas estão inseridas em um complexo contexto de regras sociais e práticas políticas consideradas legítimas – socialmente estruturadas. Um dos aspectos das análises de Bezerra (1995, 1999, 2017, 2018), indica, por exemplo, que as empresas estabelecem suas estratégias de atuação via Estado através de rede de relacionamentos; sendo que são relações construídas com funcionários, autoridades governamentais e políticos, junto à órgãos públicos; portanto, não se dão de modo individual, racionalizado (quase que automático), como o apontado nas denúncias, mas baseado em representações, entendimentos compartilhados que estruturam as relações políticas e o funcionamento dos órgãos governamentais.

O caráter racional e individual de conduta (imputação) dos agentes envolvidos nos atos de corrupção descritos via denúncias de MP, reduz as relações e as mediações implementadas – sugerem ações paralelas. As denúncias definem a ação como sendo determinada pela referência consciente a um fim; aqui, todo comportamento reside em um cálculo quase que puramente instrumental, negando elementos sociais, culturais, políticos e cognitivos, próprios das relações sociais.

Outra categorização foi desenvolvida pelos engajados na Lava Jato, a da adjetivação. Identificamos que além de narrar os fatos, os promotores adjetivam os mesmos. Para organizar esse dado, apresentamos uma tabela com adjetivos utilizados e quantas vezes este aparece. Essa estratégia permitiu observar que essa característica, a adjetivação, compõe a estrutura da narrativa.

Tabela 1 – Adjetivação e valorização nas denúncias – Segmentos Codificados

Código	Total de segmentos codificados	Total de denúncias encontradas
gigantesco esquema criminoso	6	5
grande e poderoso Cartel	16	7
o perfeito funcionamento deste cartel	13	7
sofisticado esquema	4	2
Funcionários corruptos; Empregados corruptos;	24	5
Notas fiscais/técnicas fraudulentas	12	3
Empreitada criminosa	13	7

Fonte: Elaboração própria com dados da pesquisa.

Para a interpretação da tabela 1, é preciso lembrar que as denúncias que compõem a nossa base de análise denunciam indivíduos e não empresas. Desta forma, o crime de cartel é usado para contextualização, mas não é denunciado. No entanto, a utilização do termo cartel chama a atenção. Fizemos a contagem da palavra cartel, em comparação com organização criminosa e corrupção nas denúncias analisadas. A partir da adjetivação já observada, expandimos a análise da palavra cartel, para demais derivações como empresas cartelizadas, considerando a íntegra do texto da denúncia.

Apesar do crime de cartel não constar nas denúncias aqui analisadas, o que se evidencia é a naturalização do termo, sendo usado de forma frequente, conforme contagem de ocorrência apresentado na tabela, a seguir. Em nossa perspectiva, o uso da palavra cartel tem a função simbólica de depreciação do setor, desclassificando moralmente as empresas que estariam ferindo a competição entre as empresas e por conseguinte, barrando o desenvolvimento econômico do Brasil.

Tabela 2 – Comparação da ocorrência das palavras Cartel, Corrupção e Organização Criminosa nas denúncias analisadas

	Total de páginas	Ocorrência da palavra cartel	Ocorrência da palavra corrupção	Ocorrência da palavra organização criminosa
Denúncia 01	84	93	50	47
Denúncia 02	168	177	169	78
Denúncia 03	205	171	117	54
Denúncia 04	135	84	25	27
Denúncia 05	137	189	109	36
Denúncia 06	114	22	48	42
Denúncia 07	97	0	41	42
Total	940	736	559	326

Fonte: Elaboração própria com base em dados da pesquisa.

Nesse sentido, o crime de cartel é denunciado e justificado por barrar a livre concorrência ou competição entre as empresas, ferindo a constituição. Na denúncia, o argumento moral recorrente é de que essa prática afastava a competitividade e a concorrência, "a formação do cartel permitia, assim, que fosse fraudado o caráter competitivo das licitações da Petrobras".

Em oposição ao mito de origem das empresas, que as colocou como heróis, centrais na construção do Brasil e da economia (visto na seção 5), neste momento, temos a construção do setor da construção como o grande vilão da história, aquele que voluntariamente e por uma ação racional e consciente, interrompe o desenvolvimento da economia Brasileira.

O chamado "Clube" de empreiteiras possuía um regulamento de atuação e um roteiro; por isso, era chamado de "campeonato esportivo" e nele estavam previstas as "regras do jogo", a maneira pela qual as "empresas caraterizadas" distribuiriam as obras entre elas; portanto, quem seriam as vencedoras ou os consórcios vencedores, atuando assim, na contramão da livre concorrência. Este argumento é corroborado por Almeida (2018), o qual destaca a associação feita entre corrupção e o empecilho à livre concorrência. O autor destaca a perspectiva predominante da força liberal na economia e na política e que a corrupção seria "disfuncional e intolerável" nesta ordem de gestão tanto nas empresas como nos Estados. O promotor da Lava Jato, faz, a seguir, a relação entre corrupção e fim da livre concorrência.

> A concorrência desleal não estimula os músculos empresariais, pois o vencedor larga na frente e não precisa ser o mais rápido: basta pagar para chegar antes dos demais. (referência à corrupção). Enquanto a livre concorrência promove uma "seleção natural" que favorece as empresas mais eficientes, a corrupção promove uma "seleção artificial" que mata as mais honestas e concede vida longa àquelas aceitam fazer parte de negócios escusos. (DALLAGNOL, 2017, p.45).

Essas justificativas, que possuem uma moral econômica, mapeadas nas denúncias, nos remetem à perspectiva de Boltanski e Chiapello (2009) em *O novo espírito do capitalismo*. Nesse livro os autores argumentam que o capitalismo se baseia em argumentos e/ou justificações para sobreviver. Portanto, aqui, a corrupção seria uma forma de interromper o crescimento econômico.

Para Boltanski e Chiapello (2009), tais justificações não são desvinculadas dos contextos sociais na qual ocorrem. Tanto as justificações quanto os engajamentos são baseados em modelos morais compartilhados.

Dessa forma, em cada época, o capitalismo se justifica e as justificações obedecem a um ordenamento prévio, que Boltanski e Chiapelo (2009) chamam de injunções – baseado no entendimento de que nem tudo no capitalismo é moralmente aceitável. Eles exemplificam que as injunções têm por função reconhecer que nem todo lucro é legítimo, nem todo enriquecimento é justo, e nem toda acumulação é lícita (atribuindo ao direito papel fundamental).

> As injunções (que o espírito do capitalismo impõe ao capitalismo, portanto, são exercidas por duas vias. Por um lado, a interiorização das justificações pelos atores do capitalismo introduz a possibilidade de uma autocrítica e favorece a autocensura e a autoeliminação das práticas não conformes, no próprio âmbito do processo de acumulação. Por outro lado, a instauração de dispositivos injuntivos, mas em condições de dar crédito ao espírito do capitalismo, possibilita a criação de provas de realidade e de oferecer, assim, demonstrações tangíveis para responder às denúncias. (BOLTANSKI; CHIAPELLO, 2009, p. 59).

São as justificações – elaboradas mediante a crítica – que estabelecem regulações ao funcionamento do capitalismo. "O espírito do capitalismo, ao impor injunções (ordenamento) desempenha papel central no processo capitalista a que ele serve". (BOLTANSKI; CHIAPELLO, 2009, p. 41). Por exemplo, Boltanski e Chiapello (2009, p. 41) citam, entre essas injunções – "tudo o que garante a concorrência, portanto, a ausência de posição dominante, trustes e cartéis, a transparência da informação".

Desta forma, entendemos que no quadro teórico de justificação desenvolvido por Boltanski e Chiappelo (2009) a luta contra a corrupção é um engajamento a padrões capitalistas, argumento teórico que foi comprovado empiricamente, a partir das denúncias da operação Lava Jato.

O combate à corrupção, que é uma das justificativas acionadas pelos "empreendedores morais" (Beck, 2009; Grun, 2005) da Lava Jato, está inserido e se alinha a um movimento internacional de combate à corrupção, junto ao qual na década de 1990, várias organizações internacionais iniciaram uma ofensiva contra corrupção. (BEZERRA, 2018; FAVAREL-GARRIGUES, 2009). E como pudemos observar nas narrativas das denúncias, tanto a prática de cartel quanto a de corrupção, são vistas como não aceitáveis aos padrões capitalistas de competitividade do livre mercado. Tais comportamentos – descontroem princípios de concorrência – e mostram relações de poder e dominação. Em última análise, as denúncias seriam responsáveis por restaurar essas injunções que o espírito do capitalismo impõe ao capitalismo.

Bezerra (1995) observou que aspectos de ordem moral têm sido atribuídas às causas do fenômeno (da corrupção). Para o autor, pensada nesses termos, com esse sentido, a corrupção é entendida como comportamento desviante, ato sem princípios éticos, como o resultado de "quadrilhas que se apossaram do Estado". (BEZERRA, 1995, p. 178).

Como afirmamos no início da seção, assumimos que os rituais de depreciação do setor da construção civil, exemplificado pelas denúncias do MP, foram justificados tendo como fio condutor a corrupção realizada pelas empresas, que se organizavam em cartel, limitando a livre concorrência, pressuposto considerado fundamental, para os denunciantes, para o desenvolvimento da economia brasileira. Ao relacionar as empresas com cartel, o ato das empresas se torna moralmente inaceitável.

No próximo item, analisaremos o discurso proferido pelo promotor da Lava Jato, presente em um material para além das denúncias.[6] Trata-se do livro sobre a Lava Jato A Luta contra corrupção: A Lava Jato e o futuro de um país marcado pela impunidade escrito por Deltan Dallagnol (2017), que foi, desde o início das investigações, o chefe dos procuradores envolvidos na Força Tarefa da Operação Lava Jato no estado do Paraná. Em setembro de 2020 Dallagnol deixou a Força Tarefa (CAMARGO; KANIAC, 2020). A partir do livro do procurador chefe, buscaremos alguns padrões morais por ele acionados, para justificar seu engajamento no combate à corrupção e sua legitimidade como porta voz dos rituais de depreciação do setor da construção civil.

O discurso de legitimação e os engajados na Lava Jato: o livro de Dallagnol.

A Lava Jato, nesta pesquisa, é considerada reveladora de um embate simbólico, no qual simultaneamente, há disputa pela depreciação e pela legitimação (reelaboração da face). Na seção, centraremos as análises nos processos de depreciação; na próxima seção, no processo de busca de legitimação.

Como cuidado epistemológico, lembramos que a pesquisa não se debruça frontalmente sobre o estudo sobre corrupção no Brasil. Mas vale dizer que assumimos o argumento de que a definição de corrupção, de práticas corruptas e de combate

6 A busca de conteúdos analíticos para além das denúncias foi proposta por Frederico Almeida, durante participação no 12º Encontro da Associação Brasileira de Ciência Política (ABCP), "Democracia e Desenvolvimento", que ocorreu de forma on-line entre os dias 19 a 23 de outubro de 2020. Desta forma, consideramos, hipoteticamente, que a linguagem contida no livro seria distinta da linguagem contida nos textos das denúncias (linguagem do direito) apesar de lidarem com o mesmo tema.

à corrupção tem servido a fins distintos – que não necessariamente ao controle das práticas tidas como corruptas. Baseado nos estudos de Bezerra (1995, 1999, 2018) e Bratsis (2017), "o combate à corrupção tem se prestado a usos sociais distintos". (BEZERRA, 2018, p. 16). Portanto, os usos diversos permitem que pesquisadores reflitam sobre sentidos de corrupção e produção de rotulações sobre instituições, indivíduos, política, sistemas políticos, democracia, economia, economia, por exemplo.

Para Lopes Jr. (2010) a corrupção, ao expressar mundos morais, organizaria o mundo por expressar e fornecer referências às elaborações do sentido de mundo. O autor se pergunta: "que fontes morais são essas às quais os atores recorrem para enfrentar (como denunciantes ou acusados) os casos concretos que atraem a atenção das pessoas no Brasil?" (LOPES JR, 2010, p. 129). Desta forma, o interesse sociológico estaria em apreender os modelos morais que são colocados à prova e faremos isso analisando o discurso do promotor.

Nessa seção mostraremos que as tomadas de posição de Dallagnol (2017) sobre o tema são importantes, por tratar-se de uma das principais "caras/faces" da operação Lava Jato e ter maior engajamento e presença em coletivas de imprensa sobre a operação Lava Jato. Nossas análises apontam que o agente social acionou o senso comum, profecias e justificativas de fundo moral para construir sua narrativa sobre a corrupção e dar maior poder simbólico aos rituais de depreciação das empresas denunciadas. Para tanto, acionou a legitimidade de sua trajetória como álibi para reforçar seus argumentos e sua autoridade como porta voz do MP.

No início do livro constatamos que Deltan Dallagnol (2017, p. 13) escreve em "uma perspectiva pessoal (...) de quem luta contra a corrupção de dentro do sistema". Ele ressalta que tal perspectiva se apresenta como "minha visão dos fatos como procurador da República" (DALLAGNOL, 2017, p. 14). Desta forma, a partir da análise de discurso (GREGOLIN, 1995), afirmamos que o livro enquadra-se em uma autobiografia do autor, com caráter subjetivo, pois o texto é escrito na primeira pessoa.

Para Bourdieu (2006) o relato de vida é uma ilusão biográfica, ou seja, assume uma abstração, institui-se uma identidade social, uma apresentação oficial de si – constante e durável – que garante a "identidade do indivíduo biológico em todos os campos possíveis onde ele intervém como agente, isto é, em todas as suas histórias de vida possível". (BOURDIEU, 2006, p. 186). No caso estudado, Dallagnol (2017) usa sua autobiografia, que para Bourdieu (2006) não teria valor científico, como um documento neutro de valor.

Inicialmente, Dallagnol (2017) aponta as razões para escrever o livro, as quais podem ser enquadradas na chave moral, a indignação pela corrupção.

> Tem coisas na vida que nos chocam tanto que é impossível ficar parado. O impacto que a corrupção representa na vida de milhões de brasileiros é fonte de constante indignação. Essa foi minha razão para escrever este livro. A diminuição dos índices de corrupção depende de reformas, como a do sistema político e a do sistema de Justiça Criminal. E a realização das reformas dependem de nós (DALLAGNOL, 2017, p. 13).

Em diálogo com as denúncias já estudadas, o agente social cria uma narrativa para justificar seu engajamento na Lava Jato, também na chave da moral e do bem comum. Um certo heroísmo também pode ser notado.

> (...) acredito que este é o momento propício para mobilizar a sociedade na luta contra a corrupção. Esperar poderia significar perder a janela de oportunidade que a operação criou ao abrir os olhos da população para a dimensão do problema. Este livro é parte deste esforço, principalmente para que as investigações continuem avançando (DALLAGNOL, 2017, p. 14).

Para conhecermos melhor o sentido de seu discurso, oferecemos, a seguir, o quadro 4 contendo dados da sua trajetória e seus capitais. A ideia é retirar o agente social da ilusão biográfica e enraizá-lo em uma trajetória (BOURDIEU, 2006), dando sentido ao seu discurso.

Quadro 4 – Estruturas de Capitais de Deltan Dallagnol

Capitais	Segmentos codificados
Origem	"*Nasci em 1980, em Pato Branco (...) interior do Paraná.*" "Quando *completei 14 anos, minha família se mudou para Curitiba.* Apesar de preferirem morar no interior, meus pais acreditavam que, *na capital, poderíamos nos preparar melhor para entrar em boas universidades*".
Familiar	"*Filho de um promotor de Justiça e de uma professora*, Agenor e Vilse Dallagnol, desde pequeno fui estimulado a ler, estudar e vencer pelo meu próprio esforço". "Minha mãe sempre foi meu refúgio, minha âncora e meu porto seguro. *No jardim de infância, ela era professora.* Agradar a professora era, literalmente, agradar minha mãe." "Meu pai me ensinou o que aprendera com *meu avô. Primeiro homem da família numa pequena propriedade rural de subsistência*; seu nascimento significava mais um braço para trabalhar na agricultura. Contudo, surpreendendo toda a vizinhança, *em vez de mandar os filhos para a lavoura, meu avô decidiu que deveriam estudar* um seminário em regime de internato em São Paulo."

Cultural	"O *ano do vestibular* foi o ponto alto do meu exercício da disciplina. Estudava madrugada adentro, dormindo três, quatro, cinco horas por dia. Eu me esforçava ao máximo, porque sempre acreditei no poder da dedicação." "Muitas pessoas se surpreenderam com os resultados quando *fui aprovado em primeiro lugar geral na PUC e terceiro lugar geral na Universidade Federal do Paraná* - o colégio me deu um carro de presente!" "Já *cursando Direito*, eu me preocupava com questões sociais. Fui selecionado como *bolsista* em um convênio entre a faculdade e o Banco HSBC voltado ao estudo de temas bancários. Minha pesquisa era sobre correção monetária e juros em empréstimos." "Mais tarde, logo após sair da universidade, *publiquei a pesquisa*. Foi *meu primeiro livro*." "Logo após *me formar na faculdade*, em 2002, comecei a estudar para os *concursos de procurador da República, promotor de Justiça e juiz*, profissões pelas quais tenho imensa admiração. Novamente, entrei no "modo disciplina" e abdiquei de outras dimensões da vida, focando o meu alvo". "Acabei passando *em primeiro lugar no concurso para promotor, em segundo para juiz e em décimo para procurador da República*". "A indecisão sobre o futuro, ao longo da faculdade, se dissolveu quando descobri que a *função do procurador da República* é uma espécie de *atividade de amor ao próximo*. A profissão então se tornou um sonho para mim". "*Ingressei no Ministério Público Federal* muito jovem."

Fonte: Elaboração própria com base em Dallagnol (2017) grifos nossos.

Acrescentamos que o agente social tem circulação internacional, uma vez que fez mestrado nos EUA e afirma participar de seminários internacionais.

Segundo o agente, a busca pelas "mudança das regras e cultura jurídica" brasileira se daria por conta de sua vivência nos EUA, "um país em que o sistema de Justiça Criminal funciona muito melhor do que o nosso (Brasil)". Dallagnol (2017, p. 36) afirma: "Decidi, então, fazer um mestrado na Faculdade de Direito de Harvard, a Harvard Law School".

Tal fato está em diálogo com as análises de Engelman (2012) acerca do capital internacional representar um reforço da posição de poder no campo jurídico brasileiro. A partir de referências à circulação internacional Dallagnol (2017, p. 87) afirma ter tido "o prazer de conhecê-la (Susan Rose Ackerman) na universidade, em 2016, quando fui aos Estados Unidos participar de um simpósio sobre esforços anticorrupção na América Latina e também discutir aspectos de cooperação internacional entre nossos países".

A autora citada pelo promotor é considerada sua "guru" no tema da corrupção e escreveu Corruption and Government, traduzido no Brasil como Corrupção e Governo: Causas, Consequências e Reforma (ACKEMAN, 2020). Nele, a autora de cabeceira de Dallegnol analisa o fenômeno da corrupção com perspectiva moralizante – de desvio de conduta individual – sendo a prática prejudicial para o bom funcionamento institucional e econômico das nações. Susan Rose Ackerman é ovacionada pelo promotor, como a maior referência em corrupção ao redor do mundo.

No jornalismo econômico Susan Rose Ackerman é apresentada como especialista em corrupção e esse reconhecimento passa pela influência de seu pensamento sobre Deltan Dallagnol.

> Uma das maiores especialistas em corrupção no mundo, Susan é conhecida no Brasil por sua influência sobre os procuradores da Lava-Jato. Em 2016, quando ela esteve no Brasil, o procurador Deltan Dallagnol escreveu em suas redes sociais recomendação do livro "Corrupção e Governo: Causas, Consequências e Reforma", escrito por Susan Rose-Ackerman com a economista Bonnie J. Palifka, professora do Instituto Tecnológico de Monterrey, no México. (VIANA, 2020, n.p.).

Sua admiração a Susan Rose Ackerman foi publicizada na rede social Twitter, quando publicou uma foto com ela em abril de 2016.[7]

Imagem 1 – Deltan Dallagnol com Susan Rose Ackerman.

Fonte: Post Deltan na Rede Social Twitter 2016.

7 Em 2019, Susan Rose Ackerman se posicionou pela libertação do ex-presidente Lula ao assinar uma carta com outros 16 juristas, no qual, pediram, ao STF, a libertação do ex-presidente e a anulação do processo. O grupo é composto por ex-presidentes e integrantes de cortes superiores, como Pablo Cáceres, ex-presidente da Suprema Corte de Justiça da Colômbia, e Diego Valadés, ex-juiz da Suprema Corte de Justiça do México e ex-procurador-geral da República. O marido de Susan, Bruce Ackerman, também assinou o documento, ele foi professor do ministro Luís Roberto Barroso, do STF, em Yale. (CARTA CAPITAL, 2019).

O livro de Dallagnol: justificando a Lava Jato.

O livro *A luta contra a corrupção* é composto de 10 capítulos, cada capítulo corresponde a uma medida contra a corrupção formulada e defendida por Dallagnol (2017).

No capítulo um *As injustiças no caminho*, como o próprio nome diz, as temáticas referem-se à impunidade do sistema de Justiça criminal, relacionada à prescrição de crimes, causada pelas muitas instâncias de julgamento e excesso de recursos.

O capítulo dois é intitulado *Uma assassina silenciosa*. A corrupção, segundo essa percepção, seria responsável por vários crimes contra "pessoas sem rosto" e pelos prejuízos econômicos e democráticos. Desta forma o promotor argumenta, através da 10ª Medida, sobre o aumento das penas e o enquadramento de crime hediondo, de forma proporcional, quanto maior o valor, maior as consequências.

No capítulo três *Os primórdios da Lava Jato*, Dallagnol (2017) narra o início das investigações – o processo de instauração da força tarefa do Ministério Público e a deflagração da 1ª fase, ambos no mesmo dia, 17 de março de 2014 – o que ele chamou de "primeiros obstáculos". Também narra a "bomba" – episódio em que o ministro do STF Teori Zavascki determinou a soltura de todos os réus e suspendeu as investigações e ações criminais da Lava Jato. Na passagem do livro ele menciona uma fala de Diogo: "é o sistema colocando suas garras de fora" (DALLAGNOL, 2017, p. 71). Diogo Castor de Mattos é um dos procurados mapeados como denunciante – integrante da Força Tarefa em Curitiba. Nesse capítulo também foi narrada a "delação explosiva" e o "efeito dominó" das delações nos encaminhamentos da operação. Ao final do capítulo a 7ª medida é apresentada – ajustes nas nulidades penais – proposta de alteração na regulamentação da anulação dos processos.

Uma lava Jato mais forte é o título do capítulo quatro no qual se apresenta o "ponto de virada" atribuído à 7ª fase da operação, Juízo Final, fase das denúncias contra as construtoras e em seguida, o que se chamou de "para todos os lados", indicando que a operação avançou em outras direções. É narrado que "as empreiteiras contra-atacam" ao mencionar duas situações de desvantagem na qual os procuradores se encontravam: a primeira, em relação aos inúmeros advogados e escritórios de advocacia que representavam (defendiam) os denunciados/réus como também as instâncias e votos que decidiram sobre a soltura de réus empreiteiros na operação. O capítulo também menciona o que chamou de "a vez dos políticos" e "Lula é levado a depor". Os escritos sobre "o diagnóstico" narram a sistematização dos "núcleos" expostos na denúncia, "o tamanho do rombo" e enfatiza os valores pagos e recebidos nos crimes de corrupção. É apresentada a 2ª medida do pacote anticorrupção – criminalização do enriquecimento ilícito de agentes públicos.

O capítulo cinco *O novo modelo de investigação e os ataques à operação*, apresenta o que Dallagnol (2017) chamou de "quatro pilares da Lava Jato" – acordos de colaboração; avanço por pulsos ou fases; cooperação doméstica e internacional e comunicação social. Nesta parte intitula-se o que o autor chamou de "uma guerra de comunicação" através de teorias da conspiração, acusações de vazamentos. Traz para a narrativa a segunda denúncia contra Lula e as coletivas de imprensa. A 10ª medida – recuperação do lucro derivado do crime ou confisco alargado – é apresentada.

Antes e depois da Lava Jato é o sexto capítulo. Nele o autor interroga: "A Lava Jato muda o nosso país?" e responde: "Infelizmente, não acredito nisso." (DALLAGNOL, 2017, p. 163). O agente social traça o histórico da corrupção no Brasil e argumenta como "causas da corrupção: um sistema político que a favorece" (DALLAGNOL, 2017, p. 168). Também coloca a impunidade como "outra condição central para a corrupção no Brasil" e no fato de "vivermos no paraíso da impunidade". (DALLAGNOL, 2017, p. 178). A 4ª medida do pacote proposto versa sobre a agilização dos processos dos crimes na Justiça.

O sétimo capítulo, *Uma grande mobilização de reformas*, narra o processo de mobilização e engajamento à proposta do pacote de 10 medidas anticorrupção – nas páginas 199 e 200 há uma tabela com o resumo das medidas, problema e solução proposta. Ao final a 1ª medida é apresentada. Ela propõe a destinação de verbas de publicidade do governo para campanhas de marketing contra a corrupção.

O capítulo oito é *O ataque às 10 medidas e à Lava Jato*. Ele narra acontecimentos simultâneos da tramitação das medidas no congresso nacional e a operação Lava Jato. Ao final, apresenta-se a 8ª medida – criminalização "mais firme e abrangente" do caixa dois eleitoral. (DALLAGNOL, 2017, p. 246).

A reação ao xeque-mate é o capítulo nove do livro no qual Dallagnol (2017) narra o período posterior à derrota das 10 medidas no Congresso e faz referência ao ano de 2016, "o ano que não queria acabar" – ano do impeachment de Dilma Roussef. Sintetiza a 9ª medida, que visa criar a prisão preventiva – para "aquele que pratica corrupção fica livre para gastar ou esconder o dinheiro que desviou – ou mesmo usá-lo para financiar sua defesa ou fuga". (DALLAGNOL, 2017, p. 278).

No último capítulo, intitulado *O Brasil tem jeito?* Dallagnol (2012) refere-se à "lição" deixada pela Operação Mãos Limpas (Itália), à situação na Romênia – que passava por um esforço parecido com o do Brasil – aponta Hong Kong como "exemplo inspirador" e na última subseção do capítulo intitulada Agora está em suas mãos.

Análises do livro: acionando grandezas de bem comum.

Após a leitura do livro, sugerimos que o seu discurso traz um forte apelo ao senso comum que vê a corrupção no Brasil como uma crença sistêmico e inevitável. Como agente do Estado, ajuda a reproduzir uma profecia (a da corrupção), tomando posição no debate, ao lado daqueles que fazem da corrupção uma arma para angariar votos nas eleições.

A noção de profecia auto realizante pode ser encontrada em Merton (1968), autor que mostra a importância da profecia na construção da realidade. As profecias são naturalizadas, encaradas como verdades absolutas, assim postuladas legitimam a ordem social das coisas, por exemplo, as desigualdades (econômicas), opções políticas e relações de poder. No nosso caso: "O Brasil como país da corrupção e o berço da impunidade".

No conteúdo do livro, justificativas morais e de bem comum estão presentes ao longo da narrativa. Para Luc Bolstanki e Theavenot, no livro A justificação (2020), os atores sociais justificam as suas escolhas e argumentos em termos de coerência lógica, mas também de justiça, mostrando a inseparabilidade prática entre a apreciação dos fatos e dos valores. Para Bolstanki e Theavenot (2020) os atores sociais justificam suas ações a partir de sete cités, inseridas nesta tese no capítulo 1. Relembramos que as sete cités são: Inspirada, Doméstica, Cívica, Fama, Industrial, Mercantil, Projetos. A cité de projetos foi construída durante o livro O novo espirito do capitalismo, escrito por Bolstanski e Chiapello.

A partir da análise do conteúdo do discurso do promotor, identificamos as cités expostas no quadro.

Quadro 5 – Cités de Justificação de Dallagnol

Cité/Cidade	Estado de Grandeza	Formato da informação relevante	Bem Comum
Doméstica	confiança, respeito, estima pessoal, amizade	Emocional	Processo de formação da Força Tarefa; Lava Jato; Seleção integrantes da equipe
Cívica	Representatividade cidadã;	Formal Oficial	corrupção como um problema sistêmico; Brasil como país/paraíso da impunidade; Capital cultural (concursado)
Fama	Celebridade, Visibilidade, Renome,	Imagem Midiático	pinião pública a favor da Lava Jato
Industrial	Eficaz, funcional, produtivo	Critérios mensuráveis; (Valores restituídos, prisões, denúncias, operações)	Eficácia da Lava Jato; Maior investigação de corrupção da história do Brasil; Valores restituídos; Réus presos (políticos e empresários); Tecnologias e Inovações

Fonte: Elaboração própria com base em dados da pesquisa.

Tomemos como exemplo inicial a *cité* doméstica, que é um recurso de justificação acionado pelo promotor: "Dedico este livro a cada brasileiro que tem **mantido acesa a chama da esperança de um país mais justo**, primando pela ética, defendendo a Lava Jato e apoiando a realização de reformas contra a corrupção". (DALLAGNOL, 2017, p. 27).

> Não se trata apenas de uma questão de funcionamento do serviço público, mas de **proteger a sociedade contra desvios de dinheiro que causam morte,**

> **miséria, doença e analfabetismo**. Enquanto um crime considerado bastante grave, homicídio, ceifa uma vida cujo rosto é identificável, os crimes de colarinho branco ceifam milhares de vidas sem rosto. (DALLAGNOL, 2017, p. 54).

Quando apresenta a sua trajetória, ele aciona a relação de amor com a promotoria "a função do procurador da República é uma espécie de atividade de amor ao próximo", o que também o coloca na *cité* doméstica. (DALLAGNOL, 2017, p. 35).

Dallagnol (2017) faz uso novamente da *cité* doméstica quando menciona a sua vida pessoal, a confiança, o respeito e a estima (amizade) com os demais procuradores que compunham a força tarefa e os valores apreendidos e repassados pelo pai: "Meu pai, por outro lado, foi quem me condicionou a ser disciplinado. Particularmente, sempre cobrou três coisas: estudos, trabalho e um comportamento correto. Essa regra de ouro me levaria, segundo ele, a vencer pelo meu próprio esforço". (DALLAGNOL, 2017, p. 31).

A *cité* doméstica também é acionada na menção à relação de amizade e à autoridade do amigo Daniel: "Dando seguimento ao propósito de tentar criar mudanças no sistema de Justiça Criminal, liguei para Daniel Salgado, procurador da República, amigo e profissional admirado". (DALLAGNOL, 2017, p. 82).

O agente faz uso da *cité* cívica quando aborda a corrupção como um problema sistêmico e aciona um estado de grandeza representativo – seu cargo formal/oficial de procurador (via capital cultural). Destacamos a seguir trechos de alguns dos segmentos codificados como *cité* cívica:

> (...) talvez o melhor modo de explicar o que move – a mim e os milhares de cidadãos que já despertaram para esse problema – seja entendermos o prejuízo causado à sociedade por um dos crimes de colarinho branco mais prejudiciais. (DALLAGNOL, 2017, p. 42).

> A corrupção é uma serial killer que mata em silêncio. Ela se disfarça de buracos em estradas, falta de medicamentos, crimes de rua, miséria. (DALLAGNOL, 2017, p. 53).

> Em larga escala, quando se torna sistêmica e onipresente, a corrupção desvirtua o exercício do poder, (DALLAGNOL, 2017, p. 75).

> É o que é conhecido como "capitalismo de compadrio", uma estrutura em que empresários e agentes públicos se aproximam para trocar benefícios em detrimento da sociedade. (DALLAGNOL, 2017, p. 82).

> A Lava Jato comprovou a existência de uma corrupção generalizada, infiltrada em diversos órgãos públicos como parte de um modo de governar que envolvia vários partidos políticos. (DALLAGNOL, 2017, p. 91).

> É o que acontece em situações de corrupção generalizada: o exercício do poder é desviado sistematicamente para o bem de poucos. Estabelece-se uma oligarquia, ou melhor, uma cleptocracia, um governo de ladrões. (DALLAGNOL, 2017, p. 98).

> A corrupção era tanta que, a partir de determinado momento, os empresários não tinham mais um objetivo claro ao pagar propina nem se incomodavam em ajustá-la. (DALLAGNOL, 2017, p. 113).

> (...) as propinas passam a ser pagas como rotina e encaradas pelos participantes como regra do jogo, algo natural, não anormal. (DALLAGNOL, 2017, p. 115-6).

> Há uma invasão invisível do Estado. Nessas condições, a corrupção é mais do que um simples parasita que invade e se alimenta do corpo: ela assume o controle e o obriga a se autodestruir. (DALLAGNOL, 2017, p. 134).

> (...) alguns momentos exigem um esforço cívico maior. Na verdade, eu disse "sim" àqueles desafios por ser um cidadão cansado de crimes e mais crimes de colarinho branco, que se sucedem impunemente. Disse sim, porque, como você, quero um país e um mundo melhor. (DALLAGNOL, 2017, p. 134).

Segundo Bezerra (2018), a associação da atividade política à corrupção foi internacionalmente consagrada pela Operação Mãos Limpas, que ocorreu na Itália. Bratsis (2017), ao refletir sobre a internacionalização da questão da corrupção e a preponderância que o tema da corrupção política passou a ocupar no debate internacional, aponta que a compreensão sobre o que é corrupção tem se complexificado e passa a significar ausência de transparência; portanto, ligada ao que é opaco. Esse argumento será central quando debatermos, na próxima seção, a reelaboração da face das construtoras, pois parte das estratégias se baseia na justificação de códigos e normas que objetivam a total transparência dos negócios em que estão envolvidas.

Atrelada às análises que Bourdieu (2014) faz ao capital cultural, quando se refere à nobreza de toga na estruturação do Estado moderno, destacamos uma citação de Dallagnol (2017 p. 133) enquadrada na cité cívica, quando afirma: "Todos os procuradores que compuseram e atualmente compõem a força tarefa do Mistério Público Federal na Lava Jato são concursados – ou seja, não foram indicados por políticos".

Tal argumento aparece na reafirmação da justificação cívica acerca da independência e apartidarismo diante dos ataques e/ou campanhas difamatórias contra a operação Lava Jato: "Os servidores públicos que atuam na operação são técnicos que buscam justiça debaixo da lei. Segue-se a regra do jogo democrático". (DALLAGNOL, 2017, p. 137).

> Os integrantes da equipe já trabalham em casos de ampla repercussão, sem jamais terem sido alvo de qualquer suspeita de atuação político partidária, o que aliás, é proibido até mesmo fora das horas de serviço. (DALLAGNOL, 2017, p. 133).

> Alegar atuação partidária significaria supor que centenas de agentes públicos se alinharam para praticar injustiças e prejudicar determinados políticos ou partidos, assumindo os riscos dessa decisão. Isso não faz sentido, é pura teoria da conspiração. (DALLAGNOL, 2017, p. 134).

> Nesse dia 12 de outubro de 2014, estávamos sentindo as primeiras grandes pressões do caso. Não me refiro a pressões políticas, pois a Constituição protege os membros do Ministério Público contra isso, dando-lhes plena independência. Jamais recebemos ligações sequer para pedir informações sobre a investigação, quanto mais para tentar interferir. No entanto, não estávamos acostumados a lidar com interesses dessa dimensão, algo inédito num caso criminal. (DALLAGNOL, 2017, p. 143)

A *cité* industrial evidencia-se no estado de grandeza do funcional, eficaz e produtivo – através de inovações, critérios definidos, mensurações estatísticas, como o número de denúncias, prisões, valores restituídos. A seguir, alguns dos segmentos codificados como *cité* industrial.

> Em 19 de novembro de 2014 firmamos outro acordo de colaboração histórico. Foi um dos mais importantes da Lava Jato, não só pelo número de operadores financeiros que desmascarou como pela quantia faraônica devolvida aos cofres públicos. (DALLAGNOL, 2017, p. 92).

> Isso (acordo de leniência) sacramentou a inovação como prática que passaria a ser adotada não só na Lava Jato, mas também outras grandes investigações. (DALLAGNOL, 2017, p. 65).

> Na Lava Jato, o recorde de acordos de colaboração em uma única investigação, que era do Banestado, foi quebrado. O número de delações saltou de 18 para 78 – ou 155, se contarmos os acordos dos 77 executivos

> e funcionários da Odebrecht, feitos de uma vez só. (DALLAGNOL, 2017, p. 74).

> Até o fim de 2016, foram 730 mandatos de busca e apreensão, 197 de condução coercitiva, 79 de prisão preventiva, 103 de prisão temporárias e seis prisões em flagrante. (DALLAGNOL, 2017, p. 124).

> (...) ao longo da operação foram apreendidos 30 milhões de documentos e 1,2 milhão de gigabytes. (DALLAGNOL, 2017, p. 125).

> Milhares de depoimentos foram prestados – para se ter uma ideia, num período de apenas uma semana foram colhidos 950, num esforço concentrado de cerca de 100 procuradores para submeter ao Supremo os acordos dos 77 funcionários da Odebrecht feitos em 2016. (DALLAGNOL, 2017, p. 128).

> A necessidade de pesquisa nomes e palavras nos depoimentos e anexos das delações fez com que, na volta do recesso de Natal de 2015, eu pedisse a equipe da Procuradoria no Paraná a criação de um novo sistema de buscas, que foi apelidado de Sisdelatio. (DALLAGNOL, 2017, p. 127).

> Ela (equipe técnica) analisa mais de 18 milhões de operações bancárias que se aproximam, juntas, de 1,2 trilhão de reais. (DALLAGNOL, 2017, p. 131).

> A Secretaria de Análise e Pesquisa do MPF desenvolveu essa (sistema SIMBRA) e outras ferramentas tecnológicas que colocam a Lava Jato no patamar das mais modernas investigações no mundo, ganhando-se em rapidez, efetividade e segurança. (DALLAGNOL, 2017, p. 134).

> Mais de mil contas estão sendo investigadas nos 60 casos da ponta suíça da operação, que já restituiu ao Brasil 623 milhões dos mais de 3 bilhões de reais que congelou. (DALLAGNOL, 2017, p. 135).

> Houve uma integração sem precedentes entre os órgãos públicos, particularmente entre Ministério Público, Polícia Federal e Receita. (DALLAGNOL, 2017, p. 136).

Ao longo do livro, Dallagnol (2017) esboçou ideias no sentido de mobilizar a opinião pública a favor da Lava Jato, mobilizando, assim, a grandeza da *cité* da fama. Ele menciona que as estratégias midiáticas do site e das coletivas de imprensa são pilares fundamentais da estrutura da operação (acionadas na *cité* industrial – inovação). Portanto, ele também traçou um caminho de engajamento através de participações públicas (e midiáticas), como o próprio lançamento do livro. Como mostram Bolstabki e Theavenot (2020), na *cité* da fama se reconhece a estima pelo serviço feito, que passa pelo crivo da opinião alheia: "Uma das razões da celebridade da Lava Jato, da primeira à última instância, era o acompanhamento da opinião pública". (DALLAGNOL, 2017, p. 64).

> A nova fase despertou atenção massiva da sociedade. Nessa época, para dar transparência à atuação e garantir

> o acesso ao público aos principais dados da investigação, adotamos duas providências inovadoras. Uma foi a realização, no dia da apresentação das acusações, de entrevistas coletivas para explicar em detalhes os complexos esquemas de corrupção e de lavagem descobertos. Outra foi a criação do primeiro site da história brasileira dedicado a um caso criminal: www.lavajato.mpf.br. Lá são encontradas informações oficiais, as principais peças da investigação, como acusações criminais e sentenças, além dos números dos processos eletrônicos, para que qualquer interessado tenha acesso direto a eles. (DALLAGNOL, 2017, p. 72).

As duas imagens, a seguir, mostram o Promotor Deltan Dallagnol em uma das cerimônias de lançamento do livro e participando do programa de Jô Soares na TV aberta transmitido pela Rede Globo. Em ambas imagens, aciona a *cité* da fama.

Imagem 2 – Deltan Dallagnol no lançamento do seu livro *A luta contra a corrupção*

Deltan Dallagnol no lançamento do livro. Disponível em: https://www.folhavitoria.com.br/social/helio-dorea/2018/05/26. Acesso em: 21 abr. 2021.

Imagem 3 – Participação de Deltan Dallagnol no Programa Jô Soares – 2016

Programa Jô Soares (2016). Fonte: globoplay.globo.com. Acesso em: 21 abr. 2021

Por fim, argumentamos que dentre todas as cités, a que deu mais repercussão às denúncias foi a cité da fama, motivo pelo qual daremos ênfase a ela no próximo item, sublimando o papel da imprensa nesse episódio, transformando-o em um escândalo, no sentido sociológico do termo.

O Ministério Público e as coletivas de imprensa.

Como já afirmamos, o Ministério Público criou – durante os acontecimentos da Operação Lava Jato – duas formas de divulgação midiática sobre diversos aspectos e acontecimentos da operação Lava Jato. A primeira delas, já mencionada, foi a criação de um site. Relembramos que foi no site que fizemos o download das denúncias. Via site, outros documentos foram tornados públicos, como as sentenças. Outra estratégia adotada pelos procuradores, foram as coletivas de imprensa. As coletivas foram estruturadas a partir da sétima fase da operação intitulada Juízo Final, quando, no final de 2004 foram presos os primeiros empreiteiros. Desta forma, explica Dallagnol (2017, p. 145): "Desde a 7ª fase, que marcou a Lava Jato com a prisão de grandes empreiteiros, a força tarefa estabeleceu um padrão de coletivas que seria seguido em todas as apresentações de denúncias".

A estratégia das coletivas era explicar os "sofisticados esquemas criminosos" investigados e denunciados pelo MP. Sendo assim, as falas das coletivas somam-se aos escritos das denúncias como reforços e também uma ponte entre o léxico típico do Direito e a fala cotidiana foi estabelecida.

> Se a sociedade tinha o direito de saber, nossa obrigação era fazer o melhor para explicar os sofisticados esquemas criminosos de modo que todos pudessem assimilar. A resposta dos jornalistas e da sociedade foi excelente: todos haviam entendido os complicados fluxos da corrupção e da lavagem de dinheiro. A estratégia foi repetida com sucesso em várias coletivas. A compreensão de diferentes esquemas criminosos altamente sofisticados foi facilitada por meio de representações visuais. (DALLAGNOL, 2017, p. 146).

As coletivas – que tradicionalmente passaram a ocorrer às sextas-feiras – simultaneamente à deflagração da fase da Operação – foram transmitidas durante as programações cotidianas em canais abertos da TV brasileira como também on-line, pelo Canal do YouTube da Polícia Federal no Paraná e do Ministério Público Federal.

Dados da nossa pesquisa indicam que o canal da Polícia Federal do Paraná possui 67 vídeos de coletivas (disponíveis na *playlist* do canal). Cada coletiva realizada e transmitida representava a fase em que a operação Lava Jato se encontrava. Para Dallagnol (2017), o avanço em cada fase teria sido um dos eventos constituintes – assim como a comunicação social, através do site e coletivas – que explicariam o êxito da operação.

Desta forma, podemos dizer que cada fase da operação é um constructo (ou um enquadramento) político, administrativo e legal – isso significa dizer que, nas palavras de Bezerra (2018, p. 18), "é produto de uma série de escolhas e constrangimentos que estabelecem, por exemplo, o quê ou quem será nele incluído". Cada novo "avanço" em fases transformou-se em sub escândalos e/ou "sub jogos" da Operação Lava Jato, com indivíduos, práticas, crimes e instituições incluídos; em cada nova operação apresenta-se os escolhidos da vez.

Baseada nas pesquisas de Bezerra (2018), a seletividade dos elementos que formam cada "caso", nos permitiu entender que cada coletiva de imprensa se enquadra em "mini jogos" de um jogo maior; isto é, quem entra na denúncia que é do jogo da vez e quem será o próximo, neste caso a próxima "operação" e/ou fase, logo, o próximo escândalo.

De forma geral, apesar da Lava Jato se identificar como investigação sobre crimes financeiros ou a busca de crimes que envolvem lavagem de dinheiro, o setor da construção foi o mais impactado durante a operação. Para Campos (2019, p. 138), o "olho do furacão da crise se deu na indústria da construção", que foi envolvida em um escândalo.

Para Grün (2018), a produção do efeito de um determinado escândalo se daria de duas formas: a) entre aqueles que pretendem constituir novas institucionalidades, os empreendedores morais; b) aqueles que têm respeito a uma norma já existente ou esquecida.

Para nós, a atuação de Dallagnol mais as coletivas de imprensa, formariam os empreendedores morais (BECKER, 2009; GRÜN, 2018) do escândalo Lava Jato.

Segundo Grün (2018, p. 77-78), no Brasil, os "empreendedores de escândalos" fazem menção ao cumprimento das normas, regras ou legislação já estabelecidos, são aqueles que se dizem "novos agentes do campo jurídico" – como como o Ministério Público – "além de setores da imprensa que os divulgam". Para o autor, como consequências, tem-se o aumento do status do grupo que promove o escândalo e da visibilidade do agente especificamente responsável pelo escândalo em questão.

Assumimos que Dallagnol se encaixa na categoria de "empreendedor moral", tendo o combate a corrupção como a instauração de uma nova institucionalidade – a partir do engajamento na elaboração de estratégias de comunicação via coletiva de imprensa e na energia social emprestada para aprovação de um pacote de medidas intitulado: *10 Medidas Contra a Corrupção*. Relembramos que o objetivo do livro também foi o de explicar e divulgar o pacote elaborado por Dallagnol (2017) e outros procuradores que atuaram na Lava Jato. Como já mencionado, o pacote visa endurecer e alterar, assim como criar novas normas em torno da legislação contra a corrupção.

Almeida (2018) faz uso do conceito "empreendedores jurídicos" (conceito combinado de empreendedores morais e de empreendedorismo jurídico[8]) ao analisar a participação ativa de agentes protagonistas (judiciais) em processos de exportação e

8 Segundo Almeida (2018) o conceito de empreendedorismo jurídico foi extraído de um referencial teórico da sociologia do direito e se dedica ao entendimento da internacionalização e da transformação dos campos jurídicos nacionais na globalização neoliberal.

importação de práticas e modelos de justiça, tornando-se agente de mudança na ordem global e de reformas institucionais que propiciem a difusão de modelos de políticas e legislação de combate à corrupção. O autor chama de cruzada anticorrupção quando essa difusão – no plano internacional – é interiorizada por países periféricos – no plano geopolítico, econômico, moral e neoliberal – como o Brasil.

Nossas análises corroboram com as de Almeida (2018), para quem, a ideia de uma cruzada reformista no combate à corrupção, com forte conteúdo moral, está presente na ação dos procuradores do MPF, que, para além dos processos judiciais (as denúncias) nos quais atuam, também se faz presente na construção de uma campanha pública pela reforma legal e institucional das políticas anticorrupção e pela conscientização – citando o pacote das 10 medidas contra corrupção proposto por Dallagnol.

No empreendimento moral do escândalo, em 20 de março de 2015, o Ministério Público Federal realizou o lançamento nacional da campanha 10 Medidas Contra a Corrupção, em evento realizado na Procuradoria-Geral da República. O evento foi presidido pelo procurador-geral da República, Rodrigo Janot, com a presença dos coordenadores das Câmaras Criminal e de Combate à Corrupção do MPF. A seguir, foto do dia do lançamento, com a presença de Dallagnol (primeiro homem à esquerda na mesa).

Imagem 4 – Lançamento da campanha 10 medidas contra a corrupção – 2015.

Fonte: MPF, 2015. Foto: Leonardo Prado/Secom PGR.

No dia 29 de março de 2016, foi apresentado ao Plenário o Projeto de Lei (PL) 1850/2016 que "estabelece medidas contra a corrupção e demais crimes contra o patrimônio público e combate o enriquecimento ilícito de agentes públicos" – o PL reúne as propostas do pacote de propostas *10 Medidas Contra a Corrupção*. A apresentação do projeto foi via iniciativa popular. Não iremos nos aprofundar nisso, pois entendemos que se debruçar sobre os trâmites de um projeto de lei seria outra pesquisa em si. Basta dizer que desde 04 de julho de 2019 o PL 3855/2019 (Anterior PL 4850/2016) encontra-se em situação de "aguardando" Constituição de Comissão Temporária para análise.

Para entendermos melhor o papel desempenhado por Dallagnol nas coletivas de imprensa, relembramos o conceito de Bourdieu (2014, p. 92) de "Legislador Artista": "são pessoas que falam em nome desse superego generalizado, do oficial, e que, nessa condição podem ir até o ponto de regular a transgressão oficial da regra oficial, já que elas são as que dominam". O homem oficial, para Bourdieu (2014) seria um ventríloquo que fala em nome do Estado, assume uma postura oficial – as coletivas de imprensa seria a encenação do oficial – fala em prol e no lugar do grupo a quem se dirige, fala para e no lugar de todos, fala como representante do universal – as justificações, como já apresentadas, passam pela moral do bem comum.

Assim, baseado em um cenário de crise, perda do capital econômico e simbólico, entendemos que o jornalismo - importante empreendedor moral do escândalo - ajudou nos rituais de depreciação do setor da construção civil, na medida em que ajudou a transformar a operação Lava Jato em um escândalo, no sentido sociológico do termo. Por sua vez, ao transformar a Lava Jato em escândalo, ajudou na depreciação dos sobrenomes envolvidos.

Agentes Midiáticos

A fim de explorar o processo de depreciação pelo qual as construtoras passaram, mostraremos o papel da mídia, considerada por nós um dos empreendedores morais do escândalo. Para tanto, fizemos uso do conceito de escândalo de Thompson (2002), mais precisamente, de "escândalo midiático", como também das análises de Grün (2018, p. 18), acerca da sociologia dos escândalos no Brasil contemporâneo, para quem "escandalizar é também um processo que exige e mobiliza recursos culturais e simbólicos que são distribuídos desigualmente na sociedade", e cuja escandalização ajuda na perda de reputação dos envolvidos.

Para Grün (2011), o escândalo é entendido como um importante fenômeno social, pois permite identificar elementos e redes de relações (de amizade e de inimizade), que uma situação de normalidade não permitiria ver. O escândalo explicita o implícito como também constrói um conjunto de relações que produzem um trabalho de difamação e prisões dos envolvidos.

Ao resgatar a análise de Bourdieu (1989a) sobre alongamentos dos circuitos do poder, Grün (2008) explora a possibilidade da existência de um "campo do escândalo". No livro de 2018, *Da pizza ao impeachment: uma sociologia dos escândalos no Brasil*, o autor examina o campo dos escândalos no Brasil. Argumenta que os escândalos, que sempre foram casos recorrentes no

Brasil, se tornaram permanentes nos períodos de governos petistas. Grün (2018) atribui essa alteração ao analisar que espaços segmentados e autônomos como o judiciário, a política e a imprensa passaram a funcionar de maneira sincronizada – em um processo recíproco de retroalimentação e perda de autonomia – convergiram para estigmatizar um governo que "destoava, ainda que nem tanto, das habilidades políticas e culturais dos grupos dominantes na sociedade" (GRÜN, 2018, p. 9).

Nossas análises, visam refletir sobre o processo de retroaliamentação envolvendo o Ministério Público e o espaço jornalístico. Dessa forma, as empreiteiras entram nesse processo que compõe o campo dos escândalos no Brasil " (GRÜN, 2018), já que foram pegas no "fogo cruzado" (GRÜN, 2018) e também sofreram um processo de depreciação e estigmatização.

As análises de Bezerra (2018) evidenciaram que, nas últimas décadas, as denúncias de corrupção ocuparam lugar central na vida pública brasileira. Segundo Thompson (2002, p. 22), "a proeminência dos escândalos nos dias de hoje está ligada a um conjunto mais amplo de transformações que moldaram a própria natureza da vida pública".

Nas pesquisas desenvolvidas por Thompson (2002), argumenta-se que o emprego de escândalo em relação à mídia ocasionou mudanças no termo – que passou, gradualmente, de um entendimento associado à calúnia e difamação, para um conjunto de características distintas – um gênero emergente, que recebeu importância inteiramente nova, a partir de uma série de mudanças fundamentais. Três mudanças são destacadas por Thompson (2002): a primeira na base econômica e tecnológica da imprensa – permitiu que grandes tiragens fossem feitas a um custo relativamente menor; a segunda na relação entre imprensa e partidos políticos; e a terceira está relacionada com a emergência do jornalismo como uma profissão.

Segundo Thompson (2002), à medida que o número de escritores e repórteres se expandia – os proprietários de jornais e editores passaram a contar cada vez mais com escritores contratados e repórteres que eram pagos para conseguir notícias – um *ethos* profissional começou a emergir e a definir os princípios da boa prática jornalística. Esse *ethos* enfatizava a obrigação de descobrir e apresentar fatos. Thompson (2002) constitui o termo “escândalo midiático” baseado nessas transformações e no entendimento de que é um “evento que implica revelações através da mídia de atividades previamente ocultas e moralmente desonrosas, cuja revelação desencadeia uma sequência de ocorrências posteriores”. (THOMPSON, 2002, p. 82).

Grün (2018) descreve o “efeito *Watergate*”, nos Estados Unidos, onde o papel da mídia na renúncia de Nixon foi exaltado, na imprensa brasileira o “*establishment* jornalístico” criou a sua legitimidade a partir da versão americana. Assim, ressalta-se o papel da imprensa falada e escrita na luta contra a ditadura militar e no movimento das “Diretas Já”, demarca-se a virtuosidade do jornalismo e seu papel de 4º poder da República, no qual, o jornalista se torna grande quando descobre a verdade “escondida atrás das tramas e interesses dos poderosos, em especial, os políticos e altos funcionários públicos, e a revela ao público” (GRÜN, 2018, p. 103); cumpre-se assim, o equilíbrio de poderes, logo, a democracia é garantida.

O escândalo passou a ser validador maior da atividade jornalística, a consagração do bom jornalista é o papel central que seus colegas lhe conferem na produção de um “bom” escândalo. Em paralelo, o espaço jornalístico também é nutrido pelo campo jurídico (GRÜN, 2018). Desta forma, abordaremos o processo de escandalização pelo qual as empresas passaram via Operação Lava Jato analisando a produção *A elite na cadeia* do jornalista Walter Nunes, que atuou na cobertura de política da Operação Lava Jato pelo jornal *Folha de S. Paulo*.

O livro, ao narrar o dia a dia dos presos da Lava Jato, trata dos rituais de degradação e/ou depreciação vivenciados por uma elite econômica (ligada ao setor de construção). As prisões do período citadas neste livro, fazem parte do processo de depreciação dos envolvidos e seus ilustres sobrenomes. Em 2020, parte dessa elite encontra-se solta, ou cumprindo prisão domiciliar.

A criação de um escândalo: ferindo reputação.

Os escândalos, segundo Thompson (2002) são lutas sociais travadas no simbólico, pelo poder simbólico – vaivém de afirmações, negações e revelações. Sendo assim, para Thompson (2002), é o advento da mídia que trouxe um novo sentido para aquilo que é considerado público, que passa a ser aquilo que é visível. Público e visível são considerados sinônimos, e assim, os acontecimentos adquirem publicidade midiática através da transformação da visibilidade.

O autor questiona a noção pacífica de escândalo e o uso contínuo do termo sem discuti-lo. O termo escândalo, a partir do século XIX, adquire algumas características específicas. Nas palavras do autor, "escândalo se refere a ações ou acontecimentos que implicam certos tipos de transgressões que se tornam conhecidos de outros e que são suficientemente sérios para provocar uma resposta pública" (THOMPSON, 2002, p. 40). Desta forma, o escândalo apresenta algumas características, sendo que o foco da nossa análise está na quinta característica, já que ela indicaria que o escândalo pode prejudicar a reputação dos indivíduos envolvidos – embora o autor mencione que isso não seja sempre ou necessariamente o caso.

A primeira característica refere-se à transgressão como condição necessária do escândalo. Segundo Thompson (2002), não haveria escândalo sem transgressão. No entanto, a natureza da transgressão também é importante, pois nem todas as transgressões são potencialmente escandalosas. Desta forma, para o autor, o escândalo ocuparia uma posição na zona intermediária. Pequenas transgressões (ou transgressões triviais) não teriam forças para se tornarem um escândalo, assim como as muito graves que excedem muito o tipo de ofensa normalmente associado ao termo.

Outro aspecto, ligado a essa característica seria o que o autor chama de "sensibilidade ao escândalo" ao argumentar que normas, códigos e valores são diversos e variáveis culturalmente, como também dependentes do contexto sócio histórico, assim como do clima geral, moral e cultural do tempo em que acontecem. No entanto, apesar da variedade, há normas mais sensíveis ao escândalo que outras, como as normas acerca da conduta sexual, normas que regem as transações financeiras e as normas, regras e demais procedimentos que ditam a busca e o exercício do poder político.

Nesse contexto, argumentamos que a Operação Lava Jato, que inicialmente voltou-se contra crimes da ordem financeira e lavagem de dinheiro – como caracterizado pelos procuradores nas denúncias – alterou seu foco de atuação e teve o setor de construção civil e as empresas de construção como o setor mais impactado durante o processo das operações. As investigações passaram a focar em crimes de corrupção ativa e passiva, envolvendo os empresários de construtoras e agentes públicos da Petrobrás. Ao alterar o foco – de crimes financeiros para crimes de corrupção – a Lava Jato entrou em um movimento internacional de combate à corrupção, dando maior eficácia às suas justificativas.

A existência de uma agenda internacional de combate à corrupção (BEZERRA, 2018; ALMEIDA, 2018; BRATSIS, 2017) evidencia um alto grau de sensibilidade a escândalos ligados à corrupção.

Thompson (2002, p. 94) pontua que normas e valores estão sempre inseridos em relação de poder, "eles estruturam a vida social de tal modo que permitem certos tipos de atividade e excluem, ou proíbem, outros". Portanto, a construção de um escândalo está, muitas vezes, associada a um processo mais amplo de moralização, através do qual determinados valores ou normas são defendidas e reafirmadas – com diferentes graus de efetividade e boa fé – pelos que denunciam a ação como escandalosa. Segundo Thopnson (2002) escândalos de corrupção estão ligados a certo grau de obrigatoriedade moral, como as justificativas acionadas pelo procurador Deltan Dallagnol. Alinhamos a essa análise também – pesquisas que apontam que alguns movimentos de iniciativas de combate à corrupção têm servido a diferentes propósitos sociais. (BEZERRA, 2018; GRANOVETTER, 2006).

Assim, a sensibilidade a escândalos que envolvessem temas de corrupção – via investigações e denúncias da Operação Lava Jato – estaria sensível/inflada e atrelada, segundo análises de Grün (2018), ao movimento de progressiva deslegitimação que o campo do escândalo no Brasil impôs aos governos petistas.

Assim como algumas normas são mais sensíveis, algumas pessoas também são mais suscetíveis de serem confrontadas pelos escândalos, aponta Thompson (2002), devido ao grau de visibilidade das pessoas em questão, em virtude de suas posições, realizações ou responsabilidades. Destacamos aqui que os cargos ocupados nas construtoras, são cargos de alta visibilidade, como de diretores, presidentes, dirigentes. A seção 5 detalhou que os cargos das empresas são ocupados por herdeiros – ligados a sobrenomes família que fundaram as empresas – e/ou conhecidos, historicamente próximos à rede social (capital social) dos fundadores, portanto, próximos do polo dominante do espaço social.

Na análise dos escândalos, Thompson (2002) traz um conceito que denomina de "transgressão de segunda ordem" com dois momentos, inicialmente o fato de envolvidos nos escândalos negarem terem cometido tais ações e, posteriormente quando as mentiras ou as tentativas de ocultação das más condutas de diferentes maneiras são constatadas. Neste processo a mídia desempenha papel fundamental.

As negações das denúncias de que foram acusados, foi comum no escândalo Lava Jato, assim como houve tentativas de obstrução/ocultação.[1] Em janeiro de 2015, o *Valor Econômico* noticiou que a construtora Andrade Gutierrez "negou as acusações após ser incluída na lista de empreiteiras citada como participante de cartel em depoimentos do ex-diretor da estatal (Petrobras) Paulo Roberto Costa,". (OYAMADA, 2015) Em julho de 2015, o *Valor Econômico* noticiou a abertura de processo contra Marcelo Odebrecht, presidente da Odebrecht, que respondeu: "A Odebrecht nega envolvimento em pagamentos ilícitos". (VIEIRA, 2015)

1 Obstrução/ocultação, como narrado na seção 6 da tese – a inclusão de Paulo Roberto Costa como alvo principal nas investigações da Lava Jato foi a tentativa de obstrução/ocultação de provas, em que, relembramos, suas filhas entraram no seu escritório enquanto policiais federais e membros do ministério público se deslocavam para pegar as chaves.

Para Thompson (2002) esse processo pode se tornar mais importante do que a própria transgressão original, pois a transgressão de segunda ordem pode dar início a um ciclo de afirmações e contra afirmações que vai alimentando o escândalo e se torna parte importante do que o autor chama de dinâmica social do escândalo.

A segunda característica se refere ao fato do acontecimento se tornar público. Aqui, o autor destaca novamente os meios de comunicação. Como o fenômeno ocorre mediante uma transgressão, existe um movimento de ocultação (e/ou segredo) dessa transgressão, mas que, apesar disso, a torna conhecida de outros, ou outros acreditam firmemente que essa transgressão existe.

Dallagnol (2017, p. 60) menciona, ao narrar o início das investigações da Lava Jato, que "a investigação (Lava Jato) começou num inquérito antigo sobre lavagem de dinheiro oriundo do Mensalão". O Mensalão foi um escândalo político que ocorreu em 2005 envolvendo o Partido dos Trabalhadores, final do primeiro mandato do Presidente Lula (LOPES JR, 2010). Ao fazer tal afirmação, Dallagnol (2017) pressupõe a continuidade de atividades ilícitas, o que reforçaria a justificação da corrupção em caráter sistêmico e endêmica e o senso comum de que há corrupção em todo lugar, só que é difícil de provar.

Thompsom (2002) afirma que o fenômeno do escândalo envolve mais do que as ações e acontecimentos que são seu foco principal, pois, envolvem primeiro, certo grau de conhecimento público (das ações/acontecimentos), um público não participante que saiba dele e por último, um processo de se tornar público – tornar visível, através do qual as ações/acontecimentos se tornem conhecidos; essa característica garantiria o que o autor chama de escândalo em potencial se tornar um escândalo real.

A consequência de se tornar público seria certo grau de desaprovação pública, terceira característica. No entanto, a desaprovação em si não seria suficiente para formar um escândalo, a desaprovação teria que ser expressada – quarta característica. Portanto, expressar a desaprovação da transgressão que se tornou conhecida daria origem a um escândalo – "o escândalo é moldado tanto pela resposta dos outros como pelo próprio ato de transgressão". (THOMPSON, 2002, p. 47)

> Se não houver *não-participantes* suficientemente interessados em, ou preocupados com a transgressão, para expressarem sua inquietação a outros, então um escândalo não aparecerá. O fenômeno do escândalo é constituído tanto por ações como por atos de fala: por ações de transgressão e pelos atos de fala de outros que respondem àquelas ações com formas adequadas de expressão" (THOMPSON, 2002, p. 47).

As respostas simultâneas de outros são parte integrante dos escândalos (e não comentários retrospectivos dele). Tais respostas, segundo Thompson (2002), compartilham uma caraterística do que o autor chamou de "discurso infamante"; isto é, discurso moralizador que censura e reprova, repreende e condena, que expressa desaprovação das ações e dos indivíduos. Trata-se de um discurso que contém implícito que as ações trazem vergonha, desgraça ou descrédito ao indivíduo que as praticam. É um discurso que pode estigmatizar.

Para o fenômeno escândalo, o discurso infamante deve assumir o status de discurso público; ou seja, deve ser falado de uma forma que possa ser ouvido por uma pluralidade de outros, portanto, usado pelos meios de comunicação. São atos de fala que circulam e não se restringem ao tempo/espaço, são atos de fala midiáticos. Escândalos midiáticos não são casos localizados. E no caso de escalado ligado à corrupção, a "articulação pública de um discurso infame é a condição final que deve ser preenchida para transformar a corrupção em escândalo". (THOMPSON, 2002, p. 58)

A quinta e última característica relaciona-se com as reputações dos indivíduos implicados no escândalo, os quais podem (não é uma característica necessária) ter prejuízos e/ou perda da reputação. Há casos em que as revelações resultam em processos criminais, como perdas de cargos e prisões.

Nessa parte, Thompson (2002) caracteriza que escândalos são "lutas por um nome" – ou seja, esforços apreendidos, por aqueles que se encontram no centro de um escândalo, para defender suas reputações, limpar seus nomes, lançar contra-ataques, apresentar justificações (moral) ou a confissão pública. Inspirado em Bourdieu (1989a), o autor afirma que as lutas pela reputação não apresentam apenas uma questão de honra ou orgulho pessoal – mas luta por um recurso – o poder simbólico, entendido pelo autor como "a capacidade de empregar forças simbólicas para intervir e influenciar o curso das ações e acontecimentos" (THOMPSON, 2002, p. 50). Segundo o autor, esse recurso pode ser acumulado, cultivado e protegido.

Em diálogo com Thompson (2002), identificamos que as empresas da construção buscam defender suas reputações, limpar seus nomes, apresentar justificações. Esse argumento será defendido na próxima seção, sobre a reelaboração da face das empresas.

Oferecemos, a seguir, um quadro resumo com características dos escândalos segundo Thompson (2002) e as características mapeadas na Lava Jato, já expostas neste item.

Quadro 6 – Características do Escândalo Lava Jato

Característica do escândalo segundo John Thompson	Características do Escândalo Lava Jato
Ocorrência ou existência do escândalo implica a transgressão de certos valores, normas ou códigos morais;	Movimento internacional de combate à corrupção;
ocorrência ou existência do escândalo envolve um elemento de segredo ou ocultação, mas elas são conhecidas ou firmemente criadas como existentes por outros indivíduos que não os envolvidos (chamados por Thompson de não participantes);	movimento de deslegitimação de governos petistas Continuação das Investigações do Ministério Público (Caso Mensalão); Formação de Força-Tarefa; Denúncias Coletivas de imprensa;
alguns não participantes desaprovam as ações ou acontecimentos e podem sentir-se ofendidos pela transgressão;	Manifestações de apoio à Lava Jato. Pacote: 10 medidas anticorrupção;
alguns não participantes expressam sua desaprovação denunciando publicamente as ações ou acontecimentos;	Discurso midiático inflame Cobertura jornalística sobre Lava Jato Livros sobre a Lava Jato;
a revelação e condenação das ações e acontecimentos podem prejudicar a reputação dos indivíduos responsáveis por eles (embora isso não seja sempre, necessariamente, o caso)	Prisões de empresários Diretores e presidentes ligados ao setor de construção civil; (rito de degradação) Pedido público de desculpas; Confissão pública – via delações;

Fonte: Elaboração própria com base em Thompson (2002, p. 40).

A mídia criando escândalo a partir da operação Lava Jato.

Somadas às informações midiáticas via Ministério Público, os jornais brasileiros e internacionais também criaram canais próprios para acompanhamento da Operação Lava Jato – como a *Folha de S. 9aulo* e o *Estadão*. Como já explicitamos, analisar a cobertura desses jornais sobre a Operação Lava Jato não é foco desta pesquisa.[2]

Ao objetivarmos analisar o papel da produção jornalística na criação do escândalo e das depreciações dos envolvidos, selecionamos o livro *A elite na cadeia: o dia a dia dos presos da Laja Jato*, escrito por Walter Nunes (2019), jornalista, atuou na cobertura de política e Operação Lava Jato do jornal *Folha de S. 9aulo*. Recebeu

2 Além da cobertura jornalística alguns jornalistas produziram conteúdos sobre a operação. Em 2016, Vladimir Netto publicou o livro "Lava Jato". A capa do livro estampa, em preto e branco, o rosto de Sérgio Moro – na época, juiz responsável pelos julgamentos da Operação Lava Jato (antes do desmembramento para Rio de janeiro). Vladimir Netto se formou em Jornalismo pela Universidade Federal do Rio de Janeiro, em 1995, é repórter especial de política da *Globo* em Brasília. Em 2005, durante o escândalo do Mensalão, Vladimir começou a se interessar pelo jornalismo investigativo na área de política. Para o jornal "Bom Dia Brasil", Vladimir Netto acompanhou a CPI dos Correios. A atuação no caso rendeu a ele o Prêmio Rede Globo de Jornalismo daquele ano, na categoria Grande Cobertura. Passou pelas redações de *Jornal do Brasil*, *Veja* e *O Globo*. O livro de 2016 inspirou a série "Mecanismo", da plataforma de stream Netflix. Em 2018, o jornal Gazeta do Povo noticiou que a série "O Mecanismo" foi uma das séries mais assistidas no Brasil. Segundo a reportagem, a Netflix divulgou que a série brasileira "O Mecanismo" está a caminho de se tornar uma das mais assistidas entre as tramas originais da companhia de streaming no Brasil. Malu Gaspar, jornalista, repórter da revista Piauí, foi editora da revista *Veja* no Rio de Janeiro, chefe da sucursal carioca da Exame, repórter e correspondente da *Folha de S. Paulo*, escreveu o livro "*A organização:* a Odebrecht e o esquema de corrupção que chocou o mundo" em 2019. O livro entrou na lista dos mais vendidos do Brasil, ocupando o 8º lugar no ranking geral e o 2º lugar na categoria "não ficção" em 2020. (SARUBO, 2020). No livro, a jornalista relaciona o PT com a Odebrecht.

o Prêmio UNODC (Escritório das Nações Unidas sobre Drogas e Crimes), além dos prêmios de jornalismo Tim Lopes, Líbero Badaró e Embratel. Antes da *Folha*, passou pela revista *Época*, Fantástico (TV Globo) e revista *Veja*. O livro aborda a rotina de empreiteiros, executivos e políticos na carceragem da Polícia Federal de Curitiba e no Complexo Médico Penal.

Entre os presos citados no livro, as passagens que envolvem os presos da Camargo Corrêa – Dalton dos Santos Avancini, Eduarardo Hermelino Leite, João Ricardo Auler – Odebrecht – Marcelo Odebrecht, Alexandrino de Salles Ramos de Alencar, César Ramos Rocha, Márcio Farias da Silva, Rogério Santos de Araújo – e Andrade Gutierrez – Otávio Marques Azevedo, Flávio Lúcio Magalhães e Elton Negrão – foram de nosso interesse. Sendo que há um capítulo à parte para a Odebrecht – com foco em Marcelo Odebrecht (Capítulo 4) e um para Lula (Capítulo 6), que devido aos objetivos deste estudo, não será explorado.

Rituais de depreciação no Livro A Elite na cadeia.

O livro, *A elite na cadeia*, aborda aspectos constrangedores pelos quais a elite econômica passou, como as conduções coercitivas e prisões preventivas. Argumentamos que tais aspectos, somados às negociações das chamadas delações, multas e demais encargos pelos quais as construtoras responderam, causaram prejuízos simbólicos e econômicos à elite econômica envolvida. Entendemos que as descrições do livro, em torno do uso de algemas, condições da cela, limpeza e vestuário corresponde ao que Bourdieu (2014) chamou de "ritos de instituição" como parte do capital simbólico criado pelo Estado, e que nesse contexto de Operação Lava Jato, personificam a desqualificação e depreciação do capital simbólico da elite da construção civil envolvida na Lava Jato.

Nas palavras de Bourdieu (2014, p. 259), "não há efeito físico que não se acompanhe, no mundo humano, de um efeito simbólico (...) o capital simbólico, como a palavra diz, situa-se na ordem do conhecimento e do reconhecimento". O reconhecimento virá como o pedido público de desculpas e outras estratégias das construtoras que serão analisadas adiante. Para Bourdieu (2014), o escândalo é gerador de descrédito e o descrédito é o inverso da acumulação do capital simbólico. Para sair da desqualificação simbólica imposta pelos escândalos, tais empresas buscarão reestruturação (reelaboração) – através de uma série de medidas.

Relembramos que, na manhã da sexta-feira, 14 de novembro de 2014, foi deflagrada a 7ª fase da Operação Lava Jato, Juízo Final. Nesse dia, foram cumpridos 49 mandados de busca e apreensão – em residências e escritórios – quatro de prisão preventiva, 14 de prisões temporárias e seis de condução coercitivas. Nesse mesmo dia, o vice-presidente da Camargo Corrêa, Eduardo Leite, se entregou em São Paulo. O presidente do conselho administrativo da Camargo Corrêa, João Auler e o presidente da empreiteira, Dalton Avancini, se entregaram, também em São Paulo, mas na manhã do sábado, dia seguinte a operação. Os três foram transportados para Curitiba-PR em carro da Polícia Federal para ficarem em prisão preventiva.

Houve um conjunto de rituais de depreciação dos envolvidos no escândalo Lava Jato. Em diálogo com os textos de Garfinkel (1956), sobre ritos de degradação militar, Bourdieu (2014) afirma que "cerimônias de depreciação" são o inverso dos ritos de consagração, pois se constituem em retirar do detentor o título merecedor de reconhecimento, seus sinais de reconhecimento e em reduzi-lo ao nível de anônimo, um simples cidadão, destituído de capital simbólico.

Dias depois, em 19 de novembro de 2014, o *Valor Econômico* noticiou que a Fitch, agência de avaliação de risco, colocou todas as notas de crédito das empresas brasileiras de construção pesada em análise para possível rebaixamento (CARRAÇA, 2014). Em janeiro de 2015, o mesmo jornal noticia o rebaixamento. A agência também afirmou que os *ratings* de outras empresas – como da Odebrecht e Andrade Gutierrez, que ainda não tinham sido denunciadas, mas mencionadas nas denúncias – estavam em observação negativa (MAIA, 2015).

Em fevereiro de 2015, o Brasil Plural, banco de investimento, "cortou a recomendação para a concessionária de rodovias CCR de "*overweight*" para "*underweight*" (equivalente a venda)". Tal decisão se baseou no "temor de que a companhia seja contaminada pelo envolvimento de suas controladoras – Camargo Corrêa e Andrade Gutierrez – na Operação Lava-Jato" (VALOR, 2015). A depreciação das empresas não foi realizada apenas pelo mercado. Pode ser encontrada também na mídia, ilustrada no livro selecionado para essa pesquisa.

Assim, a partir do uso do software Maxqda, codificamos o livro *A elite na cadeia* e identificamos segmentos que descrevem aspectos do ritual de prisão, como o uso de algemas, as condições da cela, limpeza e vestuário, transferência para presidio e visitação. Tais trechos ressaltam que a elite econômica recebeu o tratamento de presos comuns; portanto, sem os privilégios e reconhecimento que estes sobrenomes costumam acionar.

A explicitação dos rituais de depreciação dos presos da elite econômica, fica claro na fala de Nunes (2019, p. 121), que descreve assim a passagem das falas proferidas por Newton Ishii – chefe dos agentes da PF – ao receber os primeiros presos: "Lá fora vocês mandam em tudo. Aqui dentro, somo nós que mandamos. Nós decidimos o que vocês vão fazer e quando vão fazer".

No livro, o próprio jornalista afirma: "O procedimento de entrada foi seguido à risca". (NUNES, 2019, p. 19), a saber: revista em todos os lugares do corpo para não ter nada escondido, inclusive em lugares íntimos do corpo. Para o jornalista, tal situação significou a completa submissão dos presos: "aquela espécie de ritual de recepção, aparentemente desnecessária, reforçava a condição de submissão dos detidos".

Nunes (2019) relata a passagem em que os agentes deram voz de prisão a Marcelo Odebrecht, e descreve quando o conduziram ao transporte da Polícia Federal, uma camionete preta, onde Marcelo foi colocado na parte de trás do veículo. "Os agentes decidiram então não algemá-lo. Ele se acomodou no banco traseiro da viatura e, em silêncio, seguiu até a Superintendência da PF de São Paulo, no bairro da Lapa, na Zona Oeste da cidade". (NUNES, 2019, p. 118). O transporte/condução é mais um elemento presente no rito de depreciação.

Nas concepções que Nunes (2019) faz sobre as celas, ressalta que, diferente do luxo ao qual os presos estavam acostumados, durante a permanência na carceragem da Polícia Federal em Curitiba, os presos dormiam no chão (em colchão no chão),[3] não havia espaço exclusivo ou separado para mulheres. O jornalista também descreve as "melhorias" realizada pelos presos no prédio da Polícia Federal. "Como as celas não tinham lâmpada

3 Nunes descreve: "A capacidade ideal na carceragem é de um preso nas celas 1, 2 e 3, onde só tem uma cama e dois presos nas 4, 5 e 6, mas desde a sétima fase da Lava Jato é uma raridade o lugar ficar dentro do limite máximo de nove pessoas". (NUNES, 2019, p. 22). E descreve: "Marcelo Odebrecht, Rogério Araújo e César Rocha seguiram para o xadrez de número 5, no pavilhão oposto ao do conjunto de três celas onde estava Alberto Youssef. Marcelo quis dormir num colchão no chão. Márcio Faria ficou com a parte de cima do beliche de alvenaria e Rogério dormiu na de baixo. (Mais tarde, houve rodízio entre eles e Marcelo passou a dormir no beliche de cima e César no chão)". (NUNES, 2019, p. 122)

nem janela, a Odebrecht se dispôs a custear e executar instalação de um novo sistema de iluminação nos dois corredores que dão acesso aos cubículos". (NUNES, 2019, p. 122).

Ao mencionar as melhorias, Nunes descreve passagens de "disputa" de pedidos para melhorias, como pedidos para cama box e Tvs. Para o jornalista, os agentes do Estado que estavam a frente de tais solicitações tinham o poder de veto, e não permitiram a entrada de "mordomias". O agente midiático afirma: "Pediu permissão também para doar duas TVs (Odebrecht), que seriam colocadas na estrada de cada uma das alas. Tentou também a entrada de camas box. Não deu certo. Sergio Moro achou que seriam mordomias demais e indeferiu os pedidos. (NUNES, 2019, p. 124).

As revistas nas celas também se evidenciam como parte desse ritual. Partes do livro descrevem os procedimentos no qual os agentes de estado reviravam o lugar e afirma: "O recado estava dado: os executivos da Odebrecht e, sobretudo, o herdeiro da companhia eram presos comuns e seriam tratados como tais. (NUNES, 2019, p. 128).

Nunes (2019) narra outros episódios, como quando uma nuvem de gás de pimenta – da sala dos agentes – entrou pelas grades das celas. Nesse episódio, a nuvem atingiu o corredor onde estavam os presos da Odebrecht e da Andrade Gutierrez. Anteriormente já havia acontecido algo semelhante, no final de 2014, logo após a prisão dos empreiteiros da OAS, Camargo Corrêa e Mendes Júnior.

Apesar de tentar dar anonimato aos presos, a rotina na prisão, como a limpeza da cela e do próprio vestuário, deixava os presos expostos, motivo pelo qual os presos da Odebrecht e da Andrade Gutierrez foram transferidos para o Complexo Médico Penal (CMP), também em Curitiba-PR. Segundo Nunes (2019,

p. 83) "é considerado mais seguro que as outras unidades do sistema carcerário paranaense" e "a rotina é diferente daquela da carceragem da Superintendência da Polícia Federal" (NUNES, 2019, p. 85). De acordo com o autor, os primeiros presos da Lava Jato ao "cruzarem os portões de entrada do CMP, sem perceber estavam oferecendo a comprovação de que, mesmo atrás das grades, o Estado brasileiro dispensa tratamento desigual para ricos e pobres". (NUNES, 2019, p. 90).

A despeito dos rituais de depreciação, aspectos narrados no livro nos fazem perceber os marcadores simbólicos para além de presos comuns. Codificamos episódios como: conselhos que os carcereiros davam aos presos da Lava Jato sobre tomar cuidado com outros presos que pediam dinheiro; a escolta – de até quatro agentes – acompanhando Marcelo Odebrecht durante banho de sol, "quebras" nas regras de visitação ao permitir a entrada de mais pessoas do que era previsto. No entanto, tais "exceções", segundo Nunes (2019, p. 136) eram controladas, pois, "abrir uma exceção para um corrupto da Lava jato seria criar uma polêmica".

Em um último aspecto ressaltamos a narrativa de Nunes (2019) sobre o dia a dia de Marcelo Odebrecht e a estrutura que a Odebrecht montou para atender "seus presos". O dia de Marcelo era dividido entre práticas de exercícios, leitura dos processos, notícias da família, estratégias de defesa e despachos/deliberações como presidente da empresa. Visitas diárias dos advogados que seguiam à risca a pauta elaborada por Marcelo. A Odebrecht montou, na porta do presídio, "um esquema profissional para atender a demanda dos seus presos: tanto na Polícia Federal, quanto no Complexo Médico Penal (quando foram transferidos)". (NUNES, 2019, p. 139).

Mapeamos, por meio do livro aqui estudado, as sentenças, penas, período na prisão e status (dezembro/2020) dos condenados na operação. O quadro 7, a seguir, organiza alguns desses dados.

Quadro 7 – Lista dos empreiteiros presos na Lava Jato

	Cargo	Empresa	Sentença	Crimes	Penas	Status (dez.2020)
…n dos …s Avancini	Ex-presidente do Conselho de Administração	Camargo Corrêa	Condenado	Corrupção, lavagem de dinheiro e pertinência à organização criminosa	15 anos e 10 meses	Indulto
…rdo …elino Leite	Ex-vice-presidente	Camargo Corrêa	Condenado	Corrupção ativa, lavagem de dinheiro e pertinência à organização criminosa	15 anos e 10 meses	Prestação de serviços (Indulto negad…
…Ricardo …	Ex-presidente do Conselho de Administração	Camargo Corrêa	Condenado	Corrupção ativa e pertinência à organização criminosa	9 anos e 6 meses	Regime aberto
…elo …recht	Presidente	Odebrecht	Condenado	Corrupção passiva, lavagem de dinheiro e ocultação de patrimônio	19 anos e 4 meses	Regime domiciliar
…ndrino de … Ramos de …as[4]	Ex-diretor	Odebrecht	Condenado	lavagem de dinheiro e corrupção ativa	13 anos, 6 meses	Regime domiciliar
… Ramos …a	Ex-diretor	Odebrecht	Condenado	Associação criminosa e corrupção ativa	9 anos, 10 meses e 20 dias em regime fechado	Regime domiciliar
…io Farias da	Ex-diretor	Odebrecht	Condenado	Lavagem de dinheiro, associação criminosa e corrupção ativa	19 anos e 4 meses	Regime domiciliar
…rio Santos …raújo	Ex-diretor	Odebrecht	Condenado	Lavagem de dinheiro, associação criminosa e corrupção ativa	19 anos e 4 meses	Regime domiciliar
…nio Pedro …pello de …a Dias	Ex-diretor	Andrade Gutierrez	Condenado	corrupção ativa, associação criminosa e lavagem de dinheiro	5 anos e 18 meses	Prestação de serviços
…a Negrão de …edo Júnior	Ex-Diretor-executivo	Andrade Gutierrez	Condenado	corrupção ativa e associação criminosa	5 anos e 18 meses	Prestação de serviços
…o David …a	Ex-Presidente global	AG Energia (controlada pela Andrade Gutierrez)	Condenado	corrupção ativa, lavagem de dinheiro e organização criminosa	15 anos	Regime aberto
…io Marques …zevedo	Ex-Presidente	Andrade Gutierrez	Condenado	corrupção ativa, lavagem de dinheiro e organização criminosa	18 anos	Regime aberto

Fonte: Elaboração própria com dados da pesquisa (Sentença).[4]

4 Sérgio Moro corrigiu a sentença e reduziu pena do ex-executivo da Odebrecht. O juiz aceitou o pedido da defesa de Alexandrino de Alencar que fora condenado a 15 anos e reduziu sua pena para 13 anos e meio. (NUNES, 2016).

Em 2020, os presos relacionados no quadro 7 encontravam-se fora da prisão, pois, através da progressão da pena passaram a cumprir as sentenças em regime aberto ou em condição domiciliar semiaberto.

Esta seção mostrou como a Operação Lava Jato foi transformada em escândalo, por meio da mídia, reforçando a depreciação da elite do setor da construção civil. Não nos interessa se os fatos narrados por Nunes em seu livro, A Elite na cadeia, são verdade ou mentira; nos interessa o papel desses fatos na construção da depreciação do setor, o que foi feito por meio da divulgação das diversas humilhações que teriam passado a elite da construção civil e seus então honrados sobrenomes.

Na próxima seção, mostraremos o impacto do rito de depreciação à condição de estigma, ou seja, a situação do indivíduo que está inabilitado para a aceitação social plena. (GOFFMAN, 2004) e as estratégias de reelaboração da face realizadas pelas empresas estudadas.

PARTE III

REELABORAÇÃO DA FACE

A jornada da transformação

Em dezembro de 2016, a Odebrecht reconheceu publicamente os "erros" e iniciou um processo de reestruturação empresarial que chamou de "Jornada da Transformação". Esta seção, é dedicada a análise das categorias mobilizadas pelas empresas, nas ações práticas e simbólicas de reestruturação das organizações, após denúncia e rituais de depreciação envolvendo as três empresas, foco dessa tese (Camargo Corrêa, Odebrecht e Andrade Gutierrez)[1] e das suas elites econômicas.

Como forma de acompanhar essa reorganização das empresas, mapeamos na página institucional online e na seção de divulgação/notícias das próprias empresas e na imprensa de negócios – através do Jornal *Valor Econômico* – matérias, depoimentos e entrevistas, que indiquem aspectos/características sobre o movimento de reestruturação do setor. O objetivo é acompanhar o movimento de reestruturação das empresas, que chamamos de reelaboração da face, via imprensa, já que a mesma ajudou no processo de depreciação do setor quando transformou a Lava Jato em escândalo, demonstrado na seção anterior.

---

1 Chamamos de ações práticas aquelas voltadas para o âmbito econômico, como venda de ativos, demissões de funcionários; e de simbólicas aquelas no âmbito de mudança do nome e identidade visual. A partir do entendimento do que chamamos de ações práticas também tem em si o simbólico não pretendemos analisá-las separadamente.

O conceito de reelaboração da face que utilizamos é um constructo a partir de conceitos de Erving Goffman (1922 – 1982), especialmente os conceitos de representação e fachada (*face*) (1985) em relação ao conceito de estigma (2004). Para este autor, a manutenção e/ou reelaboração da face é uma resposta dos estigmatizados na busca da legitimação. Assim, a preservação ou a manutenção da face de um agente ou instituição, para Goffman (1985), implica em considerar a posição ocupada no mundo social e o estigma existente. Entendemos que as ações práticas e simbólicas de reelaboração da face são complementares e ambas retratam o posicionamento dominante que as construtoras ocupam no espaço social (BOURDIEU, 2007).

> A gente quando fala da Alemanha lembra da Siemens, da Volkswagen, quando fala dos Estados Unidos a gente lembra da IBM e por aí vai. E hoje a gente tem o orgulho de dizer que lá fora também nos conhecem por algumas das empresas, inclusive a Odebrecht, que construiu o aeroporto de Miami e faz obras no mundo inteiro (CAMPOS, 2015, p. 01).

A fala acima foi do ministro da Defesa, Jacques Wagner, em fevereiro de 2015, reproduzida pelo Jornal *O Globo*, em meio às denúncias em andamento da Operação Lava-Jato. A fala reforça a posição dominante de uma das empresas aqui analisadas (a Odebrecht), como também, simboliza a posição do governo ao sair em defesa das empreiteiras, que, naquele momento, havia sido alvos da Operação "Juízo Final", ocorrida no final do ano anterior, em novembro de 2014.

Nessa seção, analisamos o esforço para "salvar a face" das empresas - ou salvar as aparências – que, para além de sustentar para os outros a impressão de não tê-la perdido, estabeleceu uma série de novas estratégias de retomada de legitimação, que buscou se distanciar, na medida do possível, da fachada antiga, a de corruptos.

Goffman (1985, p. 76-77) define face como "o valor social positivo que uma pessoa efetivamente reclama para si mesma, através daquilo que os outros presumem ser a linha (comportamento) por ela tomada durante um contato específico". Desta forma, face é representada em termos sociais por algo positivamente ou negativamente aceitos. Por algo positivo, entendemos que seja uma representação de orgulho, prestígio, legítimo. Por algo negativo, entendemos o estigma e a depreciação.

No contexto de reelaboração da face, também nos questionamos, com inspiração em Goffman, sobre a plateia; ou seja, para quem se direciona esta reestruturação ou, em nossas palavras, essa "reelaboração da face"? Para quem seria e/ou se daria essa espécie de prestação de contas? Com quem os "estigmatizados" estariam falando? A mudança da imagem da empresa se daria para quem ou para o quê? A reelaboração da face seria para a imprensa de negócios? E/ou seria para o Estado nacional, historicamente, seu maior "cliente"?

Assim, inspirados em Goffman (1985), destacamos duas características acionadas pelas construtoras e elite dirigente na representação: I) impressão idealizada, na qual, acentua-se certos fatos e oculta-se outros; e II) coerência expressiva, ou seja, toma-se cuidado e previne-se contra os mínimos desacordos do que o público poderia imaginar, levando em conta o propósito manifesto da interação.

Nossos dados gerais indicam que a reelaboração da face de todas as empresas passou pela construção em torno da chamada linha ética. A linha ética apresentada pelos códigos de conduta das construtoras pauta-se no reforço a conformidade, ou compliance, que significa estar em conformidade com leis e normas (a propalada conduta ética inserida na reestruturação das empresas). As três empresas analisadas elaboraram códigos próprios de ética e conduta e mobilizaram linguagem que faz referência a integridade e a transparência e também acionaram a governança corporativa.[2]

Alinhada à ferramenta do compliance, temos a afirmação da boa moral dos funcionários e diretores à frente das empresas. Acreditamos que parte dessa estratégia é construída pelo fato que houve transferência de descrédito dos estigmatizados para as empresas. A empresa, na condição de informada (GOFFMAN, 2005) se relaciona com o estigmatizado, o que leva a sociedade a considerar ambos como uma coisa só. Assim, todos, de certa forma, compartilham um pouco o descrédito do estigmatizado, portanto, tal condição, alinhada a notoriedade (do estigmatizado), leva-os a viver em um mundo de heróis e de vilãos, a depender da situação.

Para fugir do descrédito do estigmatizado, identificamos que a reelaboração da face das empresas foi estruturada em torno de categorias morais, tais como: transparência, conformidade, integridade, novo, eficiência. Observamos, ainda, que estas categorias foram acionadas em pares de oposição. A seguir, elaboramos um quadro para fins didáticos.

2 Para entender o papel da governança no Brasil, ler: GRUN, Roberto. *Convergência das elites e inovações financeiras*: a governança corporativa no Brasil. Revista Brasileira de Ciências Sociais RBCS, v. 20, nº. 58, junho/2005.

Quadro 8 – Pares de oposição mobilizadas pelas construtoras na reelaboração da face.

Categorias mobilizadas pela Camargo Corrêa	Categorias mobilizadas pela Odebrecht	Categorias mobilizadas pela Andrade Gutierrez
Integridade/Mentira Conformidade/Inadequado Transparência/Opacidade Ética/Antiética Digno/Indigno Clara/Ambígua Justa/Injusta Responsabilidade/ Irresponsabilidade Imparcial/ Parcial Independência/Dependente Movimento/Inércia	Futuro/**Passado** Transformação/ **Agravamento** Novo/**Velho** Integridade/**Mentira** Honesto/**Desonesto** Compromisso/ **Desobrigação** Conformidade/ **Inadequado** Ética/**Antiético** Independente/ **Dependente**	Excelência/**Deplorável** Inovação/**Obsoleto** Mudança/**Inércia** Compliance/ **Inadequado** Responsabilidade/ **Irresponsabilidade** Reputação/ **Desmoralização** Autonomia/ **Dependência** Efetividade/**Falso** Confiança/ **Desconfiança**

Fonte: Elaboração própria a partir dos Ddados de pesquisa.

Para nos ajudar a entender essa questão dos pares de oposição, convidamos Mary Douglas (1988) para nosso texto. Para a autora, todo o sistema de pensamento de uma instituição trabalha em pares de oposição; seguindo na trilha de Durkheim (1912), a autora acrescenta que as classificações do mundo operam de forma dicotômicas na sociedade. O primeiro par de oposição existente seria o de sagrado e profano, que daria base para a construção de todo pensamento. Em nosso empírico, destacamos os pares: ética/antiética, honestidade/ desonestidade. Toda a narrativa das empresas foi baseada na negação de atividades do passado, acionando palavras positivas para substituir aquela com conotação negativa e referindo-se ao futuro, formando novo par de oposição: passado/futuro, sendo que o segundo (futuro) estaria ligado à confiança e a boa governança.

Ainda sobre Douglas (1998), a autora afirma que as categorias acionadas pelos pensamentos, não são acionadas aleatoriamente pelos atores, pois, é baseada em um sistema cognitivo de classificação operado socialmente – "as instituições tomam decisões de vida ou morte". Portanto, para Douglas (1998), o comportamento de uma instituição em uma situação de crise, depende dos padrões de justiça internalizados e que as instituições legitimam.

Considerando o referencial teórico aqui apresentado, iniciamos a análise a partir do mapeamento de categorias mobilizadas nas práticas de reestruturação da Camargo Corrêa, em seguida da Odebrecht e, finalmente, da Andrade Gutierrez.

De Camargo Corrêa a Mover: Pensar junto é criar valor.

Depois de presos preventivamente em novembro de 2014, e em fevereiro de 2015, a Camargo Corrêa iniciou as negociações em termos das delações, que impactaria nas penas, regimes de prisão e nas multas a serem pagas pelos empresários e pela construtora. Segundo relatos da imprensa, os defensores não abriam mão do cumprimento de prisão domiciliar, enquanto o MPF exigia um tempo mínimo de cadeia. Os procuradores cederam. Os integrantes da força-tarefa queriam que os executivos entregassem outras áreas públicas, como infraestrutura, em que a empresa esteve envolvida em pagamento de propina, além do esquema na Petrobras. Os executivos concordaram. O entrave ficou no valor da multa. O MPF começou pedindo cerca de R$ 4 bilhões, enquanto a Camargo e os executivos ofereciam R$ 88 milhões. Durante as negociações, o MPF baixou o valor e a defesa subiu para R$ 100 milhões, depois R$ 200 milhões e, em seguida, R$ 350 milhões. Os procuradores reduziram a proposta para menos da metade, mas a Camargo não aceitou. (CASADO; VIEIRA, 2015).

Em julho de 2019, a Camargo Corrêa fechou acordo de leniência com a Controladoria e a Advocacia Geral da União no valor de R$ 1, 3 bilhão (VASSALLO; MACEDO, 2019). O acordo de leniência está previsto na Lei Anticorrupção (Lei Nº 12.846, de 1º de agosto de 2013), no qual, a Controladoria-Geral da União (CGU) detém competência exclusiva, no Poder Executivo Federal, para celebrar acordos de leniência com empresas investigadas pela prática dos ditos atos lesivos contra a Administração Pública (CGU, 2020).[3]

Ainda em fevereiro de 2015, a construtora Camargo Corrêa confirmou demissão de 50 funcionários da parte administrativa. Segundo a construtora, o número corresponde a 10% do quadro do escritório central. A justificativa das demissões foi "devido ao momento econômico do país" (VALOR, 2015). Em 27 de fevereiro de 2015, Dalton dos Santos Avancini e Eduardo Leite fecharam acordos de colaboração com a investigação.[4]

Em 30 de março de 2015, Dalton Avancini e Eduardo Leite, deixaram as instalações da carceragem da Polícia Federal em Curitiba, após o acordo de colaboração premiada ser homologado pelo então juiz Sérgio Moro. Em setembro de 2015, a Justiça Federal condenou os réus ligados à construtora Camargo Corrêa. A pena de Dalton Avancini, pelos crimes de corrupção, lavagem de dinheiro e pertinência à organização criminosa, foi de 15 anos e 10 meses de reclusão. Na sentença proferida, Eduardo Leite também foi condenado a 15 anos e 10 meses de prisão.

---

3 CGU, Disponível em: https://www.gov.br/cgu/pt-br/assuntos/responsabilizacao-de-empresas/lei-anticorrupcao/acordo-leniencia › Acesso em 10 de maio de 2021.

4 Dois executivos da Camargo Corrêa assinaram acordo de delação premiada. Valor, Agência O Globo, Brasília, 27 de fevereiro de 2015. Disponível em: https://valor.globo.com/politica/noticia/2015/02/27/dois-executivos-da-camargo-correa-assinam-acordo-de-delacao-premiada.ghtml › Acesso em: janeiro de 2021.

Dalton Avancini passou a cumprir regime fechado diferenciado em prisão domiciliar e a usar tornozeleira eletrônica como monitoramento da justiça. Em março de 2016, Avancini recebeu progressão para regime semiaberto diferenciado, com recolhimento domiciliar no período noturno e nos finais de semana, também com uso de monitoramento (tornozeleira). De abril a julho de 2019, passou para o regime aberto diferenciado, com prestação de serviços à comunidade por cinco horas semanais. Em setembro de 2019 recebeu induto (perdão da pena) da juíza Carolina Moura Lebbos – da 12ª Vara Federal de Curitiba - por "cumprir integralmente a prestação de serviços comunitários, quitar a multa penal, custos processuais e multa cível compensatória" (EXAME, 2019).

Em junho de 2020, Eduardo Hermelino Leite teve indulto negado. A justificativa foi que "ainda não cumpriu um quinto de sua pena" somada a pena da infração que cometeu quando descumpriu ordem de prestação de serviços na Associação Brasileira de Assistência à Pessoa com Deficiência Visual. Segundo o Ministério Público Federal, dos 35 dias que o Leite registrou ter prestado serviços na instituição, em 30 deles foi possível atestar que ele não esteve presente no local e que das 175 horas registradas, 164 horas e 46 minutos não foram prestadas a título de serviços à comunidade. Em razão disso, foi imposta falta grave a Eduardo Hermelino Leite, tendo sido decretada sua regressão de regime (ESTADÃO, 2020).

No caso de João Ricardo Auler, para os crimes de corrupção e de pertinência à organização criminosa, as penas somadas chegam a 9 anos e 6 meses de reclusão. Desde abril de 2015, Auler cumpre prisão domiciliar. Infográfico da *Folha de S. Paulo* afirma que 1 ano e 7 meses foram cumpridos em regime fechado

(17%), 1 ano e 4 meses em semiaberto (14%) e o restante no regime aberto (69%).[5]

Segundo Goffman (2005), cada vez que alguma pessoa que tem um estigma particular ganha notoriedade, no caso, por infringir a lei, todos que compartilham o estigma da pessoa em questão tornam-se sujeitos do que chamou de transferência de descrédito. Dessa maneira, sua situação leva-os a viver em um mundo de heróis e vilãos de sua própria espécie. No caso que descrevemos, das prisões e condenações de agentes da elite econômica, a notoriedade é um agravante que estigmatizará aqueles no entorno, no caso, a empresa.

Goffman (2005) chama de "informados" as pessoas "normais" (não estigmatizadas) que encontram-se ao redor do estigmatizado. A partir da classificação dos informados, Goffman (2005) menciona aqueles que – através da estrutura social - se relaciona com um indivíduo estigmatizado, o leva a sociedade a considerar ambos como uma só pessoa; todos, de certa forma, são obrigados a compartilhar um pouco o descrédito do estigmatizado com o qual eles se relacionam. Os familiares ou amigos de trabalho, e até a empresa em que se trabalha, acaba por transferir o estigma. E assim identificamos junto aos membros presos das construtoras. O descrédito acabou por contaminar todos os envolvidos, inclusive as construtoras, que perderam prestígio e contratos.

Campos (2019) mapeou o processo que chamou de "efeitos da crise econômica e da Operação Lava Jato" sobre a indústria da construção no Brasil. O autor apresenta dados acerca das falências e concordatas das empreiteiras, como também de um

5 Informação disponível em: https://download.uol.com.br/noticias/lava-jato-indulto-planilha.pdf› Acesso em fevereiro de 2021.

significativo processo de desestruturação do setor de construção civil e desnacionalização do segmento de infraestrutura.

Entre os dados, temos que, em 2016, a Camargo Corrêa S.A. encerrou sua participação na CPFL Energia, com a venda de sua fatia na empresa paulista (23,6%) para a chinesa *State Grid* por R$ 5,85 bilhões. Em setembro de 2018, o grupo fez a venda de 100% de suas operações têxteis da Santista para o grupo mexicano *Siete Leguas* e da *InterCement*[6] e para o grupo turco *Oyak*. Também já havia vendido o controle da Alpargatas (calçados) para a J&F Investimentos, em uma operação de R$ 2,66 bilhões.

Ao longo da Lava Jato, a Camargo Corrêa perdeu receita e funcionários. Os dados são da Revista *O Empreiteiro* e da Câmara Brasileira da Indústria da Construção (CBIC). Dados dos anos 2019 e 2020 não foram disponibilizados pela Camargo Corrêa à *Revista O Empreiteiro*, desta forma, ela ficou fora do *ranking* elaborado pela Revista; e como o levantamento da CBIC é baseado na revista, logo, ficou fora dos dados também. Portanto, esse silenciamento significa que a construtora optou por não participar do levantamento, o que, na nossa perspectiva, é uma estratégia, em alguma medida, para ocultar a crise da empresa.

A seguir, gráfico que levantamos sobre a redução da receita da construtora e do grupo Camargo Corrêa e a tabela com a redução do número de funcionários.

6 Venda das operações de cimento e concreto em Portugal e Cabo Verde.

Gráfico 6 – Receita Bruta - Construtora Camargo Corrêa (2003 - 2018)

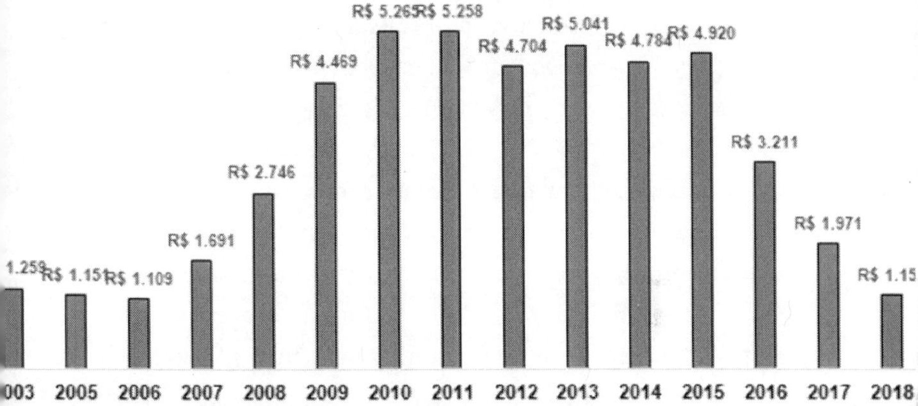

Fonte: Banco de Dados – CBIC

Tabela 3 – Total de empregados - Construtora Camargo Corrêa (2011 - 2018)

	2011	2012	2013	2014	2015	2016	2017	2018
Total de Empregados Construtora Camargo Corrêa	32.825	22.841	25.152	32.524	15.314	16.042	16.115	n/i

(n/i) Não informado.

Fonte: Banco de Dados – CBIC

Diante disso, assistimos a um movimento das empresas para fugir do "estigma" de corrupção, imputado pela prisão de sua elite dirigente. Esse movimento visou reelaborar a face das empresas, afastando-as da imagem do estigma reinante no setor da construção civil.

Parte das estratégias de "reelaboração da face" (Goffman, 1985; 2005), em 2018, a Camargo Corrêa S.A. mudou o nome para MOVER. A marca, segundo a página *online* da empresa, representa o "novo posicionamento estratégico da Camargo Corrêa S.A., de gestora de portfólio", e que daria início a um "novo ciclo de negócio. Sob o Slogan "Para frente e ajudar a construir a mudança" a MOVER (Figura 1), antiga Camargo Corrêa S.A., faz uso da palavra mudança em sua nova roupagem. Em termos simbólicos, a palavra mover aciona cognitivamente a ideia de transformação e de renovação em direção ao futuro. Trata-se de um movimento para se desvincular da imagem anterior (Camargo Côrrea), que estaria com o nome envolvido em todos os rituais de depreciação e estigmas trazidos pela Lava Jato

Imagem 5 – Página inicial Moverpar.com

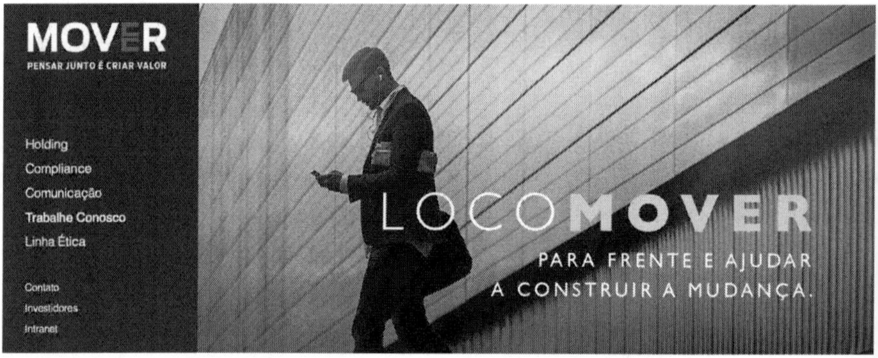

Fonte: ‹moverpar.com.br› Acesso em: 15 de janeiro de 2021.

As análises dos trechos das seções da página institucional da empresa expressam mudanças, não só no nome, mas nas cores da nova roupagem, significando uma completa renovação. Desta forma, a reelaboração da face foi conduzida a partir da palavra mudança: "A MOVER Participações S.A. ("MOVER")

nasceu de um forte desejo de mudança, de fazer diferente, de construir e inovar"; evolução e transformação:

> A MOVER é a marca que reflete a nova estratégia e posicionamento da Camargo Corrêa S.A. ("CCSA"), com base em premissas construídas a partir de decisões empresariais sólidas, estruturadas e inteligentes, que demonstram a capacidade de evolução e transformação da companhia rumo a um novo ciclo de crescimento (MOVER PARTICIPAÇÕES S.A., 2018).

Nesse movimento, a companhia inicia o processo de transição de identidade visual e deixa de usar o nome Camargo Corrêa, assim como as cores cinza e amarelo do antigo logo. O "E" da palavra MOVER é representado por dois "C" em memória ao nome Camargo Corrêa e usa-se a cor azul. O slogan se mobiliza em torno da palavra valor – "pensar junto é criar valor". Seguindo as pistas deixadas por Douglas (1998), inferimos que a mudança de identidade é bem mais que isso; é a seleção de uma memória, uma vez que para a autora, as instituições decidem o que lembrar e o que esquecer.

Assim, Douglas (1998) afirma no livro *Como as instituições pensam*, que existe um processo de esquecimento nas instituições, ou seja, ao mesmo tempo em que as instituições se lembram, elas também se esquecem. A memória pública é o sistema de armazenamento da ordem social. Para construir socialmente a lembrança de algo, as instituições reforçariam normas e regras. Para esquecer de algo, as instituições alteram códigos cognitivos e também fazem uso do silêncio. (DOUGLAS, 1998). Analisar as mudanças instituídas via marca da empresa, portanto, é, em última análise, a empresa decidindo o que lembrar e o que esquecer. Desta forma, essa empresa, está decidindo o que deseja ser esquecido – o envolvimento no escândalo Lava Jato.

Imagem 6 – Novo e Antigo logo Camargo Corrêa

Fonte: Dados de pesquisa

A partir da página *online* "Mover Participações S.A.", também criada em 2018, foi possível mapear a reconfiguração institucional acionada pela Camargo Corrêa. Os valores da nova empresa apresentam-se em torno da mobilização das palavras: justa, correta, íntegra, transparência, respeito e clara. Retomando a discussão de Luc Bolstanki e Theavenot (2020) da seção 6, com esses adjetivos, a construtora faz uso da *cité* cívica na justificação de sua nova identidade. A seguir, trechos selecionados para exemplificar nossa análise:

Quadro 9 – Valores Mover – 2021

Valores	Trechos selecionados
Respeito às pessoas e ao meio ambiente	Agir sempre de forma **justa e correta** em relação a acionistas, profissionais, clientes, fornecedores, governos, comunidades locais e sociedade em geral. Atuar com responsabilidade em relação ao meio ambiente.
Atuação responsável	Atender ao que é estabelecido na **legislação**, onde quer que atuemos, agindo de forma **íntegra**. Respeitar a diversidade de acordo com as normas universais de boa convivência humana, sem discriminação de raça, credo, religião, cargo, função ou outra.
Transparência	Fornecer informações **claras** e abrangentes sobre suas atividades, realizações, políticas e desempenho, de maneira sistemática e acessível.
Foco no resultado	Buscar sempre maximizar o seu desempenho, como forma de garantir sua **perenidade, seus investimentos, o retorno aos acionistas e condições adequadas aos profissionais**.
Qualidade e inovação	Garantir a qualidade de serviços e **produtos e investir continuamente no aperfeiçoamento dos profissionais e das empresas**.

Fonte: https://moverpar.com.br/holding/valores (elaboração própria)

Ainda como parte da estratégia de reelaboração da face (GOFFMAN, 1985, 2005), a Mover (antiga Camargo Côrrea) elaborou um material intitulado "Código de Ética e Conduta" em 13 de junho de 2018. Segundo consta no material, o objetivo é:

> O documento tem como objetivo deixar claro os valores empresariais e solidificá-los, servir de referência para atitudes e comportamentos de cada profissional da companhia e suas empresas, bem como contribuir para o respeito de seus valores em todas as empresas, para que seus profissionais ajam de maneira correta, justa e respeitosa em relação à comunidade e ao meio ambiente.

A partir desse material, desenvolveu-se a chamada "Linha Ética", ou seja, um canal de comunicação "direto e confidencial", para a realização de denúncias, sendo essas sigilosas ou não, de atividades que não estariam de acordo com o Código de Ética e Conduta da Mover. A Linha Ética é administrada por uma consultoria externa e o tratamento dado a cada chamado é "confidencial e independente". O canal é acompanhado por um Comitê de Ética, formado por representantes das empresas da MOVER, em que, debatem e tratam as principais ocorrências e, quando necessário, as reportam ao Conselho de Administração. Analisamos que esta Linha Ética é uma forma de reforço à narrativa de "nova empresa", distanciando-se mais ainda da memória a ser esquecida, a de empresa corrupta.

Realizamos a análise de conteúdo do Código de Ética e Conduta da Mover com uso do *software* MAXQDA e destacamos a mobilização das seguintes palavras: conformidade, legislação, honestidade, integridade, responsabilidade, poder público, órgãos públicos, reputação legítima, imparcial, melhores práticas, interesses pessoais, vantagens pessoais, brindes e cortesias, independência, correta, clara.

No contexto de reelaboração da face, a implementação de um código de ética e conduta em torno dos termos citados, representaria a construção de uma imagem (do *self* da face – própria face, segundo Goffman, 1985) delineada em termos de atributos sociais aprovados socialmente; ou ainda, o que se espera da empresa.

Destacamos as partes do documento que elabora diretrizes de "como deve ser" o relacionamento da empresa e seus funcionários com o poder público. A seguir, alguns dos trechos codificados que explicitam a ideia de honestidade como o fio condutor:

> Temos um Sistema de Integridade robusto, baseado em nossos valores apoiado por toda a liderança da empresa e que guia as nossas condutas para fortalecer a cultura de fazer o que é certo.
>
> Nossa atuação é baseada na transparência e na integridade. Estamos sempre em evolução e buscando aperfeiçoar o nosso modelo de governança e de conformidade para que possamos, na prática, aplicar a ética, a responsabilidade e a transparência em todos os nossos negócios, em qualquer lugar do mundo.

Imagem 8 – Seção "integridade" da Camargo Corrêa Infra

Fonte: ‹ https://camargocorreainfra.com/quem-somos-2/integridade/› (dados da pesquisa) Acesso em: 20 de janeiro de 2021.

A página possui uma seção intitulada "nossas obras". Nela, encontra-se as categorias "projetos em andamento" e "obras privadas". Nos "projetos em andamento", encontramos dados "sobre a obra" no qual descreve-se a obra e início da obra e se pode acompanhar o desenvolvimento da obra. No entanto, não há dados sobre as chamadas "obras privadas". Através do acompanhamento da página *online*, mapeamos as obras nas quais a Camargo Corrêa Infra está envolvida, são elas:

Quadro 10 – Obras Camargo Corrêa Infra (2017-2020)

1. Início da obra: Junho de 2017 – Lote 18 das linhas de transmissão de energia em MG e SP. Leilão 05/2016 da Aneel;
2. Início da obra: Fevereiro de 2019 – Lote 21 da linha de transmissão de energia em SC. Instalação e operação das Linhas de Transmissão de Energia Elétrica do Lote 21 do Leilão 05/2016 da Aneel;
3. Início da Obra: Junho de 2019 - Implantação e conclusão dos serviços residuais no Contorno Viário da Grande Florianópolis.
4. Início da Obra: Janeiro de 2021- Construção de dois túneis duplos, rodovia e interseções com as BRs 101 e 282 em Palhoça, Santa Catarina.
5. Tramo III da Linha 1 do Sistema Metroviário de Salvador e Lauro de Freitas – SMSL, trecho Pirajá□-Águas Claras, em Salvador/BA - desenvolvimento dos projetos básico, executivo e as built, execução das obras civis e de urbanização, fornecimento e implantação do sistema de energia (rede aérea de tração e subestação), trabalho técnico social para fins de desapropriação, bem como a pré-operação da referida implantação.

Fonte: Cargo Corrêa Infra

No exterior, a Camargo Corrêa Infra lidera o Consórcio CCC Ituango, em parceria com a *Constructora Conconcreto* e a *Coninsa-Ramón H*, ambas colombianas, responsável pela construção de uma hidrelétrica na Colômbia (Usina Hidrelétrica de Ituango) que, segundo informações do site (Blog Camargo Corrêa Infra), "será capaz de atender a 17% da demanda de energia elétrica do país, com 2.400 megawatts de potência, o suficiente para abastecer 8 milhões de pessoas, ou ao total que hoje é consumido no Estado do Pará". Desta forma, essa usina será a maior Usina Hidrelétrica (UH) do país.

Sob o título "transparência de resultados financeiros" a Camargo Corrêa Infra afirma oferecer "livre acesso às informações financeiras para clientes, parceiros de negócios, fornecedores e internautas. Os arquivos encontram-se disponíveis para *download* através da "central de d*ownload*". Mapeamos na seção "blog" do site da Camargo Corrêa Infra a seguinte notícia "Contratos públicos com a Camargo Corrêa Infra são liberados para consulta" datada de 28 de maio de 2018. Segundo Robson Campos, então diretor executivo Financeiro e de Novos Negócios da empresa, as demonstrações financeiras também passarão a ser disponibilizadas na internet. "Embora a Camargo Corrêa Infra seja uma empresa de capital fechado, queremos equiparar nosso processo de governança e de transparência às melhores empresas do Novo Mercado da Bovespa". Robson Campos, também afirmou:

> Dar acesso livre aos contratos firmados com o poder público é uma demonstração da nova política de integridade, ética e transparência implantada na Camargo Corrêa Infra. Eventuais atrasos e repactuação de valores de obras serão justificados em relatórios. Vamos deixar claro que a empresa entra no mercado para estimular um novo ambiente de negócios e uma política pautada na produtividade e em preços competitivos.

A partir dessas evidências, afirmamos que a reelaboração da face da construtora passa por se aproximar de empresas que atuam na bolsa de valores, por meio de transparência e governança corporativa. E, apesar da empresa não atuar nesse mercado – da bolsa de valores – passa a buscar os requisitos valorizados naquele espaço (transparência e governança corporativa), como estratégia de reelaboração da face.

Assim, ao apresentar a estrutura organizacional da Camargo Corrêa Infra, afirma: "Governança inspirada nas empresas referências na bolsa brasileira". O grifo das palavras não é nosso (das pesquisadoras), a própria página institucional as destacou, apenas as reproduzimos. Tal estratégia se dá na busca de confiança do mercado.

A Camargo Corrêa Infra é controlada pela Construção e Comércio Camargo Corrêa S.A. (CCCC). Através da página institucional da CCCC, mapeamos seis (6) normativos internos: 1) Código de Ética e Conduta de 23 de abril de 2020; 2) Manual de Integridade de 15 de maio de 2020; 3) Manual de utilização da Linha Ética; 4) Política de Consequências de 15 de maio de 2020; 5) Política de Privacidade de 07 de dezembro de 2020 e 6) Política de Antissuborno de 22 de abril de 2021.

Imagem 9 – Capa dos documentos Código de Ética e Conduta Mover, Camargo Corrêa Infra e Construtora Camargo Corrêa

Fonte: Dados de pesquisa

A partir das análises dos materiais por meio do *software* MAXQDA, destacamos a mobilização em torno das palavras:

íntegra/integridade, eficiente, honestidade, respeito, legislação, sólidas, transparentes, digno, reputação, responsabilidade, justo, correto.

Destacamos um trecho que versa sobre agentes públicos: Não realizamos Contribuições para agentes Públicos, doações políticas ou partidárias e tampouco autorizamos que qualquer pessoa ou empresa as realizem em nome da Camargo Corrêa. (Código de Ética e Conduta). A reelaboração da face passa pelo distanciamento em relação à esfera política e do Estado.

Outra prática refere-se à inclusão de cláusulas contratuais nos contratos com terceiros, proibindo-se atos lesivos.

> Todo contrato com Terceiros deverá incluir cláusulas vedando expressamente a prática de atos lesivos, tais como "Práticas Anticorrupção", a qual obriga o fornecedor ao cumprimento de legislação vigente. Todo contrato com prestadores de serviços deverá conter compromissos de respeitar as normas éticas e de integridade fazer menção ao Código de Conduta da Camargo Corrêa e Código de Conduta de Fornecedores, disponíveis no site da construtora, contemplando as disposições e as condutas esperadas.

No documento "Política de Consequências" está previsto uma classificação a partir das denúncias recebidas (e apuradas) via Linha Ética. Desta forma, as métricas de avaliação classificam as denúncias como: Categoria I – Leve (prevê advertência – oral ou escrita – ou suspensão de até 5 dias); Categoria II – Média (prevê advertência escrita ou suspensão de até 15 dias ou demissão, incluindo justa causa); Categoria IIIa – Grave (Prevê suspensão de até 30 dias ou demissão, incluindo justa causa) e IIIb – Gravíssimo (a penalidade e/ou consequência prevê demissão por justa causa).

Ao todo, são previstas quatorze (14) infrações categorizadas como "gravíssimo" no documento. Das quatorze infrações, seis se referem à práticas e/ou relacionamento com agentes públicos. A citação abaixo representa, na íntegra, aquelas infrações da Categoria IIIb – Gravíssimo, que citam diretamente a relação com o sistema político e/ou agentes públicos.

> Entregar, prometer ou ofertar de qualquer tipo de pagamento, comissão, presentes, remuneração a ou vantagem indevida em desacordo com a Política de Integridade a autoridades, entidades representativas de classe, agentes públicos, executivos de empresas (pública ou privada), órgãos públicos ou terceiros a eles relacionados.
>
> Fazer doações a partidos políticos, campanhas políticas ou candidatos para cargo público em nome de qualquer empresa integrante da Camargo Corrêa, sem a prévia e expressa aprovação por escrito do Conselho de Administração.
>
> Prometer, negociar ou realizar doações em troca de favores com qualquer autoridade e/ou agente público, mesmo que o favorecido seja uma instituição beneficente genuína.
>
> Efetuar qualquer transação comercial em benefício da Camargo Corrêa que possa ser interpretada como lavagem de dinheiro ou corrupção.

> Aceitar suborno ou promessa de qualquer forma, inclusive comissões clandestinas, em qualquer instância de um pagamento contratual, ou o uso de outros meios ou caminhos para propiciar benefícios inapropriados a clientes, representantes, empreiteiros, terceiros, empregados dos mesmos ou agentes públicos.

> Realizar patrocínios em troca de favores de qualquer autoridade e/ou agentes públicos, bem como aos profissionais e a terceiros de forma a causar prejuízo financeiros à empresa e a sua imagem.

Sob o slogan "infraestrutura é transformação", e a partir da mobilização em torno dos termos "gestão profissional" e "transparência", a Camargo Corrêa Infra apresenta a estrutura administrativa afirmando: "Nossa diretoria é formada por executivos experientes e uma gestão focada em excelência, transparência e integridade". Vejamos trechos selecionados da página *online* da empresa:

> Referência na realização de obras de alta complexidade, a Camargo Corrêa Infra atua na defesa de um modelo de negócios pautado na integridade e transparência, bem como na excelência e respeito socioambiental com o compromisso de deixar um legado à sociedade.

> Os profissionais da Camargo Corrêa Infra contribuem para o desenvolvimento do país com excelência em obras, integridade, respeito, transparência e integração. A empresa colabora com o debate sobre novos marcos regulatórios do setor, como a revisão da Lei de Licitações e a prática de tolerância zero a atos ilícitos ou suspeitos.

> A empresa contribui para renovação do mercado de construção pesada, com base em seu legado de oito décadas de excelência em obras e em iniciativas desenvolvidas a partir de decisões empresariais sólidas, estruturadas, inteligentes e com visão de futuro para melhor qualidade de vida da sociedade. Excelência para Transformar.

Uma outra estratégia de reelaboração da face (GOFFMAN, 1985), da Camargo Côrrea, foi que, após as condenações e prisões de diretores e presidentes da empresa, ela adotou práticas de "renovação", tanto da estrutura de governança – criando novos espaços - como de dirigentes. Mapeamos os nomes daqueles que compõem a nova estrutura de governança – diretores e conselho de administração - da Camargo Corrêa Infra em 2020, dando nova roupagem a sua "elite econômica".

A seguir, apresentamos um quadro com os novos membros das diretorias e conselho de administração da Camargo Corrêa Infra. Dentre os novos nomes, destacamos que três, dos nove membros, apresentam carreira na Camargo Corrêa, são eles: José Florêncio Rodrigues Neto; Vicente de Camargo Sampaio e Marcio Perez. Os demais, a partir do mapeamento da trajetória, identificamos que ocuparam cargos em multinacionais e fora do Brasil. Desta forma, simbolizam um perfil de "não vínculo" com a história da Camargo Corrêa e de internacionalização e profissionalização, pois, estruturam suas carreiras em postos de comando de empresas multinacionais e internacionais.

A imprensa de negócios tem acompanhado as ações de reelaboração da face. Em abril de 2020 o Jornal Valor Econômico noticiou "Família Camargo Corrêa elege Brumer ao conselho do grupo" (RIBEIRO, 2021). Destacamos trechos:[8]

> "Com Brumer, damos mais um passo no processo de profissionalização do grupo e reforçamos a estratégia de longo prazo da companhia, numa visão de multinegócios", disse uma fonte próxima da Mover ao Valor". (RIBEIRO, 2021).

> Convidado para o cargo há cerca de dois meses, o executivo disse ao Valor que, não sua visão, a indicação de alguém de fora da família na presidência do conselho só reforça o processo de aprimoração da governança nos negócios do grupo. "É a junção da experiência com a juventude da nova geração da família. Vi para ajudar os acionistas na estratégia.

A reportagem traz a trajetória do novo presidente – que, aos 71 anos (2020), Brumer presidiu a Vale, Acesita, Usiminas e BHP Billiton; foi presidente de conselhos da Cemig, Localiza e Direcional Engenharia e conselheiro na Embraer, Metso, Fundação Renova e CCR. De 2003 a 2006, foi Secretário de Desenvolvimento Econômico de Minas Gerais.

8 Informamos que essa notícia já foi citada na seção 5 da tese, mas a título de caracterização da elite dirigente. Nessa seção o objetivo é analisar se as ações práticas e simbólicas da Camargo Correa esta mobilizando encontra-se reforçada pela mídia de negócios no Brasil.

Quadro 11 – Nova elite econômica Camargo Corrêa Infra – 2022

Nome	Cargo	Formação	Carreira
Marcelo Cordaro	Presidente do Conselho de Administração da Camargo Corrêa Infra. Atua como membro de conselhos consultivos e de administração desde 2017.	Engenheiro Eletricista – na modalidade eletrônica – pela Escola Politécnica da USP, mesma escola na qual concluiu mestrado em 1989. Em 1996 obteve doutorado pela Washington University in St Louis (EUA).	Foi presidente das operações da América Latina, vice-presidente executivo e membro do Comitê Executivo Global da Pöyry Plc, entre 2008 e 2017. Como consultor empresarial e executivo exerceu posições na McKinsey, Booz Allen e Braskem, de 1996 a 2008. Antes de iniciar sua carreira como executivo, trabalhou em P&D no Brasil e nos EUA.
José Florêncio Rodrigues Neto	Membro efetivo do Conselho de Administração e membro dos Comitês de Estratégia e Sustentabilidade; Financeiro e de Riscos; e de Pessoas, Ética e Conduta da Companhia. Também exerce o cargo de Presidente do Conselho de Administração da Camargo Corrêa Naval.	Formado em Engenharia Civil pela Universidade de Brasília, com pós-graduação em Administração (CEAG) pela EAESP – FGV e MBA pelo Massachusetts Institute of Technology (MIT)	Iniciou atividades, em 1991, na Themag Engenharia. Passou pelos cargos de: Gestor do contrato de Concessão da Nova Dutra, em 1996; Diretor de Planejamento e Controle da Holding Camargo Corrêa S.A, em 2004; CFO da Construtora Camargo Corrêa, em 2008; CFO da Cyrela Brazil Realty, em 2011 e CEO da CCP – Cyrela Comercial Properties, em 2013. Foi Conselheiro titular da CPFL Energia e da CCR, entre 2016 e 2018.
Luiz Carlos Cavalcanti Dutra Júnior	Diretor Estatutário na MOVER Participações S/A. e membro do Conselho de Administração na HM Engenharia e Construções S.A. e na CCR S.A.	Graduado em Direito pela PUC-SP em 1987, com pós-graduação em Administração de Empresas pelo Mackenzie em 1989 e MBA Executivo pela USP em 1996.	Iniciou atividades, em 1996, na Johnson & Johnson onde assumiu a posição de Diretor de Assuntos Públicos da Cia. Em 2001 se tornou Diretor de Comunicação & Public Affairs para o Brasil e América Latina; também integrou o Comitê Global de Advocacy na Dow Química. Entre 2004 e 2012, foi Vice-Presidente da Unilever para Brasil e América Latina. Foi Vice-Presidente da Holding da Votorantim (atual VSA). Foi sócio da FSB Consumo S.A. Exerceu também cargos de liderança setorial como Presidente da ABA (Associação Brasileira de Anunciantes) de 2000 a 2004 e Presidente do Conselho Superior desta Entidade de 2004-2006 e 2010-2014, Presidente da ABIPLA (Associação Brasileira da Indústria de Produtos de Limpeza e Afins) de 2006 a 2012, Vice-Presidente do CONAR (Conselho Nacional de Auto Regulamentação Publicitária) de 1998 a 2012 e Diretor-Vice Presidente da ABIHPEC (Associação Brasileira da Industria de Higiene, Produtos de Higiene, Pessoais e Cosméticos) de 2004 a 2012 e Vice Presidente da ABIA com foco na Indústria de Alimentação, de 2004 a 2012.
Vicente de Camargo Sampaio	Em dezembro 2018, retornou ao Grupo MOVER agora como membro efetivo do Conselho de Administração da Camargo Corrêa Infra, onde também participa dos comitês de Ética, Propostas e Estratégia	Formação em Engenharia Mecânica, pela Universidade Mackenzie.	Atuou no anteprojeto do Metrô de São Paulo, no ano de 1968. Na Construtora Camargo Corrêa exerceu, de 1969 a 1981, múltiplas funções nas áreas de Controle e Manutenção de Equipamentos, Controle de Custos das Obras, entre outras. De 1982 a 1984, atuou como diretor de Finanças e representante da Camargo Corrêa no consórcio Kavanayen, na Venezuela. Em 1985, retornou ao Brasil para atuar na diversificação de investimentos do atual Grupo MOVER e foi diretor financeiro da Construtora Camargo Corrêa até 1996.
João Colagrossi	Presidente da Camargo Corrêa Infra. Em 2021 se tornou membro do Conselho de Administração da Camargo Corrêa Infra e, em maio deste mesmo ano, assumiu a presidência da companhia.	Graduado em Engenharia Metalúrgica pela Universidade Mackenzie e com especialização em Gestão Estratégica, Comportamento Organizacional, Marketing e Finanças pela Wharton School, e em Administração de Empresas Industriais pela Fundação Vanzolini (USP).	Iniciou a carreira na Svedala Brasil Ltda. onde chegou à posição de Presidente para América Latina. Em 2001 assumiu a presidência da Metso Minerals South America e, a partir de 2006, a presidência global da linha de negócios de construção, mineração e serviços, baseado em Helsinque – Finlândia. A partir de 2018 passou a atuar como membro do conselho nas empresas Heads Advisory, Paineo, Nordkalk, Status4, onde é também investidor, e como CEO na Triple C Participações e Investimentos.
Alexandri Olivieri	Diretor Executivo de Operações	Formado em Engenharia de Produção pela Universidade de São Paulo (POLI) com Mestrado em Administração pela FGV e MBA na SDA Bocconi/Milão.	Mais de 25 anos de experiência executiva nos setores Petroquímico, Logística, Bens de Consumo, Varejo e Saúde com vivência profissional relevante nas áreas de estratégia, operações e financeira em empresas como McKinsey & Company, Braskem, Coca-Cola FEMSA, Hypermarcas, BLOG Logística, FAST SHOP e NETSHOES.
Fabio Nossaes	Diretor Executivo de Negócios & Comercial. Atua na Camargo Corrêa Infra desde maio de 2020.	Formado em Engenharia pela FEI, especialização em Administração pela FGV/CEAG, MBA em Executivo Internacional pela USP/FIA e Gestão Avançada pelo INSEAD Singapura/França.	Cerca de 20 anos de experiência em gestão de projetos, gestão industrial e liderança de negócios. Iniciou sua carreira na ABB na área industrial baseado na Suíça por 1 ano, já na Alstom se desenvolveu na área de gestão de projetos participando dos maiores projetos de Hidroelétricas na América do Sul. Durante 3 anos liderou as operações da GE Hydro na China e, de retorno ao Brasil, nos últimos 3 anos, ficou responsável pela área de Operações e Comercial da GE Grid na América Latina.
Francisco Fay	Diretor Executivo de Pessoas, Comunicação & SST. Ingressou na empresa em janeiro de 2019.	Bacharel em Engenharia Mecânica pela Universidade Federal do Rio Grande do Sul.	tem mais de 20 anos de experiência adquirida numa longa trajetória em empresas multinacionais nas áreas de Operação, Engenharia, Recursos Humanos e Comunicação vivenciando o ambiente de projetos e obras. Atuou em empresas como Schlumberger, Bausch+Lomb, Poyry e ATOS em diversos países como EUA, França e Argentina.
Marcio Perez	Diretor Executivo de Engenharia & Tecnologia	Engenheiro Civil com Educação Executiva no IESE Business School.	Possui 30 anos de experiência no setor de Construção Civil, sendo 28 dedicados à Camargo Corrêa e Camargo Corrêa Infra. Em sua carreira profissional atuou nas áreas de Gestão de Custos, Engenharia, Planejamento, Qualidade, Socioambiental, Mobilização de Obras, Gestão da Frota de Equipamentos, Propostas de Novos Negócios, Inovação, Lean Construction, Sistema de Gestão e Tecnologia da Informação.

Fonte: Governança ‹ camargocorreainfra.com.br› (Elaboração própria)

Da Odebrecht a Novonor: Inspirada no futuro

Assim como a Camargo Corrêa, apresentamos alguns dados sobre condenações relacionadas à elite econômica da Odebrecht. Chamamos a atenção para os agentes "informados" que cita Goffman (2005) – aqueles que compartilham a condição do estigmatizado por transferência de descrédito, tornando-se vilões. Focamos aqui, no caso do Marcelo Odebrecht.

Marcelo Odebrecht, Márcio Faria, César Ramos, Alexandrino Alencar e Rogério Araújo foram presos, preventivamente, em 19 de junho de 2015, quando foi deflagrada a Operação Erga Omnes, 14ª fase da Lava Jato. Em março de 2016, Marcelo Odebrecht, Márcio Faria e Rogério Araújo foram condenado a 19 anos e 4 meses de prisão. Também foram condenados César Ramos Rocha – 9 anos, dez meses e vinte dias por corrupção e associação criminosa. – e Alexandrino Alencar – por corrupção e lavagem de dinheiro a 15 anos, sete meses e dez dias de prisão.

Em outubro de 2015, Alexandrino Alencar foi o primeiro executivo da Odebrecht a deixar a prisão; o segundo foi César Ramos – ambos tiveram a prisão preventiva substituída por medidas alternativas. Em abril de 2016, Marcio Faria e Rogério Araújo – que estavam detidos no Complexo Médico Penal (COP) em Pinhais, região metropolitana de Curitiba - deixaram a prisão para cumprir regime domiciliar. Eles passaram a usar tornozeleira eletrônica. Na ocasião, Marcelo Odebrecht foi mantido preso preventivamente.

Em dezembro de 2016, setenta e sete (77) executivos da Odebrecht assinaram acordo de delação com o Ministério Público. A delação foi chamada de "Delação do fim do mundo". Em janeiro de 2017, a ministra Carmem Lúcia – presidente do Supremo Tribunal Federal (STF) – homologou as delações. Em agosto de 2017, o STF liberou, na íntegra, o vídeo da delação de Marcelo Odebrecht.

Marcelo Odebrecht saiu da prisão em setembro de 2017, ficou dois anos e meio preso. Desses dois anos presos, ficou seis meses como presidente da Odebrecht. Quando saiu da prisão, passou a cumprir pena em regime de prisão domiciliar. Em setembro de 2018, o Tribunal Regional Federal da 4.ª Região (TRF4) julgou o recurso de apelação criminal de Marcelo Bahia Odebrecht e manteve a pena a ele imposta pelo juiz Sérgio Moro, de dezenove anos e quatro meses de reclusão pela prática dos crimes de corrupção ativa, lavagem de dinheiro e associação criminosa.

Na mesma ocasião, não recorreram, mas figuraram como interessados no processo e tiveram as penas definidas por ofício pela 8.ª Turma, os executivos da Odebrecht Márcio Faria da Silva, Rogério Santos de Araújo, Cesar Ramos Rocha e Alexandrino de Salles Ramos de Alencar. Cesar Ramos Rocha, condenado por corrupção ativa e associação criminosa, teve a pena reduzida de nove anos, dez meses e vinte dias, para sete anos e oito meses de reclusão; Alexandrino de Salles Ramos de Alencar, condenado por corrupção ativa e lavagem de dinheiro, teve a pena reduzida de quinze anos, sete meses e dez dias para doze anos de reclusão. Os demais – Márcio Faria da Silva, Rogério Santos de Araújo – mantiveram a pena inicial.[9]

Em setembro de 2019, Marcelo obteve progressão do regime da pena de prisão domiciliar (previsto para durar até junho de 2020). No dia 12 de setembro de 2019, ao sair da prisão domiciliar, ele visitou a empresa, sede da Construtora Odebrecht, em São Paulo.

9 BRANDT, Ricardo; VASSALO, Luiz; AFFONSO, Julia; MACEDO, Fausto. Tribunal da Lava Jato mantém 19 anos de pena para Marcelo Odebrecht. *Estadão*, Política, 12 de setembro de 2018. Disponível em: https://politica.estadao.com.br/blogs/fausto-macedo/tribunal-da-lava-jato-mantem-19-anos-de-pena-para-marcelo-odebrecht/› Acesso em: março de 2021.

O caso de Marcelo é exemplar para pensar o que Goffman (2005) chamou de "ciclos de incorporação"; ou seja, dada a ambivalência da vinculação do indivíduo com a sua categoria de estigmatizado, no caso a prisão, é comum que ocorra oscilações no apoio, identificação e participação que tem entre seus iguais; no caso, sua família e atuação na empresa. Partes desses ciclos de incorporação foram citados no livro *A elite na cadeia*, que estudamos na seção anterior, quando ressaltou as visitas que Marcelo recebeu durante período de reclusão. De um lado, apoio maciço da esposa (Isabela Odebrecht) que, conforme descrito, "não faltou a nenhum dia de visitação"; mas, por outro lado, seu pai, Emílio Odebrecht, visitou Marcelo "apenas em duas ocasiões" e em uma delas, "logo foi socializar com velhos conhecidos da empresa" (NUNES, 2019, p. 134/5). Ou seja, foi buscar apoio em sua antiga rede de sociabilidade, os não estigmatizados, os heróis (GOFFMAN, 1985).

No espaço midiático, a relação de Marcelo e Emílio passou a ser tratada como disputa (em âmbito familiar e empresarial). O próprio jornalismo passou a divulgar aspectos dessa disputa entre pai e filho. Mapeamos algumas notícias do jornalismo econômico que mostra aspectos dessa disputa.

Em novembro de 2019, o jornal *Valor Econômico* noticiou que "em carta à família, Marcelo Odebrecht pede para voltar à Odebrecht" (VALOR, 2019). A carta que foi divulgada na íntegra pelo jornal, apresenta a "vontade" de Marcelo em voltar a conduzir os negócios da família via Kieppe – a *holding* familiar. Marcelo escreveu: "me coloco à disposição da nossa família para ajudar no que for preciso, tanto no âmbito de Kieppe, quanto da Organização". Na reportagem, descreve que a visita de Marcelo à empresa deixou todos desconfortáveis, em alerta e preocupados.

> A ida do ex-presidente às empresas gerou reação e críticas de diversos conselheiros independentes das controladas, especialmente em Braskem, por se tratar um condenado pela Justiça em cumprimento de pena e legalmente afastado dos negócios. (VALOR, 2019, n.p.)

Como mostra Goffman (2004), o estigma de descrédito de Marcelo passou a incomodar a família e a empresa, que busca se distanciar da imagem do estigmatizado. Esse distanciamento tem uma função simbólica de reelaboração da face. Portanto, a ruptura pública entre pai e filho é uma importante estratégia na reelaboração da face da empresa.

Outra reportagem, agora da *Revista Veja*, em dezembro de 2019, afirma "Marcelo Odebrecht diz que vive 'inferno'". A reportagem informa que, após sair da prisão, Marcelo se colocou em regime de reclusão em sua mansão em um bairro da zona sul de São Paulo e que confidenciou estar vivendo um inferno e que 'Preferia ter ficado preso'. A reportagem traz elementos da disputa como o rompimento com o pai, os dois não se falam. O pedido de bloqueio dos bens de Marcelo feito pela empresa, assim como o congelamento de aplicações bancárias e o ressarcimento de pagamentos que a Odebrecht fez após o acordo de delação, foi comentado por Marcelo: "Meu pai quer me asfixiar moral e financeiramente para que eu chegue ao ponto de mentir". (VEJA, 2019)[10]

Assim como a Camargo Corrêa, a Odebrecht também perdeu receita e funcionários e passou por um processo que a imprensa de negócios chama de "liquidação" dos bens e/ou venda de ativos. A seguir, dados da receita bruta da construtora entre os anos de 2003 a 2018.

10 Disponível em: https://veja.abril.com.br/brasil/marcelo-odebrecht-estou-vivendo-o-inferno/ ›. Acesso em abril de 2021.

Gráfico 7 – Receita Bruta Odebrecht Engenharia e Construção (2003-2018)

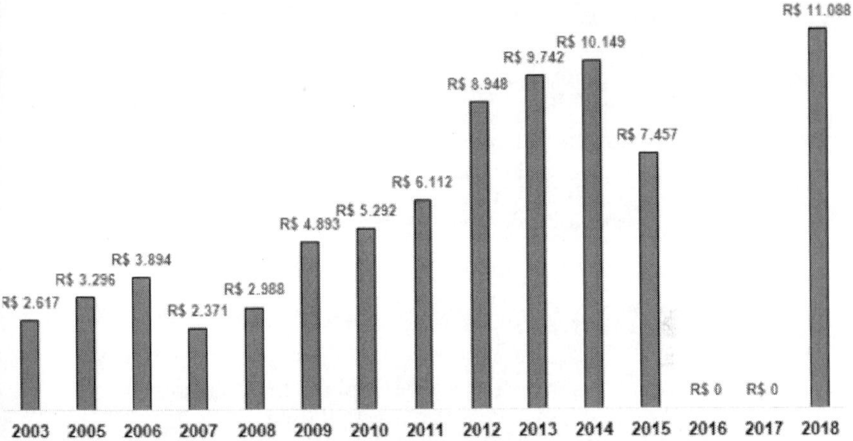

Fonte: banco de Dados CBIC;

No gráfico, não consta as receitas dos anos de 2016 e 2017. Isso acontece porque, segundo informações da *Revista O Empreiteiro* são as próprias empresas que preenchem (alimentam) o banco de dados que gera o ranking da engenharia. A revista confirmou essa informação em entrevista à esta pesquisa, a saber, que a Odebrecht não participou do *ranking* nos anos de 2016 e 2017, pois, ela não preencheu os dados e por isso não consta no levantamento.

Ressaltamos que apenas os dados sobre receita bruta da Odebrecht foram informados no levantamento em 2018. Sugerimos que o não dado é também um dado. Da mesma forma que ocorreu com a empresa tratada anteriormente, o silêncio é uma forma de não falar sobre a crise econômica que abala a empresa.

Segundo Goffman (1985), a reelaboração da face passa pela construção da "impressão idealizada", no qual acentua-se certos fatos e oculta-se outros; outra caraterística da reelaboração da face é o que Goffman (1985) chamou de "coerência expressiva", que é uma referência aos cuidados sobre possíveis desacordos que o público ou a plateia poderia imaginar. Nessa perspectiva, ocultar os dados seria uma forma de não explicitar perdas econômicas trazidas pelo escândalo Lava Jato, manchando simbolicamente ainda mais a imagem da empresa e dos sobrenomes envolvidos.

Sobre a receita de 2018, ressaltamos, baseado no relatório da administração e demonstrações financeiras consolidadas de 2019, que a receita líquida da construtora, em 2018, foi proveniente de operações no exterior, cerca de 82%; e, em 2019 esse percentual passou para 85%. Os países Angola e Panamá são os destaques desses percentuais.

A seguir, tabela com o total de empregados da Construtora Norberto Odebrecht (CNO) entre os anos de 2011 e 2015.

Tabela 4 – Total de empregados - Construtora Norberto Odebrecht (2011 – 2018)

	2011	2012	2013	2014	2015	2016	2017	2018
Total de Empregados Construtora Norberto Odebrecht	115.205	138.388	139.115	125.750	107.296	-	-	n/i

(-) Não participou do levantamento

(n/i) Não informado.

Fonte: Banco de Dados – CBIC; O Empreiteiro

Em 2016 e 2017, como já informado, a Odebrecht não participou do *ranking* "500 Grandes da Construção" elaborado pela Revista "O Empreiteiro". Em 2018, apesar de participar do *ranking* e informar dados da receita, não informou o total de empregados da construtora. Dados mapeados a partir do relatório anual da *holding*, informam que, em 2018, somando todos os ramos de atuação, conta-se com 58 mil integrantes. No relatório anual de 2019, somados, informa-se o total de 47.800 mil integrantes e no de 2020, informa-se 35,2 mil integrantes.

A imprensa cobriu essa redução do quadro de funcionários. No relatório publicado em 2015, a empresa divulgou que tinha 276 mil trabalhadores, incluindo funcionários e terceirizados. Comparando com os dados de 2018, tem uma redução de 80% do quadro de funcionários da *holding* (todos os segmentos) (TREVIZAN, 2019). Em comunicado a imprensa, a empresa afirmou:

> (...) a redução é consequência da crise econômica que frustrou muitos dos planos de investimentos feitos pela ODB, do impacto reputacional pelos erros cometidos e da dificuldade pela qual empresas que colaboram com a Justiça passam para voltar a receber novos créditos e a ter seus serviços contratados.

Por meio da imprensa, também mapeamos os ativos e empresas que o grupo Odebrecht se desfez ao longo dos anos de 2016 a 2018. Em 2016, a Odebrecht Latinvest vendeu as concessões rodoviárias Rutas (57%), Trasvase Olmes, H2Olmos, todas no Peru e a Odebrecht Ambiental para a Brookfield; a Odebrecht Rodovias vendeu participação na ViaRio para a CCR; a Odebrecht Energia vendeu Complexo Eólico Corredor do Senandes, no Rio Grande do Sul para o Grupo NC.

Em 2017, a Odebrecht Transport vendeu participação na Ótima (concessionária de mobiliário urbano) para o grupo RuasInvest Participações; a Odebrecht vendeu usina de Chaglla, no Peru, para a estatal chinesa Três Gargantas (*China Three Gorges Corporation*); vendeu participação no consórcio do aeroporto do Galeão para a *Changi Airports*, de Singapura; a Odebrecht

Transportes vendeu participação na Embraport para a DP Word, de Dubai; e vendeu participação na mina de diamantes de Catoca, na Angola, por US$ 140 milhões de dólares para a Alrosa, da Rússia. Em 2018, a Odebrecht Participações é autorizada pelo Cade a vender a Inova BH para o 3G Fundo de Investimento.

Seguindo a mesma estratégia que a empresa Camargo Corrêa, em dezembro de 2020 a Odebrecht anunciou um novo nome, NOVONOR. Encontramos o mesmo princípio de apagamento de sua história e de reconstrução de uma nova identidade, tal qual a Camargo Corrêa. A seguir, imagem de como era a empresa e de como ficou a nova marca.

Imagem 10 – Nova e antiga marca da Odebrecht

Fonte: novonor.com.br (dados da pesquisa – elaboração própria)

A partir do acompanhamento da página *online* da empresa, identificamos quais categorias foram acionadas pela empresa. A tela inicial da página online mostra o novo slogan da marca: "inspirada no futuro". A seguir, imagem da página inicial:

Imagem Página inicial Novonor.com.br (2020)

Fonte: novonor.com.br. Acesso em: 25 de janeiro de 2021.

Apesar de mudar de nome somente em 2020, desde 2016 a empresa vinha operando mudanças na marca de suas empresas subsidiárias. A área de construção – foco da pesquisa – também passou por mudanças. A seguir, quadro com as marcas antigas e novas das empresas/negócios subsidiários da *holding* NOVONOR (antiga Odebrecht S.A.).

Quadro 12 – Antigas e novas marcas das empresas/negócios subsidiários da holding Novonor (antiga Odebrecht S.A.)

Antigo logo	Novo logo
ODEBRECHT	OEC
ODEBRECHT Agroindustrial	atvos
Braskem	Braskem
ODEBRECHT Oil & Gas	ocyan
ODEBRECHT Realizações Imobiliárias	OR CONSTRUINDO COM VOCÊ
ODEBRECHT TransPort	OTP

Fonte: Dados de pesquisa (elaboração própria)

A fachada do prédio, sede da empresa Odebrecht em São Paulo, também passou por mudanças. A foto da fachada do prédio foi recorrente em notícias sobre a Odebrecht durante a Lava Jato. Para agentes midiáticos, o prédio foi retratado como “símbolo da Lava Jato”, “monumento símbolo de corrupção” (ESTADÃO, 2020).

O prédio, segundo a cobertura da imprensa, reunia os 15 negócios do grupo e localiza-se próximo a Marginal Pinheiros, região de alto tráfego de veículos, portanto, com grande visibilidade. O prédio Odebrecht São Paulo (EOSP) foi vendido em maio de 2020, e os novos proprietários – SDI Gestão e Barzel Properties - mudou o nome para Pinheiros One.

Segundo a cobertura da mídia, o prédio de 25 andares "ficou conhecido como prédio-símbolo da lava Jato". O prédio era um desejo de Marcelo Odebrecht de reunir todos os negócios do grupo em um mesmo lugar – assim como fez com as logomarcas, também foi Marcelo que uniformizou todas em referência a Odebrecht. Segundo dados do Jornal O Estado de S. Paulo, antes da Lava Jato, cerca de 10 mil pessoas circulavam diariamente pelo prédio (ESTADÃO, 2020). A seguir, foto da antiga e da nova fachada.

Imagem 11 – Antiga e Nova fachada do prédio

Fonte: Agência Estado (esquerda); Foto: Andre Penner/AP (Direita).

As mudanças de logo e de nome foram acompanhadas pela imprensa, assim como as vendas de empresas e a redução do quadro de funcionários. Ao justificar publicamente a mudança, a empresa mobiliza as seguintes categorias: futuro, transformação, ética, integridade, transparência, conformidade. Todas as categorias abordam valores moralmente aceitos e desejados socialmente.

> A mudança do nome e da marca é o ponto culminante da transformação empreendida nos últimos cinco anos pela empresa. Nesse período, à medida em que ia mudando os seus processos internos e os seus métodos de atuação, rigorosamente pautados pela ética, integridade e transparência, a empresa implantou um sistema de conformidade no padrão das grandes corporações internacionais, e que foi certificado há dois meses por um monitor independente do Departamento de Justiça dos Estados Unidos.

> "Não estamos apagando o passado. Passado não se apaga. Passado é exatamente o que ele é – passado. Depois de tudo o que promovemos de mudanças e de correção de rumos, estamos agora olhando para o que queremos ser: uma empresa inspirada no futuro. Este é o nosso novo norte".

A Novonor elaborou documentos, assim como a Camargo Corrêa, com orientações éticas, são eles: Código de Conduta do Fornecedor; Código de Conduta e Política sobre o Sistema de Conformidade. A análise de conteúdo do código informa a mobilização em torno dos seguintes termos: compromisso, conformidade, integra/integridade, transparente, respeito/responsáveis e confiança. Tais documentos estabelecem padrões de comportamento que seguem uma "cartilha de bom comportamento"; ou seja, dirigentes e empregados devem ser dotados de boa moral e ter traços éticos de personalidade.

O código apresenta uma sistematização em doze compromissos. Mais uma vez, a narrativa construída gira em torno da ideia de transparência e de honestidade. A seguir, quadro com a reprodução, na integra dos compromissos.

Quadro 13 – Compromisso Código de Conduta Novonor

1.	Combater e não tolerar a corrupção em quaisquer de suas formas.
2.	Dizer não, com firmeza e determinação, a oportunidades de negócios que conflitem com ente compromisso.
3.	Adotar princípios éticos, íntegros e transparentes no relacionamento com agentes públicos e privados.
4.	Jamais invocar condições culturais ou usuais de mercado como justificativa para ações indevidas.
5.	Assegurar transparência nas informações sobre a Novonor, que devem ser precisas, abrangentes, acessíveis e divulgadas de forma regular.
6.	Ter consciência de que desvios de conduta, sejam por ação, omissão ou complacência, agridem a sociedade, ferem as leis e destroem a imagem de toda a Novonor.
7.	Garantir na Novonor, e na cadeia de valor dos Negócios, a prática do Sistema de Conformidade, sempre atualizado com as melhores referências.
8.	Contribuir individual e coletivamente para mudanças necessárias nos mercados e nos ambientes onde possa haver indução a desvios de conduta.
9.	Incorporar nos Programas de Ação dos integrantes avaliação de desempenho no cumprimento do Sistema de Conformidade.
10.	Ter a convicção de que nossa Sobrevivência, Crescimento e Perpetuidade dependem deste Compromisso.

Fonte: Código de Conduta Novonor

Os códigos de condutas e o quadro de compromissos nos faz notar o impacto da depreciação via corrupção e busca por reelaboração da face. Antes da estruturação dos códigos de conduta, em 2016, a Odebrecht foi a público "se desculpar". O

Jornal *Valor Econômico* divulgou, em 01 de dezembro de 2016, o pedido de desculpas público intitulado "Desculpe, a Odebrecht errou". Analisamos a mobilização de termos do pedido de desculpas e destacamos as seguintes palavras: reconhecimento, erro, violação, valores, princípios, honestidade, evolução, convicção. Percebemos que a Odebrecht não menciona a palavra corrupção, ao invés disso, usa um eufemismo, o termo "práticas impróprias". Veja, a seguir, trechos do pedido de desculpas:[11]

> A Odebrecht reconhece que participou de práticas impróprias em sua atividade empresarial.

> O que mais importa é que reconhecemos nosso envolvimento, (...)

> Foi um grande erro, uma violação dos nossos próprios princípios, uma agressão a valores consagrados de honestidade e ética. Não admitiremos que isso se repita.

> A Odebrecht aprendeu várias lições com os seus erros. E está evoluindo.

> Estamos comprometidos, por convicção, a virar essa página.

11 A íntegra do pedido de desculpas está no anexo desta tese. (ANEXO 2)

> O Compromisso Odebrecht para uma atuação Ética, Íntegra e Transparente já está em vigor e será praticado de forma natural, convicta, responsável e irrestrita em todas as empresas da Odebrecht, sem exceções nem flexibilizações.

O Código de Conduta Novonor prevê, na seção "como atuamos", situações de conflito de interesse e estabelece regras acerca de brindes, presentes, entretenimento e hospitalidade. Ademais, apesar de permitidas pela legislação, "A Novonor não realiza contribuições políticas" e reforça, "A Novonor não adota nenhuma posição político-partidária". Esse discurso visa se contrapor a imagem pública da empresa, envolvida em corrupção com políticos.

Foi em dezembro de 2016 que o Grupo Odebrecht divulgou - via página *online* - o que chamou de "compromisso com o Brasil", ao informar que "decidiu colaborar com a Justiça brasileira". Segue trecho selecionado, o qual mostra a tentativa de transformar o que estava sendo visto como um ritual depreciativo e estigmatizante (GOFFMAN, 1985, 2004), em um ato de heroísmo. Tem-se, neste documento, a tentativa de transmutação simbólica do profano ao sagrado. A reelaboração da face da Odebrecht, ao afirmar compromisso com a verdade dos fatos, assume um semblante de dignidade.

> O Grupo assumiu o compromisso com o Brasil e decidiu colaborar com as investigações da Operação Lava Jato com o objetivo de contribuir significativamente com a Justiça brasileira e com a construção de um Brasil melhor.

> Neste momento, a empresa reconheceu seus erros, pediu desculpas e assumiu um novo compromisso para seguir no caminho de uma atuação ética, íntegra e transparente.

O termo "Jornada da Transformação" – que intitula essa seção – é referencia a um projeto criado pela Odebrecht, o qual busca a reestruturação da empresa; ou melhor, a reelaboração da face desta.

Em julho de 2018, a Odebrecht publica na sua página de comunicação o texto "A trajetória de transformação da Odebrecht", o qual destaca medidas tomadas pela empresa como a reestruturação da estrutura de governança e a recomposição dos conselhos e das diretorias.[12] Destacamos algumas medidas.

> A Odebrecht S.A. recebeu a decisão da Petrobras de celebrar Termo de Compromisso para a retirada do bloqueio cautelar como um reconhecimento do resultado que vem obtendo há mais de dois anos na adoção de um conjunto de medidas para prevenir, detectar ou punir qualquer tentativa de desvio ou crime. É a confirmação de que a Odebrecht está no caminho certo rumo a um novo ciclo de crescimento.

O bloqueio cautelar foi uma medida imposta pela Petrobrás, na qual as empresas investigadas na Lava Jato estariam temporariamente impedidas de serem contratadas e de participarem de licitações da Petrobrás. Nessa situação, a

12 A integra do texto publicado pela Comunicação da Odebrecht poder ser consultada a partir do link: https://www.odebrecht.com/pt-br/comunicacao/releases/a-trajetoria-de-transformacao-da-odebrecht › Acesso em: 20 janeiro de 2018.

Petrobrás criou uma "lista de empresas bloqueadas", na qual constava as três empresas aqui estudadas.

Outra medida foi a justificação em formar conselhos independentes a partir de novos modelos de governança.

> **Em todas as empresas Odebrecht**, os processos administrativos e de decisão foram reavaliados, à luz de uma **Política de Conformidade** que destaca como **valores** essenciais a ética, a integridade e a transparência. Os funcionários são submetidos a treinamento anticorrupção, há mais **rigor** nas contratações de terceiros, dos quais se exigem também compromissos éticos, e passou a ser frequente o uso de auditoria interna.

> Essas medidas ocorrem em **novo ambiente de governança corporativa**, em que se destaca a presença de maior número de **conselheiros independentes** nos Conselhos de Administração tanto da Odebrecht S.A. como de suas empresas controladas.

Sobre as práticas de novas formas de governança, conselhos independentes, códigos de conduta, destacamos a mobilização das categorias usados no comunicado sobre o assunto: acordo, conselho/conselheiros, conformidade, independente, compromissos, governança, autonomia, integridade, novo/nova/novos. Mais uma vez temos a tentativa de construção da ideia de empresa ética, aliada a construção de valores de empresas que tem ações na bolsa de valores, como a governança corporativa. A seguir, a nuvem de palavras do comunicado – com as vinte maiores ocorrências – e trechos selecionados.

Imagem 12 – Nuvem de palavras comunicado Odebrecht – 2016

Fonte: Dados de pesquisa. Elaboração própria

No reforço de reelaboração da face das empresas, destacamos as medidas em torno da afirmação de estar em conformidade ou compliance. O termo compliance, no âmbito econômico, reforça a ideia de governança corporativa; assim, as empresas, assim como a Camargo Correa, invocam a governança corporativa no processo de reelaboração da face das construtoras.

A seguir, alguns trechos que nos ajudam a basear tal afirmação:

> Conselho de Administração cria Comitê de Conformidade. Responsável pela área ganha autonomia: responde direto ao Comitê, e não aos executivos dos Negócios.

> Conselhos de Administração terão mínimo de 20% de conselheiros independentes.

> É aprovada a Política sobre Conformidade com Atuação Ética, Íntegra e Transparente. Novo Sistema de Conformidade muda processos internos, adota auditorias, exige treinamento de todos os integrantes e aumenta rigor em contratações e pagamentos.

Da mesma forma, documentos reforçam que todos os integrantes da empresa – empregados e diretores - devem assumir uma postura moralmente aceita.

> Três novos Conselheiros Independentes chegam à Braskem: Gesner Oliveira, Marcelo Lyrio e Pedro Marcílio.

> João Nogueira Batista assume como o primeiro Conselheiro Independente da Odebrecht Engenharia e Construção.

> Criação do Conselho Global. Seminário com 180 líderes do Grupo, junto com o Conselho Global, discute e compartilha reflexões sobre ética, integridade e transparência no cenário atual das empresas e como devem ser as **novas práticas** de negócios.

A Odebrecht também elaborou uma Linha Ética, que seria "um canal exclusivo e confidencial", "comunicação segura" e, se desejada, "anônima", de conduta não conforme com uma atuação ética, íntegra e transparente, regulamento interno ou a legislação vigente". Da mesma forma que identificamos na Camargo Corrêa, as informações são recebidas por uma empresa "independente e especializada", o que garantiria sigilo absoluto e não retaliação ao denunciante.

A nova página da Odebrecht Engenharia e Construção (OEC), na seção "Quem somos – Integridade" afirma:

> A OEC assumiu um compromisso com o futuro e com a sociedade por meio de um longo processo de reestruturação dando início a um novo tempo, no qual as ações empresariais atendem plenamente aos mais elevados padrões internacionais de gestão e transparência.
>
> Estamos desde 2016 construindo nossa jornada de transformação.

Imagem 13 – Foto da página OEC – Seção "Quem somos"

Fonte: oec-eng.com. Acesso em: 23 de janeiro de 2021.

Mapeamos a estruturação de documentos e normativos criados na OEC: 1) Jornada da Transformação; 2) Código de Conduta do Fornecedor; 3) Política de Integridade de 27 de maio de 2020. A seguir, foto das capas dos três normativos.

Imagem 14 – Capa documentos normativos OEC

Fonte: Dados de pesquisa (elaboração própria)

Como já mencionado, parte da mobilização aconteceu na "troca" e/ou "substituição" de parte da elite econômica da empresa via categorias como autônomo/autonomia, independente, nulo vínculo familiar, e nomes ditos "do mercado". Uma preocupação em substituir sobrenomes, outrora fortes, foi notada nesta empresa.

Buscando comprovar este argumento, mapeamos a elite econômica a frente da empresa em 2020.

Newton de Souza, então presidente da *holding* Odebrecht, ao dar entrevista ao jornal falou sobre a mudança de papel da família frente a empresa "a família terá um papel de investidora e não mais de gestora". Na ocasião, mencionou a abertura de capital da construtora (OEC); isso, segundo o jornal, configuraria como "retomada da confiança do mercado" frente à empresas desprestigiada.

A estratégia de listar ações na bolsa de valores brasileira representa pelo menos dois argumentos: o de "prestação de contas" à sociedade e o de transparência.

Em nossa perspectiva, a renovação da elite econômica, também está ligada a transferência de descrédito – ligada pela figura de Marcelo Odebrecht – que passou a figurar como vilão. Seguindo as pistas de Goffman (1985, 2005), todo estigmatizado compartilha seu estigma com os mais próximos, no caso estudado, os familiares e a empresa. A reelaboração da face opera-se na boa moral de seus funcionários e diretores e na renovação, com cargos independentes e pouca participação familiar; ou seja, com uma tentativa de anulação do sobrenome estigmatizado.

O Responsável por Conformidade é liderado diretamente pelo coordenador do Comitê de Conformidade e Auditoria da Novonor, órgão de apoio do conselho de administração e Olga Pontes é a responsável. Olga nasceu na Bahia, em 14 de novembro de 1975, tem MBA em Governança Corporativa, pela Fundação Instituto de Pesquisas Contábeis, Atuariais e Financeiras (FIPECAFI), MBA em Gestão Empresarial, pela Fundação Getúlio Vargas, especialização em Liderança Global pela Dom Cabral, é graduada em Processamento de Dados, pela Rui Barbosa, e cursou Engenharia Civil, na Universidade Federal da Bahia.

Quadro 14 – Nova elite econômica Novonor – 2020

ome	Cargo (2020)	Formação	Carreira
arco queira	Presidente do Conselho de Administração OBC.	Formado em arquitetura e urbanismo pela Faculdade Belas Artes de SP, mestre em Desenvolvimento Imobiliário pela Universidade de Nova York	Iniciou a carreira há 20 anos no desenvolvimento imobiliário de varejo e shopping centers no Grupo Guararapes. Em 2007, trabalhou por um ano na Tishman Speyer. Em 2008, entrou no Grupo Odebrecht.
liana iardi	Vice-Presidente do Conselho de Administração OBC	Formação em Engenharia civil pela Universidade Federal da Bahia (1992-1996); Mestrado em Administração de empresas (MBA) pela Columbia Business School (2000-2001)	De 1997 a 1999 foi analista na Dresdner Bank Brasil S.A. De 2001 a 2011 assumiu diversos cargos na J.P. Morgan. Em 2011 iniciou carreira na Odebrecht ao assumir a Diretoria da Odebrecht Transport; CEO da Odebrecht Ambiental. Atvos.
na olores oura arneiro e Novaes	Membro Independente do Conselho de Administração da OBC	Bacharel em economia – Universidade Federal de Pernambuco, março/1980 – dezembro/1983. Mestre em economia – Pontifícia Universidade Católica do Rio de Janeiro (março/1984 -junho/1986). Doutora em economia – University of California, Berkeley, agosto/1986 – dezembro/1990. Advogada formada pela Pontifícia Universidade Católica do Rio de Janeiro (2006).	Sócia-fundadora da Citis Consultoria Econômicas e Financeira Eireli. Economista – Banco Mundial (Washington, D.C., outubro 1991 – janeiro 1995). Analista de Investimentos – Banco de Investimentos Garantia (fevereiro 1995 – julho 1997). Diretora de Investimentos – Pictet Modal Asset Management S.A. (janeiro 1996 – fevereiro 2003). Consultora do Comitê de Auditoria da Companhia Siderúrgica Nacional (agosto 2005 – julho 2011). Conselheira de Administração Independente da CPFL Energia (abril 2007 – junho 2012), Metalfrio (maio 2009 – junho 2012), e Datasul (abril 2006 – agosto 2008). Ex-Diretora da Comissão de Valores Mobiliários (CVM) (julho 2012 – dezembro 2014). Conselheira de administração da CCR (julho 2015 – abril 2019). Membro do Comitê de Aquisições e Fusões, CAF (outubro 2017 – presente). Conselheira do Fundo Garantidor de Crédito, FGC, (julho 2016 – presente).
ritaldo oares	Membro Independente do Conselho de Administração da OBC	Formado em Engenharia metalúrgica pela Universidade Federal de Minas Gerais (1976-1980) Mestre em Business pela Fundação Dom Cabral (1984); Especialização em Administração de negócios pela Universidade de Virgínia (Darden School of Business)	De 1982 a 1992 foi vice presidente do Citi (Corporate & Ivestment Banking); De 1992 a 1998, CFO Jari Celulose (Empresas CAEMI/Jari). De 2000 – 2002, CFO da Elektro. 2003 a 2005 CFO da Prisma Energy; De 2006 a 2016 foi membro do conselho da ABS Sul. De 2005 a 2018 assumiu diversos cargos na ABS Tietê (CEO, membro do conselho); Atualmente é membro do conselho da Abdib - Associação Brasileira da Infraestrutura e Indústrias de Base; Zilor, Atiaia Energia (Grupo Cornélio Brennand); Sterlite Power Brasil; e Enel Distribuição São Paulo
runo oter	Membro Independente do Conselho de Administração da OBC	Graduação em Direito pela Universidade Católica do Rio de Janeiro (PUC-Rio); possui mestrado em administração (MSx-Sloan) pela Stanford Graduate School of Business.	É sócio fundador da Sinchro Partners Assessoria Empresarial LTDA. e sócio Administrador do escritório de advocacia Silveira, Ferraz & Renan Lopes Sociedade de Advogados. Antes de ser sócio da Sinchro, foi Diretor Presidente da Libra Administração e Participações S.A. (Librapar) e, também, sócio administrador e COO da operação Brasileira do Lazard Assessoria Financeira, banco de investimento globais. Iniciou sua carreira como advogado, tendo sido um dos sócios fundadores do escritório de advocacia Barbosa, Müssnich e Aragão ("BMA"). No BMA, Bruno liderava um dos times de fusões e aquizições e foi o primeiro Managing Partner do escritório, posição que manteve até deixar o BMA em 2009.
aniel illar	Membro do Conselho de Administração da OBC	Engenheiro Civil pela Universidade Católica do Rio de Janeiro.	Ingressou no Grupo Odebrecht em 1995. Desde dezembro de 2016 é membro do Conselho de Administração da OBC. De 2014 a dezembro de 2019, foi responsável pela área de Recursos Humanos da Novonor. Sua trajetória inclui 16 anos de trabalho pela OBC com experiência internacional em países da América Latina e África, assim como 3 anos de trabalho pela OR entre 2011 e 2013, empresa de incorporação imobiliária do Grupo Novonor, onde foi responsável pela incorporação do segmento de baixa renda no Brasil.
arco abello	Membro do Conselho de Administração da OBC Diretor de Finanças, Planejamento e Investimentos na Novonor	É formado em Administração pela UNIFACS e possui MBA pela Fundação Getúlio Vargas.	Trabalha no Grupo Novonor há 16 anos. foi responsável por Finanças na OBC, Odebrecht Energia e OOG (atual Ocyan) e trabalhou como controller da Braskem. Antes de ingressar ao Grupo, foi gerente de Consultoria Financeira da Plaut Consultoria Internacional, empresa com sede na Alemanha, e gerente de Business Consulting na Arthur Andersen.
ogério autista	Membro do Conselho de Administração da OBC Diretor Executivo Jurídico e Governança da holding Novono	Formado em Direito pela Universidade Católica de Salvador. Tem especialização em Direito Tributário pelo Instituto Brasileiro de Direito Tributário e MBA em Gestão Empresarial pela Fundação Getúlio Vargas.	Foi responsável jurídico da OR, responsável jurídico e advogado da Odebrecht Energia (2008-2016), advogado da Braskem (2002-2008) e advogado associado em escritórios em São Paulo e no Rio de Janeiro antes de entrar no grupo Novonor
éctor únez,	Presidente do Conselho de Administração de Novonor. Presidente do Conselho de Administração das Lojas Marisa.	Cubano-americano que mora há mais de 20 anos no Brasil.	Foi vice-presidente de operações da Coca-Cola em vários países e presidente da Wallmart e da Ri Happy no Brasil.

Fonte: Elaboração própria.

Nome	Cargo (2020)	Formação	Carreira
Roberto Faldini	Membro do Conselho de Administração da Novonor É Conselheiro de Administração Certificado pelo IBGC.	Formado em Administração de Empresas pela EAESP-FGV (1972), com especialização em Gestão Avançada - Fundação Dom Cabral e INSEAD-Fontainebleau, França (1991). Empreendedorismo - Babson College-Boston, USA (2004) e Governança Corporative – Training of Trainers (IFC - International Finance Corporation – IBGC).	Por mais de 20 anos foi diretor executivo e membro do conselho de administração e acionista do grupo controlador da Metal Leve S.A. Presidiu a Comissão de Valores Mobiliários (CVM) e coordenou por cinco anos, em São Paulo, o Núcleo da Empresa Familiar da Fundação Dom Cabral. É co-fundador do Instituto Brasileiro de Governança Corporativa (IBGC) e mantém atuação em várias de suas comissões. Participa ainda, como membro associado, do Instituto Brasileiro dos Executivos Financeiros e do FBN (Family Business Network). Integra o conselho consultivo do ETCO (Instituto Brasileiro de Ética Concorrencial), e os conselhos da Vulcabras/ Azaleia S.A, Banco BMG S.A. e Marfrig Global Foods, entre outros. É diretor da Fundação Cultural Ema Gordon Klabin e é empresário voluntário (Venture Corp) da Endeavor Brasil. Em 1990 foi eleito pelos associados do IBEF/SP "O Executivo Financeiro do Ano".
Mauricio Odebrecht	Membro do Conselho de Administração da Novonor	Formado em Administração de Empresas pela Universidade Salvador – UNIFACS (1996)	Há mais de 20 anos, ingressou no Grupo Empreendimentos Agropecuários e Organizações (EAO), atuando no ramo agropecuário e, desde 2010, exerce o cargo de diretor da empresa. Foi presidente da Associação Baiana dos Criadores de Nelore (ABCN).
Ruy Sampai	Membro do Conselho de Administração da Novonor	É formado em Administração de Empresas pela Universidade Federal da Bahia (UFBA), e cursou o mestrado na Universidade de Michigan com especialidade em finanças e contabilidade	Integrou o grupo Akzo e, na década de 1980, teve uma experiência acadêmica como professor na UNIFACS e no mestrado de administração de empresa da UFBA. No setor público, assumiu a diretoria de Indústrias Diversas da Secretaria de Indústria e Comércio do Estado da Bahia. Ingressou na Novonor em 1985 e passou por posições como Tesoureiro, diretor de Finanças Internacionais e diretor de Investimentos da holding. No Grupo, exerceu ainda o cargo de diretor Financeiro da Tenenge S.A., SLP (Sea & Land Piping Company), no Reino Unido, Copene e Odebrecht Química. Em 2009 assumiu a diretoria da Kieppe Participações e Administração Ltda, empresa controladora da Novonor. É sócio da RPH Engenharia Ltda. e participa da administração da CRC Serviços Medico Hospitalares Ltda. e FVS Holding Patrimonial S/A.
Guilherme Abreu	Diretor de Pessoas, Comunicação e Organização na Novonor	Formou em Administração de Empresas.	Atua há 33 anos no Grupo Novonor. ao longo de sua careira, teve passagens nos Negócios de Engenharia e Construção e Química e Petroquímica
José Mauro da Cunha	Membro do Conselho de Administração da Novonor. (conselheiro independente) Diretor-Presidente da Diretoria Executiva da Novonor. Membro do conselho de administração da Braskem.	Graduado em Engenharia Mecânica pela Universidade Católica de Petrópolis e concluiu o Executive Program in Management na Anderson School, Universidade da Califórnia, nos EUA.	Iniciou a carreira como funcionário do BNDES, onde exerceu diversas funções e ocupou cargos executivos. Integrou os Conselhos de Administração de diversas empresas, como Telemar e Vale S.A., Tele Norte Leste, Telemar Norte Leste S.A., TNL PCS S.A., Tele Norte Celular, Log-In Logística Intermodal, Santo Antonio Energia, Light, Aracruz Celulose, Politeno, Banco do Estado do Espírito Santo e Pharol.

Segundo informado na página institucional da Novonor, a trajetória de Olga apresenta-se "com mais de 20 anos de experiência profissional em conformidade, gestão de risco, governança e auditoria interna construídos em projetos internacionais" e menciona tais experiências internacionais: trabalhou na EY, sendo dois deles para a EY Londres.

Olga ingressou no Grupo Novonor (antiga Odebrehct S.A.), em 2006, como responsável por Segurança da Informação da Braskem e, em 2009, passou a ser a responsável por Segurança Empresarial. Desde abril de 2016, é a Responsável por Conformidade na Novonor; na página, afirma-se que Olga possui "o desafio de definir e liderar a implementação do programa de Compliance, e acompanhar os compromissos de conformidade assumidos pela empresa com diversas autoridades".

A presença de uma mulher à frente dos procedimentos de conformidade, soma-se aos esforços de reelaboração da face da empresa. Foi em 2018, que o novo formato do conselho de administração incluiu uma mulher pela primeira vez na história de mais de 70 anos da holding, era Ieda Gomes Yell.

A seguir, quadro com os dirigentes que passaram a fazer parte, tanto da *holding* Novonor como da OEC.

Nossas análises apontam que, apesar de alguns nomes serem próximos à família Odebrecht, apenas um sobrenome se manteve no conselho, o de Maurício Odebrecht. Se no passado os sobrenomes eram motivos de qualificação, conforme vimos na seção 5, neste contexto de depreciação das empresas, os sobrenomes tornam-se desclassificadores. Portanto, distanciar-se dos sobrenomes tornou-se uma estratégia de negação do estigma e de busca de prestígio.

A seguir, passamos para a análise das estratégia e/ou ações práticas e simbólicas da Andrade Gutierrez para a reelaboração da fase.

Andrade Gutierrez: mantendo o sobrenome, reescrevendo a história

Parte da elite econômica da Andrade Gutierrez também foi presa na Lava Jato, como já informamos. Portanto, a reelaboração da face desta empresa, como as anteriormente analisadas, também foi elaborada considerando a transferência de descrédito dos estigmatizados à empresa.

Em 19 de junho de 2015, também na 14º fase da operação Lava Jato "Erga Omnes", representantes da Andrade Gutierrez, tais como Otávio Marques Azevedo, Flávio Lúcio Magalhães e Elton Negrão foram presos preventivamente na sede da Polícia Federal em Curitiba.

Em 05 de fevereiro de 2016, ao fechar acordo de delação premiada, o então juiz federal, Sergio Moro, autorizou que Azevedo passasse a cumprir prisão domiciliar. (G1, 2016).[13] Em setembro de 2016, Azevedo foi condenado a dezoito anos de

13 No entanto, no dia 10, Azevedo voltou a prisão porque havia um segundo mandado de prisão da Justiça Federal no Rio de Janeiro. No dia 11, a Justiça Federal no Rio decidiu conceder regime de prisão domiciliar à Azevedo (G1, 2016).

prisão e Flávio David Barra, a quinze anos por crimes de corrupção ativa, lavagem de dinheiro e organização criminosa. Foi estabelecido que a pena, em regime fechado, imposta a Otávio Marques de Azevedo, ficaria restrita ao período em que o empreiteiro ficou preso. O restante se dividiria em um ano de regime fechado domiciliar diferenciado com monitoramento eletrônico; dez meses de regime semiaberto domiciliar diferenciado e dois anos de regime aberto domiciliar diferenciado, cumulativamente com prestação de serviços à comunidade, à razão de vinte horas mensais (AFFONSO, 2017).

Durante o cumprimento do regime semiaberto, Otávio Marques de Azevedo foi autorizado a participar do batizado da neta. Pelo benefício, Azevedo teve que ficar um dia a mais no regime semiaberto, com recolhimento domiciliar noturno durante a semana e integral aos finais de semana e feriados, fiscalizado por tornozeleira eletrônica. O regime semiaberto de Otávio terminou em 1º de dezembro de 2017. Em 13 de dezembro de 2017, Otávio tirou a tornozeleira eletrônica e passou para regime aberto. Na ocasião, o juiz Danilo Pereira Júnior escreveu, "Otávio apresentou-se sempre colaborativo, cumprindo regularmente as condições impostas fixadas no acordo e atendendo a todas as solicitações das autoridades, o que denota bom comportamento ao longo da execução, conforme destacado pelo MPF" (AFFONSO, 2017).

Flávio David Barra, assim como Otávio Marques Azevedo, cumpriu prisão domiciliar com monitoramento por tornozeleira eletrônica durante o primeiro ano. Pelo período de dez meses, com a progressão para o regime semiaberto diferenciado e em seguida (dois anos), para o regime aberto diferenciado. Neste período, tiveram de realizar prestação de serviços comunitários durante vinte horas mensais em locais definido pela Justiça.

Em agosto de 2017, o então juiz Sergio Moro condenou quatro executivos da Andrade Gutierrez em processos da Lava Jato: Antônio Pedro Campello de Souza Dias, Elton Negrão de Azevedo Júnior, Flávio Gomes Machado Filho e Paulo Roberto Dalmazzo. Os quatro foram condenados por corrupção ativa e associação criminosa, e Dias também recebeu pena por lavagem de dinheiro. No entanto, os ex-executivos da Andrade Gutierrez não cumpriram toda a pena em regime fechado, pois, assinaram acordo de delação premiada com a força-tarefa da Lava Jato, formada por procuradores do MPF-PR (Ministério Público Federal no Paraná).[14]

Antônio Pedro Campello de Souza Dias foi condenado, inicialmente, a dezoito meses de prisão domiciliar com tornozeleira eletrônica e depois, a cinco anos sem tornozeleira, com prestação de serviço à comunidade por vinte e duas horas mensais. Paulo Roberto Dalmazzo e Flávio Gomes Machado cumpriram um ano de pena no regime semiaberto diferenciado, em que ficam presos à noite de segunda a sexta e integralmente aos sábados e domingos. Após isso, cumpririam cinco anos de regime aberto domiciliar sem tornozeleira e prestar serviços à comunidade por vinte e duas horas semanais.

Elton Negrão Azevedo Júnior, em razão do acordo de delação premiada, cumpriu um ano de prisão domiciliar com tornozeleira e dez meses no semiaberto domiciliar também com tornozeleira. Após esse prazo, são mais cinco anos de prestação de serviços à comunidade por 22 horas mensais.

Assim como o ocorrido com as empresas anteriores, os rituais de depreciação aos quais estiveram envolvidos e a consequente estigmatização destes, também respingou na imagem

14 "Moro condena ex-diretor da Petrobras e ex executivos da Andrade Gutierrez na Lava Jato. Disponível em: ‹https://noticias.uol.com.br/politica/ultimas-noticias/2017/08/21/moro-condena-ex-diretor-da-petrobras-e-ex-executivos-da-andrade-gutierrez-na-lava-jato.htm?cmpid=copiaecola› Acesso em: março de 2021.

Andrade Gutierrez, que igualmente como as outras empresas estudadas, teve perda econômica, resultado da Operação Lava Jato.

Portanto, a Andrade Gutierrez (AG), assim como a Camargo Corrêa e a Odebrecht, vendeu parte de seu conglomerado. Dados da pesquisa de Campos (2019) apontam que a Andrade Gutierrez perdeu o controle sobre a Oi (telecomunicações) para acionistas portugueses e holandeses, além de vender sua participação na Cemig, a concessão do estádio Beira-Rio e da Sanepar (empresa de saneamento do Paraná). A receita da construtora diminuiu em 2017, depois de alta em 2016.[15]

Gráfico 8– Receita Bruta Andrade Gutierrez (2003-2018)

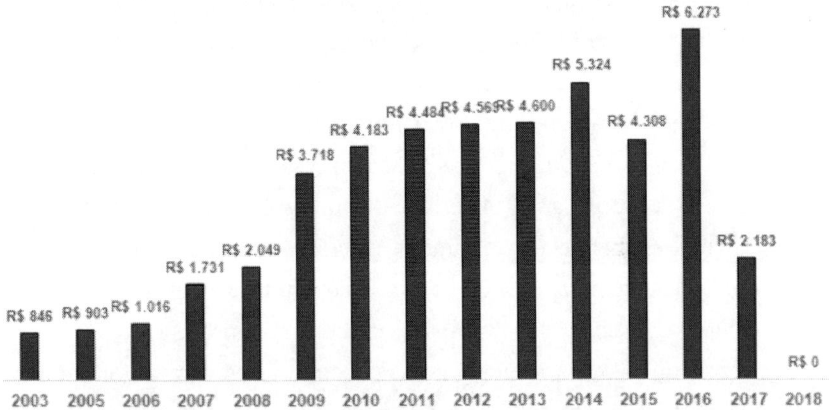

Fonte: Banco de Dados CBIC;

Dados do *site* institucional da AG informam que, somando-se todas as áreas de atuação, em 2020, a AG conta com 24

15 A imprensa de negócios atribuiu essa melhora à repatriação de recursos. A repatriação, estaria associada aos débitos com a Operação Lava Jato. Jornal do Comércio, Empresas, "Repatriação melhorou resultado de Andrade e Camargo em 2016". Disponível em: https://www.jornaldocomercio.com/_conteudo/2017/05/economia/560379-repatriacao-melhorou-resultado-de-andrade-e-camargo-em-2016.html› Acesso em: 12 de março de 2021.

mil colaboradores. A tabela abaixo, mostra a redução do número de empregados da construtora Andrade Gutierrez.

Tabela 5 – Total de empregados - Construtora Andrade Gutierrez (2011 - 2018)

	2011	2012	2013	2014	2015	2016	2017	2018
Total de Empregados Construtora Andrade Gutierrez	10.022	11.508	13.594	14.400	12.596	11.360	n/i	-

(-) Não participou do levantamento

(n/i) Não informado.

Fonte: Banco de Dados – CBIC; O Empreiteiro

Como estratégia de reelaboração da face, esta empresa igualmente fez a renovação dos dirigentes à frente dos negócios e não participou do ranking em 2018; em nossa perspectiva, trata-se de uma estratégia visando a ocultação das perdas econômicas.

Assim como nas outras duas empresas, iniciamos nossas análises a partir da página online de apresentação da empresa. Diferentemente delas, a Andrade Gutierrez não havia mudado o nome até dezembro de 2020, quando concluímos a pesquisa de campo. A imagem, a seguir, representa primeiramente a foto da página inicial da Andrade Gutierrez com o vídeo institucional e, em seguida, a frase “AG Engenharia e Construção Para um mundo em transformação”.

Imagem 15 – Tela inicial Andrade Gutierrez – 2020

Fonte: https://www.andradegutierrez.com.br › Acesso em: 25 de janeiro de 2021.

O vídeo institucional de apresentação mobiliza-se em torno à referência à engenharia, ao utilizar categorias como: construção, alicerces, obra, projeto e em torno de excelência e presente - via ocorrência de categorias mobilizadas como hoje e agora. Diferente das outras empresas que buscaram se desvincular da sua história e do passado, durante o processo de reelaboração da face essa empresa aciona sua história que caminha junto com a construção da nação para reelaborar a face. Veja isso nos trechos selecionados:

> Existe uma obra grandiosa que vem sendo construída por mais de cinco séculos. Todos nós fazemos parte dela, a construção de uma nação. E nesse projeto, nós, da Andrade Gutierrez, contribuímos com conhecimento e paixão.
>
> Nossa missão sempre foi e será fortalecer a engenharia brasileira. Como todo projeto, esse, também começa nos alicerces e a nossa experiência mostra que esses alicerces são fortes.
>
> Unidos pela excelência para a entrega para o cliente, estamos mais ágeis e eficientes, construindo o futuro com excelência, inovação e compliance.
>
> Hoje, estamos executando 31 obras para 25 clientes ao redor do mundo.
>
> Agora, seguimos em frente, com orgulho do nosso legado e da nossa marca.

Apesar dos inúmeros rituais públicos de depreciação pelos quais a empresa passou, fala em orgulho do legado. Em 2020, a Andrade Gutierrez constrói a imagem via mobilização das categorias: excelência/qualidade, inovação, compliance (Conformidade), integridade, transparência e responsabilidade/compromisso. Assim como nas outras empresas, todos os adjetivos utilizados estão em diálogo com a *cité* cívica, que fala de representatividade cidadã e compromisso com a sociedade.

Quadro 15 – Valores Andrade Gutierrez

Valores	Trechos selecionados
Excelência	Buscamos **alta qualidade** e cumprimos o combinado por meio da Excelência Operacional. A capacidade técnica vai além da execução de projetos de construção, Adotamos a Excelência Operacional como uma cultura, uma disciplina de valor. **filosofia lean**, que visa a elevar ao máximo o valor agregado para o cliente, evitando desperdícios. Mobilização em torno de: custo, prazo e qualidade
Inovação	Fomentamos a inovação no setor da engenharia pesada Criamos e implementamos um programa de inovação, o **A2G – All Together Innovation**, que tem por objetivo fortalecer nossa excelência operacional e nos tornar uma empresa cada vez mais **competitiva, ágil e criativa**.
Compliance e Integridade	Ser ético e atuar de forma **transparente** nos negócios. Estudamos a **reputação** e a situação administrativa e financeira dos nossos parceiros antes de assinar contratos. Acreditamos que é nossa obrigação como cidadãos estarmos alinhados com princípios que fortaleçam a **transparência e a ética**, colaborando para uma sociedade cada vez mais **justa**.
Responsabilidade	Somos uma empresa **comprometida** com a sociedade. Nossos **compromissos** com a preservação ambiental estão presentes no Código de Ética e Conduta e nas políticas da construtora.

Fonte: Andrade Gutierrez (2018 AGSA) https://www.andradegutierrez.com.br

Mapeamos documentos elaborados pela Andrade Gutierrez que ajudam a reforçar a mobilização de categorias morais e cívicas na análise da reelaboração da face da empresa. Entre eles temos: 1) Código de Ética e Conduta; 2) Relatórios de Compliance e Integridade; 3) Norma de relacionamento com poder público; 4) Política de Gestão de Terceiro; 5) Guia de Relacionamento para Parceiros de Negócios.

Imagem 16 – Capas dos documentos Código de Ética e Conduta AG, Norma de Relacionamento com o Poder Público AG e Relatórios Compliance AG.

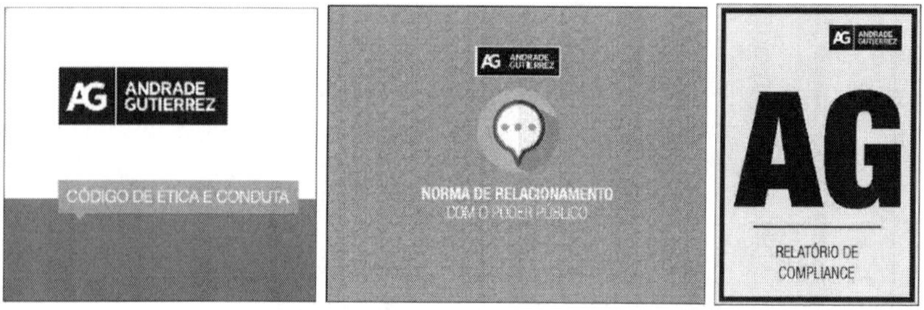

Fonte: andradegutierrez.com › (Elaboração própria)

Iniciamos a análise pelo Código de Ética e Conduta. O código apresenta doze princípios que guiariam a cultura da Andrade Gutierrez. A partir desses princípios, destacamos a mobilização em torno das categorias: lei/legislação/normas/jurisdição; ética, conflito de interesse, poder público, concorrência, independência, reputação comitê. As estratégias voltam-se para prevenção à corrupção, adoção de postura éticas de todos funcionários, sem diferenciação de cargos.

A reelaboração da face da construtora passa pelo compliance, a partir da imposição de remodelações organizacionais, via governança corporativa.

A nova forma de se relacionar com o poder público está prevista no novo Código de Ética e Conduta, que cria uma narrativa em oposição à corrupção.

> É expressamente proibido a qualquer Colaborador oferecer, prometer ou autorizar, diretamente ou por meio de terceiros, qualquer vantagem indevida de qualquer natureza, seja em dinheiro ou qualquer bem ou serviço de valor, a agentes públicos, partidos políticos e seus membros ou a quaisquer candidatos a cargos públicos, no Brasil ou no exterior, bem como

> a familiares ou equiparados de quaisquer tais pessoas, com o intuito de obter benefício pessoal ou para a Andrade Gutierrez.

No entanto, diferentemente da Camargo Corrêa, que prevê afastamento (total) do poder público, a Andrade Gutierrez prevê doações políticas - por qualquer sociedade da Andrade Gutierrez – mas por tramites internos e divulgados (adotando princípio de transparência).

A empresa também faz uma definição de agentes públicos:

> São equiparados a agentes públicos, tanto no Brasil quanto no exterior, quaisquer candidatos a cargos públicos; pessoas em cargos diplomáticos e em organizações internacionais; funcionários de empresas controladas, direta ou indiretamente, por entidades públicas, nacionais ou estrangeiros; empresas privadas concessionárias ou permissionárias de serviços públicos.

A reputação ilibada é um fator citado para a escolha de quem vai compor o comitê de ética, como afirmado:

> O Comitê de Ética da Andrade Gutierrez S.A.será integrado por, no mínimo,3 (três) e, no máximo, 9 (nove) membros, eleitos pelo Conselho de Administração, escolhidos entre profissionais de reputação ilibada.

O chamamento à reputação pode ser uma tentativa de fugir à transferência de descrédito da equipe que foi presa. Lembramos que para Goffman (2005) a notoriedade que ganha o estigma faz com que os agentes vivam em situação de mundo de heróis e vilãos. A equipe do passado, presa, seria os vilões e a equipe da renovação, os heróis.

O Código de Ética e Conduta da AG, assim como os das duas outras empresas, também prevê canais de comunicação para "denúncias" que não estejam previstas no código. Ao final do Código, existe um termo de compromisso para ser assinado.

O Relatório de Compliance apresenta, segundo a AG, as principais ações desenvolvidas pela empresa relacionadas a Compliance e à Integridade. A seguir, trechos selecionados na apresentação do relatório; destacamos a mobilização das seguintes categorias, todas da *cité* cívica: ética, governança, a integridade, competência, eficiência/efetividade, competitividade, padrão internacional.

A seguir, a nuvem de palavras – com as cinquenta maiores ocorrências – elaborada a partir do relatório.

Imagem 17 – Nuvem de palavras comunicado Relatório Compliance AG – 2018-2020

Fonte: Dados dessa pesquisa.

Através da nuvem extraída após uso do *software* MAXQDA, temos as seguintes palavras, nas dez primeiras colocações: 1) compliance; 2) ag/andrade gutierrez; 3) ética; 4) ações; 5) integridade; 6) treinamento; 7) conduta; 8) diretrizes; 9) processos e 10) diretrizes.

> O objetivo da nossa política é conquistar confiança e satisfação de nossos clientes, manter um desempenho empresarial competitivo que gere mais valor para os acionistas, estar em cumprimento com as obrigações legais e de Compliance, incluindo as diretrizes antissuborno, garantir que nossos funcionários sejam motivados e bem treinados para exercer suas funções, ter os melhores parceiros e fornecedores do mercado e, assim, alcançar o respeito e admiração da sociedade.

Quando a empresa traça seus objetivos, menciona para quem a reelaboração da face está destinada: clientes, acionistas e sociedade. Portanto, a linguagem mobilizada em torno da ética, da moral e compliance, tem característica que mobilizam agentes do mercado da esfera econômica, do mundo cívico e jurídico (conformidade com as leis).

A partir dos demonstrativos financeiros, (também disponibilizados online) pudemos identificar a elite econômica à frente da Andrade Gutierrez. A seguir, quadro com o nome, cargo, formação e carreira de cada membro. Ricardo Sena é o presidente do Conselho de Administração da Andrade Gutierrez. Em 2019, ele foi escolhido "Engenheiro do Ano" pela Sociedade Mineira de Engenheiros (SME), por "ter conseguido fazer a Andrade Gutierrez dar a volta por cima".

Quadro 16 – Membros Conselho de Administração Andrade Gutierrez

Nome	Cargo	Formação	Carreira
Ricardo Coutinho de Sena	Presidente do Conselho de Administração	Engenharia Civil	*Começou como Chefe do Departamento de Orçamento na Andrade Gutierrez em 1981.* Na função de Superintendente de Novos Negócios, que passou a exercer a partir de 1993, foi o responsável pela consolidação do portfólio da nova área de operação da empresa, a concessão de serviços públicos de infraestrutura. De 2000 a 2013, Ricardo Sena foi presidente executivo e membro do Conselho de Administração da Andrade Gutierrez Concessões S/A, tendo estado à frente de dezenas de projetos no Brasil e na América Latina, em parceria com sócios canadenses, americanos, franceses, portugueses e brasileiros. Em 2013 e 2014 foi membro do Comitê Executivo da Holding do Grupo AG. Desde julho de 2015, Ricardo Sena é presidente da holding Andrade Gutierrez S/A e presidente do Conselho de Administração do Grupo AG.
Cláudio José de Castro Miserani	Membro Conselho de Administração	Formado em administração pela Universidade Federal de Minas Gerais em 1981. Cursou MBA executivo em finanças do IBMBC entre 1994 a 1966; MBA pela University of Birmingham – United Kingdom, entre 1998 a 2000 e o Programa de Gestão Avançada – PGA pela INSBAD/FDC em 2010.	*Exerceu cargos na Construtora Andrade Gutierrez S/A, entre 1980 a 2007.* (Cargo de Diretor de Controladoria/Gerente de Controle/ Consultor Interno no Processo de Reestruturação da Empresa / Gerente do Departamento de Apuração de Resultados / Analista de Custos / Analista Econômico) *Exerceu, entre 2008 a 2010, o cargo de Diretor Geral de Gestão da Construtora Andrade Gutierrez S/A, área* esta que engloba os Departamentos de Planejamento Estratégico e Operacional, Tecnologia de Informação, Controle Gerencial, Contabilidade, Auditoria e Fiscal, Administração, Qualidade, e Gerencia de Pessoal, ligado diretamente ao Presidente da empresa sendo responsável por todo o sistema de informação gerencial e reporting ao Conselho de Administração. Foi Vice-Presidente de Finanças e Controladoria da Andrade Gutierrez S/A, entre 2011 a 2015. Exerceu o cargo de Chief Financial Officer da Andrade Gutierrez Europa Ásia e África de 2016 a 2017. É sócio diretor da RPC Gestão Empresarial e membro do conselho de administração da Andrade Gutierrez S/A
Paulo Roberto Reckziegel Guedes	Membro Conselho de Administração	Formou-se em engenharia civil pela Universidade Federal do Rio Grande do Sul em 1983. Cursou MBA Empresarial da Fundação Dom Cabral em 1997.	Foi auxiliar técnico na M. Roscoe S/A Engenharia e Comércio em 1982 e na Construtora Sultepa S/A em 1983. Foi engenheiro auxiliar da Construtora Sultepa S/A entre 1983 a 1986, onde também exerceu o cargo de engenheiro chefe de obras entre 1986 e 1987 e o cargo de engenheiro supervisor entre 1987 e 1991. Exerceu o cargo de superintendente operacional do Consórcio Conesul, representando a Construtora Sultepa S/A entre 1991 e 1993. Após, exerceu o cargo de gerente de projetos na Construtora Andrade Gutierrez S/A entre 1993 e 1999. Desde de 2000 exerce o cargo de diretor de investimentos na Andrade Gutierrez Concessões S/A e desde de 2011 exerce o cargo de diretor na Andrade Gutierrez Participações S/A. Desde agosto de 2012 é vice-presidente da Andrade Gutierrez S/A e desde de fevereiro de 2016 atua como membro do conselho de administração da Andrade Gutierrez S/A. Representa a Andrade Gutierrez Concessões S/A nos conselho de administração das coligadas, sendo conselheiro da CCR S/A desde junho de 2000, conselheiro da CEMIG S/A, da CEMIG GT S/A e da CEMIG D S/A desde de agosto de 2010. É conselheiro da BRIO S/A desde junho de 2012, da SAAG Investimentos S/A desde 2014 e ainda da Companhia Operadora de Rodovias. Foi membro do conselho de administração da Light S/A e na Light Serviços de Eletricidade S/A no período de 2006 a 2012 e na Dominó Holdings (Controladora em conjunto com a Sanepar). Foi membro do conselho de administração da Telemar Participações S/A e da CTX Participações S/A no período de abril de 2011 a outubro de 2011 e da Contax Participações S/A entre abril de 2011 e julho de 2011.
Renato Torres de Faria	Membro Conselho de Administração Diretor-Presidente e de Relações com Investidores	Formado em Engenharia de Minas pela Universidade Federal de Minas Gerais no ano de 1984. Fez MBA pela Fundação Dom Cabral em Engenharia Econômica em 1992, pela UFBS em Tecnologia de Aproveitamento de Rochas Ornamentais em 1995 e pela USP – FIA em Administração em 1996.	Foi Engenheiro de Minas da Mineração Boquira S.A. em 1985. Em 1986, foi Chefe de Seção da Mineração Morro Velho S.A. Em 1991, foi Coordenador de Projetos da Consulta Engenharia e Mineração S.A. Exerceu o cargo de Coordenador de Projetos da Andrade Gutierrez Mineração S.A. entre 1991 e 1994. No período de 1995 a 1998 exerceu o cargo de Gerente Industrial da Andrade Gutierrez Granitos S.A. Foi Gerente de Projetos da Andrade Gutierrez Concessões S.A. entre 2000 e 2002. Desde junho de 2002 exerce o cargo de Diretor Financeiro, de Relações com Investidores e de Investimentos na Andrade Gutierrez Concessões S.A. e de agosto de 2012 a fevereiro de 2016 foi Vice-Presidente de Investimentos da Andrade Gutierrez S.A., de fevereiro de 2016 a dezembro de 2017 foi Conselheiro de Administração da Andrade Gutierrez S.A. Foi membro do Conselho da Dominó Holdings S.A., Conselheiro da Sanepar de novembro/2001 a outubro/2015 e Diretor Presidente da Water Port S.A. até abril/2016. Foi Conselheiro Executivo da gestora de fundos de private equity AG Angra no período entre fevereiro/2009 e abril/2011, Conselheiro da CCR S.A. no período entre julho/2001 e novembro/2011, Conselheiro da Cemig S.A. no período entre agosto/2010 e dezembro/2011 e Conselheiro da Tele Norte Leste Participações S.A. no período entre abril/2011 e fevereiro/2012. Foi Conselheiro da Telemar Participações S.A. de abril/2011 até setembro/2015, da Oi S.A. de abril/2012 até setembro/2015, da CTX Participações S.A. de abril/2011 até junho/2016, da Contax Participações de abril/2011 até janeiro/2017, da Novo Metropolitano S.A. de abril/2012 até dezembro/2016. Foi membro suplente do Conselho de Administração da Concessionária Rio Mais S.A. e da Lagoa da Barra S.A. de abril/2014 até outubro/2015. É Diretor de Relações com Investidores da Andrade Gutierrez Participações S.A. e da Companhia desde junho/2015
José Henrique Braga Polido Lopes	Diretor de Investimentos	Graduado em Engenharia Civil na Pontifícia Universidade Católica de Minas Gerais. (1976-1981) MBA em Gestão pela Universidade de Birmingham (2022-2004)	Atua na Andrade Gutierrez desde 1991.
Saulo Alves Pereira Júnior	Diretor de Investimentos	Formado em Engenharia Eletrônica pela Pontifícia Universidade Católica de Minas Gerais. (1989-1996)	*De 2000 a 2007 foi Diretor da Construtora Andrade Gutierrez.* Em 2008 Assumiu a Diretoria de Energia na Andrade Gutierrez Concessões e desde 2014 é Vice Presidente de Relações Corporativas e Negócios Estrangeiros do Grupo Andrade Gutierrez

Fonte: dados de pesquisa

Diferentemente das outras empresas que fizeram alteração brusca no conselho administrativo, esta empresa mostra que a elite econômica a frente da holding da Andrade Gutierrez é constituído por funcionários antigos do Grupo.

***

Essa seção partiu da transferência de descrédito dos presos da Lava Jato para suas empresas e em seguida, mostrou as estratégias de reelaboração da face de cada empresa estudada.

No geral, todas as empresas fizeram alteração no logo, na imagem, no conselho e na documentação interna, com claro chamamento à ética e a transparência, em clara justificativa da *cité* cívica.

Além disso, as empresas têm como principal estratégia de reelaboração da face, recontar a história da empresa. Baseada em Douglas, (1998), a memória social seleciona convenções sociais. Uma instituição não pode ter propósitos e nem vida própria, somente os indivíduos podem planejar, conscientemente e planejar estratégias, baseado nas convenções das instituições. Portanto, as instituições digerem a memória individual e canalizam as percepções para formas compatíveis com as relações que elas autorizam. Elas fixam processos que são essencialmente dinâmicos, ocultam a influência que eles exercem e suscitam emoções relativas a questões padronizadas. As instituições recrutam os indivíduos e operam suas próprias classificações.

Por fim, após mapear as mudanças materiais e simbólicas das empresas envolvidas nos casos de corrupção, retomamos a pergunta do início da seção: Para quem ou o quê elas (as construtoras) reelaboram a face? Segundo Goffman, os outros e/ou a plateia é parte constitutiva da representação que os atores fazem de si, pois, representa-se para alguém ou algo. Nossos dados nos permitem afirmar que a reelaboração da face foi realizada para o Estado, para a imprensa e para a sociedade civil, visando resgatar a reputação e o sobrenome das empresas, que como mostramos no decorrer do trabalho, tem no mito de origem, uma relação de crescimento e heroísmo junto à história do Brasil.

Considerações Finais

A investigação que se convencionou chamar de "Lava Jato" é um processo iniciado em 2014, envolvendo diversos agentes, desde partidos políticos, empresários, indivíduos do Estado, até o setor da construção civil, o recorte empírico e analítico dessa tese.

Portanto, nossa tese se dedica ao momento de depreciação da imagem do setor da construção civil, assim como as estratégias adotadas para reelaboração da face do setor.

Para tanto, a Lava Jato foi observada a partir da lógica sociológica presente na produção dos escândalos, dando ênfase aos agentes que ajudaram a construir a agenda do escândalo, a saber, procuradores da república, com destaque para Dallagnol e alguns agentes midiáticos, promotores do escândalo.

Para mostrar a reelaboração da face das empresas, destacamos, inicialmente, a construção da reputação do setor, por meio de uma sociogênese de três empresas: Camargo Corrêa, Odebrecht e Andrade Gutierrez; dando destaque a importância dos sobrenomes, dos quais as empresas se distanciaram no período de reelaboração da face.

Mostramos que, historicamente, o Estado atua na construção do mercado de obras (leves e pesadas) da construção civil brasileira. A atuação se dá de diferentes formas, como construtor e/ou como contratante de obras, estimulando assim a estruturação de empresas do ramo da construção civil. Portanto, o mercado de obras públicas tem papel primordial na consolidação de empresas brasileiras de construção (CAMPOS, 2012; PORCIONATO, 2016).

De uma elite local rural, como no caso da Camargo Corrêa (interior de São Paulo) e da Andrade Gutierrez (interior de Minas Gerais), e uma elite local urbana, como o da Odebrecht (Santa Catarina; depois Bahia e Pernambuco), as construtoras ascenderam a elite nacional via obras públicas nacionais, e via Estado e fazendo uso de uma rede de relacionamento, seja no campo político ou do próprio funcionalismo público (órgãos públicos). Apesar do setor ser associado reiteradamente a escândalos de corrupção, sendo o mais conhecido o chamado Anões do Orçamento (BEZERRA, 1999, 2018), a operação Lava Jato levou a alterações antes nunca vistas no setor (por conta da corrupção), como mudanças de nome e de dirigentes. Parte dos reflexos da Lava Jato, deve-se, em nosso argumento, a produção da operação Lava Jato como escândalo, com desdobramentos inclusive na imprensa internacional.

Por tudo isso, a Lava Jato levou a perdas simbólicas e econômicas das empresas envolvidas, cujas perdas são ressignificadas a partir de um longo processo das empresas, que chamamos de reelaboração das faces.

Mostramos que a construção do fenômeno escândalo Lava Jato, passou pelos agentes midiático, os quais, em um processo de retroalimentação com os agentes do Estado (promotores), ajudaram a construir o escândalo, por meio da exposição de ritos de depreciação dos agentes envolvidos, tais como detalhes julgamentos, delações, prisões e cotidiano na prisão.

Tomamos como referência que os ritos de degradação (desclassificação) são o inverso dos ritos de consagração (classificação), pois, retiram dos agentes sinais/aspectos de reconhecimento merecimento; reduzem-no ao nível de anônimo (sem prestígio), destituído de capital simbólico.

Nas análises dos textos das denúncias, evidenciamos o caráter racional e individual de conduta (imputação) dos agentes envolvidos nos atos de corrupção. As denúncias do MP ancoram-se em modelos derivados da teoria racional econômica para justificar os atos de corrupção; assim, os indivíduos agiriam de forma livre e consciente, de modo a obter lucro e vantagens. A partir da valorização individual das práticas de tais fatos, enfatiza-se o desvio de caráter (moral) dos agentes denunciados.

As análises do livro de Dallagnol, um dos procuradores chefe da Força tarefa a frente da operação, identificamos processos de justificação ao combate a corrupção de âmbito doméstico, fama, cívico e empresarial. No âmbito doméstico, aciona-se a confiança do ambiente íntimo da amizade em compor a Força Tarefa; no âmbito cívico, ao acionar discurso de que a corrupção seria algo endêmico ao Brasil e ao sistema político brasileiro e que portanto, deveria ser destruída; no âmbito da fama, a necessidade de cultivar o apoio da opinião pública, transformando o promotor em celebridade da Lava Jato; e no âmbito industrial, a estruturação da operação na eficiência, nos números e nas estatísticas.

Deltan Dallagnol foi considerado por nós como um "empreendedor moral do escândalo", que juntou-se a um movimento internacional de "cruzada moral" anticorrupção, ao mobilizar transformações e alterações nas leis via pacotes de medidas em âmbito nacional.

No que se refere a elite econômica presa, após a perda de cargos, afastamento da empresa, desligamento e desvinculação da imagem organizacional desta elite, as empresas passaram a reelaborar a face por meio de documentos que falam de integridade, transparência, conformidade, honestidade, ética, negando a corrupção e o comportamento desviante do passado. Como mostramos na seção dedicada a construção do setor, as empresas criaram fronteiras sociais como marcador simbólico; no contexto de Lava Jato, novas fronteiras foram criadas, mas agora, de ruptura com a narrativa de empresa corrupta e de afastamento com os membros presos e estigmatizados.

Na reelaboração da face, como resposta dos estigmatizados na busca da legitimação, as empresas operaram um processo de esquecimento e formação de nova memória pública, pois, as empresas decidem o que lembrar e o que esquecer (DOUGLAS, 1998). Dentre as memórias a serem esquecidas, temos o apagamento dos sobrenomes envolvidos na Lava Jato, sobrenomes que já foram motivos de honra e respeito na história da empresa. Mas, como todo jogo social se mantém em movimento, devemos aguardar as próximas peças do jogo para concluir sobre um real "apagão cógnito" (GRUN, 2005), em torno desses sobrenomes.

É cedo para prever, mas é possível que passado o ambiente de escândalo e de estigma, a força do sobrenome voltará aos holofotes das empresas. Inclusive, no momento que escrevemos essa conclusão, os dados econômicos das empresas mostram uma clara recuperação do setor. É possível que o faturamento das empresas, assim como a saída da "lista de empresas bloqueadas", tenham sido motivadas pelos elementos simbólicos mobilizados pelas empresas em seu processo de reestruturação, que chamamos nesta tese de reelaboração da face.

Bibliografia

ACKERMAN, Susan Rose. *Corrupção e Governo*: Causas, Consequências e Reforma. Rio de Janeiro: FGV, 2020.

AFFONSO, Julia. Ex-presidente da Andrade Gutierrez, Otávio Azevedo tira tornozeleira e passa para regime aberto. Blog Fausto Macedo. *ESTADÃO*, 13 de dezembro de 2017. Disponível em: https://politica.estadao.com.br/blogs/fausto-macedo/ex-presidente-da-andrade-gutierrez-otavio-azevedo-passa-para-regime-aberto/. Acesso em: 27 maio. 2021.

ALCOA. Disponível em: https://www.alcoa.com/brasil/pt/institute/about. Acesso em: 06 jun. 2021.

ALÉCIO, Ricardo. Filho de Antônio Ermírio vai presidir o conselho da CPFL. *FOLHA DE S. PAULO*. Campinas, 19 de novembro de 1997. Brasil. Disponível em: https://www1.folha.uol.com.br/fsp/brasil/fc191120.htm. Acesso em: 26 jan. 2021.

ALMEIDA, Frederico de. Empreendedores jurídicos como empreendedores morais: Combate à corrupção e moralização da política brasileira. *Nueva Sociedad* especial em português, julho de 2018.

ALMEIDA, Júlio Sérgio Gomes de; DAIN, Sulamis; ZONINSEIN, Jonas. *Indústria de Construção e Política Econômica Brasileira do Pós-Guerra*: relatório de pesquisa. Rio de Janeiro: IEI/UFRJ, 1982. p. 1-145.

ANDRADE GUTIERREZ. Quem Somos. 2018. Disponível em: https://www.andradegutierrez.com.br/QuemSomos.aspx. Acesso em: 27 maio. 2021.

ARANTES, Rogério B. Polícia Federal e construção institucional. *In*: AVRITZER, Leonardo; FILGUEIRAS, Fernando (orgs).

Corrupção e sistema político no Brasil. Rio de Janeiro: Civilização Brasileira, 2011b.

ARANTES, Rogério B. The Federal Police and the Ministério Público. *In*: POWER, Timothy; TAYLOR, Matthew (Eds.). *Corruption and Democracy in Brazil*: The Struggle for Accountability. Notre Dame University Press, 2011a.

BARHAM, John. The Latins the man who built Brazil. *Fortune Magazine*, CNN Money. Oct. 1987. Disponível em: https://money.cnn.com/magazines/fortune/fortune_archive/1987/10/12/69636/index.htm. Acesso em: 20 jun. 2020.

BECKER, S. Howard. *Outsiders*: estudos de sociologia do desvio. 2 ed. Rio de Janeiro: Zahar, 2009.

BELLESA, Mauro. Cientista Político examina mais de 3 mil operações de combate à corrupção. *IEA* – Instituto de Estudos Avançados da Universidade de São Paulo, 25 de maio de 2019. Disponível em: http://www.iea.usp.br/noticias/combate-a-corrupcao. Acesso em: 27 maio. 2021.

BELO, Eduardo. A Construção civil muda o perfil produtivo da CSN. *Valor Econômico*, 26 de junho de 2012. Disponível em: https://valor.globo.com/noticia/2012/06/26/construcao-civil-muda-o-perfil-produtivo-da-csn.ghtml. Acesso em: 05 jun. 2021.

BEZERRA, Gilberto A. *Brasil um novo projeto*. Porto Alegre: Simplíssimo, 2016.

BEZERRA, Marcos Otavio. Corrupção e produção do Estado. *Revista Pós Ciências Sociais* 14 (27), p. 99-130, 2017.

BEZERRA, Marcos Otavio. *Corrupção*: um estudo sobre poder público e relações pessoais no Brasil. 2 ed. Rio de Janeiro: Papéis Selvagens, 2018.

BEZERRA, Marcos Otavio. *Corrupção*: um estudo sobre poder público e relações pessoais no Brasil. Rio de Janeiro: Relume-Dumará: ANPOCS, 1995.

BEZERRA, Marcos Otavio. *Em nome das "bases"*: política, favor e dependência pessoal. Rio de Janeiro: Relume Dumará: Núcleo de Antropologia Política, 1999.

BEZERRA, Marcos Otavio. Resenha da obra 'Sobre o Estado'. *Revista de História*. n. 173, 2º Semestre de 2015. Disponível em: https://www.revistas.usp.br/revhistoria/article/view/98814. Acesso em: 03 jun. 2021.

BIO Graphy Global Scientistis. *Business & Management Experts*. Disponível em: https://biography.omicsonline.org/brazil/odebrecht/sergio-foguel-1266296. Acesso em: 07 jun. 2021.

BIO Graphy Global Scientistis. *Business & Management Experts*. Disponível em: https://biography.omicsonline.org/canada/odebrecht/gilberto-pedreira-de-freitas-s-1265279. Acesso em: 07 jun. 2021.

BIO Graphy Global Scientistis. *Business & Management Experts*. Disponível em: https://biography.omicsonline.org/brazil/odebrecht/newton-de-souza-1257480. Acesso em: 07 jun. 2021.

BLUMENAU EM CADERNOS. TOMO XVII, n. 11, nov. 1976. Disponível em: http://hemeroteca.ciasc.sc.gov.br/blumenau%20em%20cadernos/1976/BLU1976011.pdf. Acesso em: 18 fev. 2020.

BOLTANSKI, Luc; CHIAPELLO, Eve. *O novo espírito do capitalismo*. São Paulo: Martins Fontes, 2009.

BOLTANSKI, Luc; THÉVENOT, Laurent. *A justificação*. Rio de Janeiro: Editora UFRJ, 2020.

BOURDIEU, Pierre; PASSERON, Claude. *Os herdeiros*: os estudantes e a cultura. Florianópolis: Editora UFSC, 2013.

BOURDIEU, Pierre; SAINT-MARTIN, Monique de. As categorias do juízo professoral. *In*: NOGUEIRA, Maria Alice; CATANI, Afrânio (orgs.). *Escritos de Educação*. Petrópolis-RJ: Vozes, 1998.

BOURDIEU, Pierre. A ilusão biográfica. *In:* AMADO, Janaína e FERREIRA, Marieta de Moraes. *Usos e abusos da história oral*. 8 ed. Rio de Janeiro: Editora FGV, 2006, p. 183-191.

BOURDIEU, Pierre. *As Estruturas Sociais da Economia*. Instituto Piaget, SBD FFLCH-USP, 2001.

BOURDIEU, Pierre. *La Noblesse d'État*: Grandes écoles et esprit de corps. Paris: Le Editions de Minuit,1989b. Collection Le sens commun.

BOURDIEU, Pierre. *Les structures sociales de l'économie*. Le Seuil, Paris, 2000.

BOURDIEU, Pierre. O campo econômico. *Política & Sociedade*. v. 4, n. 6. 2005.

BOURDIEU, Pierre. *O desencantamento do mundo*: estruturas econômicas e estruturas temporais. São Paulo: Perspectiva, 1979.

BOURDIEU, Pierre. *O poder simbólico*. Rio de Janeiro: Bertrand Brasil, 1989a.

BOURDIEU, Pierre. *Sobre o Estado*. São Paulo: Companhia das Letras, 2014.

BOURDIEU, Pierre. Sur l'État. Cours au Collège de France (1989-1992). À propos de: Patrick Champagne, Remi Lenoir, Franck Poupeau, Marie-Christine Rivière (dir.). *Sur l'État*. Cours au Collège de France (1989-1992). Paris: Seuil, 2012.

BRASIL. CÓDIGO DE PROCESSO PENAL, de 3 de outubro de 1941. Disponível em: http://www.planalto.gov.br/ccivil_03/decreto-lei/del3689.htm › Acesso em 18 de outubro de 2020.

BRASIL. CONSTITUIÇÃO FEDERAL DE 1988. Câmara dos Deputados. Brasília. Disponível em: https://www2.camara.leg.br/atividade-legislativa/legislacao/constituicao1988. Acesso em: 28 maio. 2021.

BRATSIS, Peter. A corrupção política na era do capitalismo transnacional. *Crítica Marxista*, n. 44, p. 21-42, 2017.

CALDEIRA, Jorge. *Mauá:* empresário do império. São Paulo: Companhia das Letras, 1995.

CAMARGO CORRÊA. Disponível em: https://construtoracamargocorrea.com.br/. Acesso em: 04 jun. 2021.

CAMARGO, Isabela; KANIAK, Thais. Coordenador da Lava Jato em Curtitiba, Deltan Dallagnol deixa a força tarefa. *G1* Paraná, Globo News. Curitiba, 01 de setembro de 2020. Disponível em: https://g1.globo.com/pr/parana/noticia/2020/09/01/coordenador-da-lava-jato-em-curitiba-deltan-dallagnol-deixa-a-forca-tarefa.ghtml. Acesso em: 01 fev. 2021.

CAMARGOS, Regina Coeli Moreira. Estado e empreiteiros no Brasil: uma análise setorial. 1993. 177f. Dissertação (Mestrado em Ciência Política) – Universidade Estadual de Campinas, 1993.

CAMPOS NETO, Carlos Alvares da Silva; MOREIRA, Sérvulo Vicente; MOTTA, Lucas Varjão. Modelos de Concessão de rodovias no Brasil, no México, no Chile, na Colômbia e nos Estados Unidos: evolução histórica e avanços reulatórios. Texto para discussão 2378. *IPEA* – Instituto de Pesquisa Econômica Aplicada. Rio de Janeiro, março de 2018.

CAMPOS, Pedro Henrique Pedreira. A Ditadura dos Empreiteiros: as empresas nacionais de construção pesada, suas formas associativas e o Estado ditatorial brasileiro, 1964 – 1985. Tese de doutorado. Universidade Federal Fluminense. Niterói, 2012.

CAMPOS, Pedro Henrique Pedreira. O processo de transnacionalização das empreiteiras brasileiras, 1969-2010: uma abordagem quantitativa. *Tensões Mundiais*, Fortaleza, v. 10, n. 18,19, p. 103–123, 2014a. DOI: 10.33956/tensoesmundiais.v10i18,19.474. Disponível em: https://revistas.uece.br/index.php/tensoesmundiais/article/view/474. Acesso em: 28 maio. 2021.

CAMPOS, Pedro Henrique Pedreira. Origens da internacionalização das empresas de engenharia brasileiras. *História & Luta de Classes*. n. 6. Novembro de 2008.

CAMPOS, Pedro Henrique Pedreira. Os efeitos da crise econômica e da operação Lava Jato sobre a indústria da construção pesada no Brasil: falências, desnacionalização e desestruturação produtiva. *MEDIAÇÕES*, Londrina, v. 24 n. 1, p. 127-153, JAN.-ABR. 2019.

CAMPOS, Pedro Henrique Pedreira. Os empreiteiros de obras públicas e as políticas da ditadura para os trabalhadores da construção civil. *Revista Em Pauta*. v. 33, 2014b.

CAMPOS, Pedro Henrique Pedreira. Os Odebrecht, os Camargo e os Andrade: as grandes famílias brasileiras da construção civil. *XXVIII Simpósio Nacional de História*. Florianópolis – SC. 27 a 31 de julho de 2015. Disponível em: http://www.snh2015.anpuh.org/resources/anais/39/1427673352ARQUIVOPedroCampos,capitulosobreasconstrutoras.pdf. Acesso em: 18 jul. 2016.

CARDOSO, Adauto L. (ORG). *O Programa Minha Casa Minha Vida e seus efeitos territoriais*. Rio de Janeiro: Letra Capital, 2013.

CARRAÇA, Thais. Fitch coloca empreiteiras brasileiras em revisão para rebaixamento. *Valor econômico*, 19 de setembro de 2014. Finanças. Disponível em: https://valor.globo.com/financas/noticia/2014/11/19/fitch-coloca-empreiteiras-brasileiras-em-revisao-para-rebaixamento.ghtml. Acesso em: 28 maio. 2021.

CARTA CAPITAL. Jurista americana admirada por Dallagnol defende libertação de Lula. Publicado em 12 de agosto de 2019. Disponível em: https://www.cartacapital.com.br/justica/jurista-americana-admirada-por-dallagnol-defende-libertacao-de-lula/. Acesso em 08 jun. 2021.

CARTIER WOMEN'S INITIATIVE. Disponível em: https://www.cartierwomensinitiative.com/. Acesso em: 07 jun. 2021.

CASADO, Letícia; VIEIRA, André Guilherme. Multa emperra delação da Camargo. *Valor Econômico*, 09 de fevereiro de 2015. Política. Disponível em: https://valor.globo.com/politica/noticia/2015/02/09/multa-emperra-delacao-da-camargo.ghtml. Acesso em: 28 maio. 2021.

CHAVES, Marilena. *A Indústria de Construção no Brasil:* desenvolvimento, estrutura e dinâmica. Dissertação de mestrado em Economia Industrial. Rio de Janeiro: UFRJ, 1985. p. 78-137.

CIOCCARI, Deysi. Operação Lava Jato: escândalo, agendamento e enquadramento. *Revista ALTERJOR*. Ano 06– Volume 02 Edição 12 – Junho-Dezembro de 2015.

CLUBE de Engenharia. Comissão Permanente de Defesa da Engenharia Brasileira. *A Luta pela Engenharia Brasileira*. Rio de Janeiro: Engenharia Editora, 1967.

CODATO, Adriano. Metodologias para identificação de elites: três exemplos clássicos. *In:* PERISSINOTTO, Renato, CODATO, Adriano (orgs.). *Como estudar elites*. Curitiba: Ed. UFPR, 2015, p. 15-32.

COMUNITAS. Disponível em: https://www.comunitas.org. Acesso em: 07 jun. 2021.

CORREA, Diogo Silva; DIAS, Rodrigo de Castro. A crítica e os momentos críticos: De la Justification e a guinada pragmática na sociologia francesa. *Mana*, Rio de Janeiro, v. 22, n. 1, p. 67-99, Apr. 2016.

CORRÊA, Maria Letícia. *O setor de energia elétrica e a constituição do Estado no Brasil:* o Conselho Nacional de Águas e Energia Elétrica (1939-1954). Tese. Curso de Pós- Graduação em História. Universidade Federal Fluminense. Rio de Janeiro: Niterói. 2003.

COSTA, Jorge G. *Planejamento governamental*: a experiência brasileira. 1 ed. Rio de Janeiro: Fundação Getúlio Vargas, 1971.

COSTA, Paulo Roberto Neves; ENGLER, Ícaro Gabriel Roberto. Elite empresarial: recrutamento e valores políticos (Paraná, 1995-2005). *Opinião Pública*, Campinas-SP, v. 14, n. 2, p. 486-514, 2008. Disponível em: https://periodicos.sbu.unicamp.br/ojs/index.php/op/article/view/8641309. Acesso em: 28 maio. 2021.

COSTA, Paulo Roberto Neves. Elite empresarial e elite econômica: o estudo dos empresários. *Revista de Sociologia e Política*, v. 22, n. 52, p. 47-57, dez. 2014.

COSTA, Paulo Roberto Neves. Os empresários enquanto elite: a pesquisa empírica. *In:* PERISSINOTTO, Renato, CODATO, Adriano (orgs.). *Como estudar elites*. Curitiba: Ed. UFPR, 2015, p. 217-248.

CPDOC. Centro de Pesquisa e Documentação de História Contemporânea do Brasil. Plano Salt. 2009. Disponível em: http://www.fgv.br/cpdoc/acervo/dicionarios/verbete-tematico/plano-salte. Acesso em: 04 de fevereiro de 2018.

CURRÍCULO completo de Eduardo Andrade. Disponível em: https://www.eduardoborgesdeandrade.com.br/eduardo-andrade.php. Acesso em: 07 jun. 2021.

DALLAGNOL, Deltan. *A Luta contra corrupção*: A Lava Jato e o futuro de um país marcado pela impunidade. Primeira Pessoa. 2017.

DE BLIC, Damien, LEMIEUX, Cyril. "The Scandal as Test: Elements of Pragmatic Sociology", Politix, v. 3 n. 71, p. 9-38. 2005. DOI: 10. 3917/pox.071.0009. URL: https://www.cairn-int.info/journal-politix-2005-3-page-9.htm. Acesso em: 04 de fevereiro de 2021.

DEPOIMENTOS para a História – a Resistência à Ditadura Militar no Paraná. Canal do Youtube Dh Paz, vídeo de 23 de outubro de 2014. Disponível em: https://www.youtube.com/watch?v=-Fz4rEkN87ao. Acesso em: 07 jun. 2021.

DIAP. Os "Cabeças" do Congresso Nacional: uma pesquisa sobre os 100 parlamentares mais influentes 21. ed. Brasília: Departamento Intersindical de Assessoria Parlamentar - Diap, 2014.

DIAS, Wesley Mateus; RAMOS, William César. A organização retórica da introdução dos inquéritos. *Afluente*, UFMA/CCEL, v. 6, n. 17, p. 176-195, jan./jun. 2020.

DNIT. Departamento Nacional de Infraestrutura de Transportes. Histórico. Disponível em: http://www1.dnit.gov.br/historico/. Acesso em 15 de jan. 2018.

DOUGLAS, Mary. *Como as instituições pensam*. São Paulo: EDUSP, 1998.

ENGELMANN, Fabiano. Globalização e poder de estado: circulação internacional de elites e hierarquias do campo jurídico brasileiro. *Dados* - Revista de Ciências Sociais, v. 55, núm. 2, 2012, p. 487-516. Disponível em: https://www.redalyc.org/pdf/218/21824580007.pdf. Acesso em: 04 jun. 2021.

ESTADÃO. Tribunal da Lava Jato nega indulto a ex-vice presidente da Camargo Corrêa condenado por corrupção e lavagem. Redação, 15 de junho de 2020. Política. Disponível em: https://politica.estadao.com.br/blogs/fausto-macedo/tribunal-da-lava-jato-nega-indulto-natalino-a-ex-vice-presidente-da-camargo-correa-condenado-por-corrupcao-e-lavagem/. Acesso em: 28 maio. 2021.

EXAME. A nova cara do país. Revista Exame, São Paulo, 21 de setembro de 2011. Disponível em: http://exame.abril.com.br/revista-exame/edicoes/1000/noticias/a-nova-cara-do-pais#. Acesso em: colocar o dia out. 2020.

EXAME. Camargo Corrêa anuncia novo presidente do conselho. Exame, São Paulo, 31 de outubro de 2016. Negócios. Disponível em: https://exame.com/negocios/camargo-correa-anuncia-novo-presidente-do-conselho/. Acesso em: 21 fev. 2020.

EXAME. Delator da Camargo Corrêa na Lava Jato ganha indulto. Estadão Conteúdo, 09 de setembro de 2019. Disponível em: https://exame.com/brasil/delator-da-camargo-correa-na-lava-jato-ganha-indulto/. Acesso em: 28 maio. 2021.

EXAME. Herdeiros vão à escola. Exame, 14 de outubro de 2010. Negócios. Disponível em: https://exame.com/negocios/os-herdeiros-vao-a-escola-m0043171/. Acesso em: 15 fev. 2021.

FAVAREL-GARRIGUES, Gilles. Présentation. Dossier: La lutte anticorruption, l'unanimisme internation aux priorités intérieures. *Droit et Société*, n. 72, p. 275-284, 2009.

FERNANDES, Ana; PUPO, Fábio. Camargo Corrêa perde acionista em acidente. *Valor Econômico*, 16 de abril de 2012. Empresas. Disponível em: https://valor.globo.com/empresas/noticia/2012/04/16/camargo-correa-perde-acionista-em-acidente.ghtml. Acesso em: 26 jan. 2021.

FERNANDES, Roberto Mauro da Silva. O Programa de Investimento em Logística (PIL) e o fim do projeto neodesenvolvimentisma: os atravessamentos de um acontecimento. *Revista da Sociedade Brasileira de Economia Política*. 55/ setembro-dezembro 2019.

FERRAZ FILHO, Galeno Tinoco. *A Transnacionalização da Grande Engenharia Brasileira.* Dissertação de Mestrado em Economia. Campinas: Unicamp, 1981.

FIESP. *Observatório da Construção.* PIB da Construção Civil Retrai 2,5% em 2018. São Paulo, 15 de março de 2019. Disponível em: https://www.fiesp.com.br/observatoriodaconstrucao/noticias/pib-da-construcao-civil-retrai-25-em-2018/. Acesso em: 28 maio. 2021.

FILGUEIRAS, Fernando. A tolerância à corrupção no Brasil: uma antinomia entre normas morais e prática social. *Opinião Pública*, Campinas, v. 15 no. 2, Nov. 2009. Disponível em: https://www.scielo.br/j/op/a/8vW5w5whdMLRD3sqWPV6fgg/?lang=pt. Acesso em: 28 maio. 2021.

FOCHEZATTO, Adelar; GHINIS, Cristiano Ponzoni. Determinantes do crescimento da construção civil no Brasil e no Rio Grande do Sul: evidências da análise de dados em painel. *Ensaios FEE*, Porto Alegre, v. 31, Número Especial, p. 648-678, jun. 2011.

FORBES. Angela Gutierrez: bilionária colecionadora de antiguidades. ForbesLife, 25 de outubro de 2014. Disponível em: https://forbes.com.br/forbeslife/2014/10/angela-gutierrez-bilionaria-colecionadora/. Acesso em: 15 fev. 2021.

FUNDAÇÃO Laura Andrade. Disponível em: https://cnpj.biz/16969099000255. Acesso em: 07 jun. 2021.

FUNDAÇÃO NORBERT OBEBRECHT. Disponível em https://www.fundacaonorbertoodebrecht.com/index.html. Acesso em: 03 jun. 2021.

FURTADO, José Maria. Muito além do cimento. *Exame*, 18 de fevereiro de 2011. Disponível em: https://exame.com/revista-exame/muito-alem-do-cimento-m0051003/. Acesso em: 28 maio. 2021.

GARFINKEL, Harold. Conditions of Successful Degradation Ceremonies. *American Journal of Sociology*, 61 (5), p. 240-4, 1956.

GENI. A MyHeritage Company. Disponível em: https://www.geni.com/family-tree/html/start. Acesso em: 04 jun. 2021.

GÓES, Francisco. Pandemia derruba receita e Andrade renegocia mais prazo para a dívida. *Valor Econômico*, 21 de dezembro de 2020. Empresas. Disponível em: https://valor.globo.com/empresas/noticia/2020/12/21/pandemia-derruba-receita-e-andrade-renegocia-mais-prazo-para-divida.ghtml. Acesso em: 28 maio. 2021.

GOFFMAN, Erving. *A representação do eu na vida cotidiana*. Petrópolis: Vozes, 1985.

GOFFMAN, Erving. *Estigma*: notas sobre manipulação da identidade deteriorada. Tradução: Mathias Lambert. Data Publicação Original: 1891. Data da Digitalização: 2004. Disponível em: https://www.mprj.mp.br/documents/20184/151138/goffman,erving.estigma_notassobreamanipulacaodaidentidadedeteriorada.pdf. Acesso em: 28 maio. 2021.

GOULARTI FILHO, Alcides. Melhoramentos, reaparelhamentos e modernização dos portos brasileiros: a longa e constante espera. *Economia e Sociedade*, Campinas, v. 16, n. 3 (31), p. 455-489, dez. 2007.

GRANDES CONSTRUÇÕES. Aeroportos. Especial Andrade Gutierrez. Edição n. 44, dezembro de 2013, p. 12-45. Disponível em: https://issuu.com/sobratema/docs/gc_44. Acesso em 05 jun. 2021.

GRANDES CONSTRUÇÕES. Uma história sobre homens e cidades. 2014. Disponível em: https://web.archive.org/web/20161022151744/http://www.grandesconstrucoes.com.br/br/index.php?option=com_conteudo&task=viewMateria&id=1634. Acesso em: 28 maio. 2021.

GRANOVETTER, Mark. A construção social da corrupção. *Política e Sociedade*, v. 5 n. 9, 2006.

GRANOVETTER, Mark. Ação econômica e estrutura social. O problema da imersão. *RAE Eletrônica*, v6, n. 1, 2007. Disponível em: https://www.scielo.br/j/raeel/a/XPnDYztgpcR79zWtgkC3z7f/?lang=pt. Acesso em: 28 maio. 2021.

GRANOVETTER, Mark. The strength of weak ties. *American Journal of Sociology*, University Chicago Press, Chicago, v. 78, Issue 6, p. 1930-1938, 1973.

GREGOLIN, Maria do Rosario Valencise. A análise do discurso: conceitos e aplicações. *ALFA*: Revista de Linguística, v. 39, p. 13-21, 1995 - A análise do discurso Disponível em: https://periodicos.fclar.unesp.br/alfa/article/view/3967/3642. Acesso em: 28 maio. 2021.

GRILL Igor Gastal; BORDIGNON Rodrigo da Rosa. Estratégias de reprodução de "elites", transformações morfológicas e reconfigurações dos espaços de poder. *Repocs* – Revista Pós Ciências Sociais, v. 17, n. 33, jan./jun. 2020. Disponível em: http://www.periodicoseletronicos.ufma.br/index.php/rpcsoc/issue/view/596/showToc. Acesso em: 28 maio. 2021.

GRILL, Igor Gastal. Bases sociais, reproduções e usos de espólios simbólicos em "famílias de políticos". Repocs, v. 17, n. 33, jan/jun. 2020.

GRILL, Igor, Gastal. As Bases das Heranças Políticas no Rio Grande. Sociedade em Debate, Pelotas, 10(2): 159-197, ago./2004.

GRÜN, Roberto. A vingança do baixo clero: o desafio ao 'PiG' e o estado do conflito cultural no tratamento da crise financeira. *Mana* 19 (2), p. 303-340, 2013.

GRÜN, Roberto. As disputas e convergências das elites brasileiras diante da crise financeira de 2009: consequências empíricas e analíticas. *Revista Pós Ciências Sociais*. v. 8, n. 15, 2011b. Disponível em: http://www.periodicoseletronicos.ufma.br/index.php/rpcsoc/article/view/580. Acesso em: 04 jun. 2021.

GRÜN, Roberto. *Da pizza ao impeachment*: uma sociologia dos escândalos no Brasil contemporâneo. 1 ed. São Paulo: Alameda, 2018.

GRÜN, Roberto. Escândalos, marolas e finanças: para uma sociologia da transformação do ambiente econômico. *Dados* 51 (2), p. 313-352, 2008.

GRÜN, Roberto. Escândalos, tsunamis e marolas. Apontamentos e desapontamentos sobre um traço recorrente da atualidade. *Revista Brasileira de Ciências Sociais*. v. 26, n° 77, p. 151-248, 2011a.

GUIMARÃES FILHO, Roberto de Medeiros A evolução do planejamento federal e a participação legislativa. *Revista de Informação Legislativa*, v. 36, n. 143, p. 147-185, jul./set. 1999.

HAGUENAUER, Lia; BAHIA, Luiz Dias;.CASTRO, Paulo F. de; RIBEIRO, Márcio B. Evolução das Cadeias Produtivas Brasileiras na Década de 90. *IPEA* – Instituto Econômico de Pesquisa Aplicada. Texto para discussão – TD 0786. Brasília, abril de 2001. Disponível em: https://www.ipea.gov.br/portal/index.php?option=com_content&view=article&id=4056. Acesso em: 28 maio. 2021.

IBGC. Instituto Brasileiro de Governança Corporativa. *Compliance à luz da governança corporativa* / Instituto Brasileiro de Governança Corporativa. São Paulo, SP: IBGC, 2017. (Série: IBGC Orienta). 56 p.

IBGE. Instituto Brasileiro de Geografia e Estatística. *Pesquisa anual da indústria da construção*. Rio de Janeiro, v. 25, p. 1-52, 2015. Disponível em: https://biblioteca.ibge.gov. br/index.php/biblioteca-catalogo?view=detalhes&id=754. Acesso em: 18 maio. 2017.

IBGE. Instituto Brasileiro de Geografia e Estatística. *Pesquisa anual da indústria da construção*. Rio de Janeiro, v. 22, p. 1-98, 2012. Disponível em: https://biblioteca.ibge.gov. br/index.php/biblioteca-catalogo?view=detalhes&id=754. Acesso em: 18 maio. 2017.

IBGE. Instituto Brasileiro de Geografia e Estatística. *Pesquisa anual da indústria da construção*. Rio de Janeiro, v. 19, p. 1-98, 2009. Disponível em: https://biblioteca.ibge.gov. br/index.php/biblioteca-catalogo?view=detalhes&id=754. Acesso em: 18 maio. 2017.

ICE. *Inovação em Cidadania Empresarial.* Disponível em: https://ice.org.br/. Acesso em: 06 jun. 2021.

IPEA DATA. Dados Brasil, 2012. Disponível em: http://www.ipeadata.gov.br/ExibeSerie.aspx?serid=38414. Acesso em: 10 jul. 2017.

ISTOÉ. Andrade muda de casa. *IstoÉ Dinheiro*, 02 de fevereiro de 2001. Disponível em: https://www.istoedinheiro.com.br/andrade-muda-de-casa/. Acesso em: 28 maio. 2021.

ISTOÉ. Luto e sucessão na AG. *IstoÉ Dinheiro*, 29 de novembro de 2006. Negócios. Disponível em: https://www.istoedinheiro.com.br/luto-e-sucessao-na-ag/. Acesso em: 28 maio. 2021.

JARDIM, Maria Chaves; CAMPOS, Ricardo Sapia. A Construção social dos mercados e a crítica da Ciência Econômica. Apresentação. *REDD* – Revista Espaço de Diálogo e Desconexão, Araraquara, v. 4, n. 2. 2012.

JARDIM, Maria Chaves; PORCIONATO, Gabriela Lanza. A construção social do mercado da construção civil nos anos 2000: o caso da habitação e o papel do Estado. *Revista Estudos de Sociologia.* Araraquara, v. 22, n. 43, p. 197-216, jul.-dez. 2017. Disponível em: https://periodicos.fclar.unesp.br/estudos/issue/download/672/191. Acesso em: 29 maio. 2021.

JARDIM, Maria Chaves; SILVA, Marcio Rogério. *Programa de aceleração do crescimento (PAC)*: neodesenvolvimentismo? São Paulo: Editora UNESP/Cultura Acadêmica, 2015.

JARDIM, Maria Chaves. "Domesticação" e/ou "Moralização do Capitalismo" no Governo Lula: Inclusão Social Via Mercado e Via Fundos de Pensão". *DADOS* – Revista de Ciências Sociais, Rio de Janeiro, v. 52, n. 1, p. 123-159, 2009.

JARDIM, Maria Chaves. *Entre a solidariedade e o risco:* sindicatos e fundos de pensão em tempos de governo Lula. Tese de Doutorado. Universidade Federal de S. Carlos, Programa de Pós-Graduação em Ciências Sociais. 2007.

JARDIM, Maria Chaves. *Estado, Mercado e Trabalho no Brasil* (2003-2012): as ambiguidades e as tensões do Programa de Aceleração do Crescimento (PAC). Dossiê: trabalho, mercado e Estado. Maxime Quijoux, Federico LorencValcarce (orgs.). *Revue Problèmes d'Amérique Latine*, 2015.

JARDIM, Maria Chaves. *Habitus Individual e Habitus Coletivo:* compreender o estado a partir da biografia de ministros e de ministras dos períodos Cardoso e Lula. Livre Docência. Departamento de Sociologia da FCLAr. Araraquara, 2017.

JC ONLINE. Pedro Novis, da Odebrecht, já foi parceiro de Caetano Veloso. *UOL*, 18 de abril de 2017. Música. Disponível em: https://jc.ne10.uol.com.br/canal/cultura/musica/noticia/2017/04/18/pedro-novis-da-odebrecht-ja-foi-parceiro-de--caetano-veloso-278939.php. Acesso em: 07 jun. 2021.

JESUS, Jupira Schmidt Palhano de. Viação e obras públicas: elementos para a história do Ministério. Rio de Janeiro: Ministério de Viação e Obras Públicas, 1955.

JOBIM, Antônio Jaime da Gama; PROCHNIK, Victor; TAUILE, José Ricardo. A Inserção da Construção Pesada na Economia Brasileira. Rio de Janeiro: UFRJ/Finep, 1982. p. 1-96.

JORNAL DA USP. "Democracia em Vertigem" é um filme notável que ficará para a a história". Jornal da Usp no Ar 1ª edição, Rádio Usp, 06 de fevereiro de 2020. Atualidades. Disponível em: https://jornal.usp.br/atualidades/democracia-em-vertigem-e-um-filme-notavel-que-ficara-para-a-historia/. Acesso em: 07 jun. 2021.

JUSBRASIL. Morre o ex-deputado estadual José Maurício de Andrade. 2011. Disponível em: https://al-mg.jusbrasil.com.br/noticias/2533181/morre-o-ex-deputado-estadual-jose-mauricio-de-andrade. Acesso em: 05 jun. 2021.

KROEHN, Márcio. A desconstrução da Odebrecht. *IstoÉ Dinheiro*, 05 de maio de 2017. Negócios. Disponível em: https://www.

istoedinheiro.com.br/desconstrucao-da-odebrecht/. Acesso em: 28 maio. 2021.

LABACHE Lucette; SAINT-MARTIN; Monique de; Fronteiras, trajetórias e experiências de rupturas. *Educação & Sociedade*, 29 (103), Ago. 2008. Disponível em: https://www.scielo.br/j/es/a/rDTYYfgbyZhg5bH9NYtgkpv/abstract/?lang=pt. Acesso em: 28 maio. 2021.

LIMA, Aline dos Santos. A geo-história da organização Odebrecht: migrações, negócios e o "trancafiamento" da natureza. *CAMPO-TERRITÓRIO*: Revista de Geografia Agrária, v. 13, n. 30, p. 187-217, ago. 2018.

LINS, Paulo. O PAC valeu a pena? Blog do IBRE. FGV IBRE – Instituto Brasileiro de Economia, 26 de maio de 2017. Disponível em: https://blogdoibre.fgv.br/posts/o-pac-valeu-pena. Acesso em: 28 maio. 2021.

LOMA NEGRA. Disponível em: http://www.fundacionlomanegra.org.ar. Acesso em: 06 jun. 2021.

LOPES JR, Edmilson. A Corrupção na agenda da nova sociologia econômica. *Revista Pós Ciências Sociais*, v. 8, n 15, 2011. Disponível em: http://www.periodicoseletronicos.ufma.br/index.php/rpcsoc/article/view/581. Acesso em: 03 jun. 2021.

LOPES JR, Edmilson. As gramáticas morais da corrupção: aportes para uma sociologia do escândalo. Dossiê: teoria política e social na contemporaneidade. *Mediações*: Revista de Ciências Sociais. v. 15, n. 2, p. 126-147, jul.-dez. 2010.

MAGALHÃES, Heloisa. A harmoniosa relação dos Andrade com os Gutierrez. *Valor Econômico*, 29 de agosto de 2011. Empresas. Disponível em: https://valor.globo.com/empresas/coluna/a-harmoniosa-relacao-dos-andrade-com-os-gutierrez.ghtml. Acesso em: 17 fev. 2021.

MAIA, Camila. Fitch rebaixa nota de construtoras envolvidas na Lava Jato. *Valor Econômico*, 13 de janeiro de 2015. Empresas. Disponível em: https://valor.globo.com/empresas/noticia/2015/01/13/fitch-rebaixa-nota-de-construtoras-envolvidas-no-lava-jato.ghtml. Acesso em: 28 maio. 2021.

MAPA. Memória da Administração Pública Brasileira. Ministério da Industria, Viação e Obras Públicas (1889-1930). Publicado em 14 de dezembro de 2017. Disponível em: http://mapa.an.gov.br/index.php/dicionario-primeira-republica/486-ministerio-da-industria-viacao-e-obras-publicas-1891-1906. Acesso em: 28 maio. 2021.

MARANHÃO, Ricardo. *O Governo Juscelino Kubitschek*. São Paulo: Brasiliense, 1981.

MARICATO, Ermínia. A Nova Política Nacional de Habitação. *Folha de S. Paulo*, 24 novembro 2005. O Valor, 5-9.

MARQUES, Eduardo Cesar. *Estado e Redes Sociais*: permeabilidade e coesão nas políticas urbanas no Rio de Janeiro. Rio de Janeiro: Renavan; São Paulo: FAPESP, 2000.

MAUSS, Marcel. "Ensaio sobre a Dádiva". In: MAUSS, Marcel. Sociologia e Antropologia. São Paulo: Cosac & Naify, 2003.

MCKINSEY & COMPANY. MacKinsey Brasil. Disponível em: https://www.mckinsey.com.br/. Acesso em: 07 jun. 2021.

MEGALE, Bela. Quem é Juliana Baiardi, a amiga de Marcelo Odebrecht que ganhou poder na empreiteira. *O Globo*, 15 de novembro de 2019. Disponível em: https://epoca.globo.com/brasil/quem-juliana-baiardi-amiga-de-marcelo-odebrecht-que-ganhou-poder-na-empreiteira-24081118. Acesso em: 28 maio. 2021.

MEMÓRIAS FDC. Eduardo Borges de Andrade. Disponível em: https://memoria.fdc.org.br/modules/biografia/visualiza.php?cid=7. Acesso em: 07 jun. 2021.

MENDES, Priscila. Presidente da Odebrecht diz que empresa investirá R$ 17 bi em 2013. *G1*, Economia. Brasília. 10 de janeiro de 2013. Disponível em http://g1.globo.com/economia/noticia/2013/01/marcelo-odebrecht-diz-que-empresa-vai-investir-r-17-bilhoes-em-2013.html. Acesso em: 02 mar. 2020.

MENESES, Valdenio. Uma casa de câmbio simbólica: o conceito de reconversões sociais em uma sociologia da família e das elites. 19º Congresso Brasileiro de Sociologia, UFSC, Florianópolis-SC, 2019.

MERTON, Robert K. *Theory and Social Structure*. New York: Free Press, 1968.

MIGALHAS. Veja a íntegra da delação de Cláudio Melo Filho, ex-diretor da Odebrecht. Redação do Migalhas, 11 de dezembro de 2016. Disponível em: https://www.migalhas.com.br/quentes/250418/veja-a-integra-da-delacao-de-claudio-melo-filho--ex-diretor-da-odebrecht. Acesso em: 07 jun. 2021.

MITCHELL, Timothy. State, Economy, and the State Effect. *In*: SHARMA, Aradhana; GUPTA, Akhil. *The Anthopology of the State*: a reader. Oxford: Blackwell Publishing, 2006, p. 169-186.

MORADA NOVA. Homepage. Disponível em: https://www.harasmoradanova.com.br/o-haras/apresentacao/. Acesso em: 07 jun. 2021.

MORANDI, L. *Estoque e produtividade de capital fixo* – Brasil 1940-2004. Rio de Janeiro: UFF, 2009. (Texto para discussão, n. 174).

MORANDI, L.; REIS E. J. *Estoque de capital fixo no Brasil* - 1950-2002. XXXII Encontro Nacional de Economia - ANPEC, 07-10 de dezembro, João Pessoa, 2004. Disponível em: ‹http://www.anpec.org.br/encontro2004/artigos/A04A042.pdf› Acesso em: nov. 2016.

MOURA, Gerson. *A Campanha do Petróleo*. Coleção Tudo é História. São Paulo: Brasiliense, 1986.

MOVER PARTICIPAÇÕES. *Movepar*. 2020. História. Disponível em: https://moverpar.com.br/holding/historia. Acesso em: 20 jun. 2020.

MPF – MINISTÉRIO PÚBLICO FEDERAL. Caso Lava Jato. Disponível em: http://www.mpf.mp.br/grandes-casos/lava-jato/entenda-o-caso. Acesso em: 01 jun. 2021

NASCENTES, Adriana. *Práticas de parcerias público-privadas no Brasil e no exterior*: êxitos e riscos. Relatório final relativo à pesquisa, análise e sistematização das melhores práticas, casos de êxito e de risco. Jul. 2009. Disponível em: http://docplayer.com.br/17353979-Praticas-de-parcerias-publico-privadas-no-brasil-e-no-exterior-exitos-e-riscos.html. Acesso em: 28 maio. 2021.

NORBERTO ODEBRECHT. *Web Archive*, c2015. Odebrecht Trajetória. Disponível em: https://web.archive.org/web/20150402001212/http:/odebrecht.com/hotsite-norberto-odebrecht/trajetoria.html. Acesso em: 28 maio. 2021.

NOVONOR. História. *Vocação para o crescimento*. Disponível em: https://www.novonor.com.br/pt-br/a-novonor/historia. Acesso em: 28 maio. 2021.

NUNES, Samuel. Sérgio Moro corrige sentença e reduz pena de ex-executivo da Odebrecht. *G1*, 15 de março de 2016. Disponível em: http://g1.globo.com/pr/parana/noticia/2016/03/sergio-moro-corrige-sentenca-e-reduz-pena-de-ex-executivo-da-odebrecht.html. Acesso em: 09 jun. 2021.

NUNES, Walter. *A Elite na cadeia*: o dia a dia dos presos da Laja Jato. Rio de Janeiro: Objetiva, 2019.

OBJETOS da Fé – Oratórios Brasileiros. Coleção Ângela Gutierrez, 1994.

ODEBRECHT INFORMA. Ano XXXII, n. 116 – jan/fev. 2005. Disponível em: https://repositorio.ufba.br/ri/bitstream/ri/30097/4/116.pdf. Acesso em: 28 maio. 2021.

ODEBRECHT, Rolf: *Cartas de família*: ensaio biográfico de Emil Odebrecht; e ensaio biográfico de seu filho Oswaldo Odebrecht sênior. Ed. do autor, 2006.

OEC. Quem somos, historia. Disponível em: https://www.oec-eng.com/pt-br/quem-somos/historia › Acesso em: 20 de abril de 2018.

OLIVEIRA, Flávia A. M. de. Famílias proprietárias e estratégias de poder local no século passado. *Rev. Bras. de Hist.* S. Paulo, v. 9,

n. 17, p. 65-85, set. 88/fev. 1989. Disponível em: https://www.anpuh.org/revistabrasileira/view?ID_REVISTA_BRASILEIRA=24. Acesso em: 20 jan. 2020.

ONDEI, Vera. O Multiplicador de genética. Dinheiro Rural. *Terra*. Publicado em 01 de agosto de 2012. Disponível em: https://www.dinheirorural.com.br/o-multiplicador-de-genetica/. Acesso em: 07 jun. 2021.

OYAMADA, Aline. Andrade Gutierrez está com bônus barato, diz BTG. São Paulo, *Valor Econômico*, Finanças, 21 de janeiro de 2015. Disponível em: https://valor.globo.com/financas/noticia/2015/01/21/andrade-gutierrez-esta-com-bonus-barato-diz-btg.ghtml › Acesso em: 18 de agosto de 2020.

PERISSINOTTO, Renato, CODATO, Adriano (orgs.). *Como estudar elites*. Curitiba: Ed. UFPR, 2015.

PINHEIRO, Armando Castelar; FONTES, J. Entraves da Infraestrutura no Brasil. *In*: BONELLI, Regis; PINHEIRO, Armando Castelar. *Ensaios IBRE de Economia Brasileira* – I. 1 ed. Rio de Janeiro: FGV, 2013.

PINHEIRO, Vinícius. Bradesco lança carteira para debênture de infraestrutura. *Valor Econômico*, 19 de setembro de 2013. Finanças. Disponível em: https://valor.globo.com/financas/noticia/2013/09/19/bradesco-lanca-carteira-para-debenture-de-infraestrutura.ghtml. Acesso em: 20 jan. 2020.

PINTO, Eduardo Costa. Lava Jato e crise: impactos econômicos e desestruturação institucional. *Jornal dos Economistas*, Rio de Janeiro, p. 8-9, ago. 2017.

POÇAS, Bernardo Galheiro. A Construção da Petroquímica no Brasil: sucessos e limitações. Monografia de final de curso. Niterói: Pós-Graduação em Engenharia de Petróleo e Gás, 2009.

POLANYI, Karl. *A grande transformação*: as origens da nossa época. Rio de Janeiro: Campus, 1980.

PORCIONATO, Gabriela Lanza. *O contexto nacional de interação entre mercado e Estado*: o caso das parcerias público privado e o PAC.

Iniciação Científica. Graduação em Ciências Sociais. Faculdade de Ciências e Letras – UNESP, Araraquara, 2014.

PORCIONATO, Gabriela Lanza. Programa Minha Casa Minha Vida: a construção social de um mercado. Dissertação de Mestrado em Ciências Sociais. Faculdade de Ciências e Letras – UNESP, Araraquara, 2016.

PORCIONATO, Gabriela. O mercado habitacional a partir do Programa Minha Casa Minha Vida. RC IPEA, Repositório do Conhecimento, Instituto de Pesquisas Econômicas Aplicadas. Boletim Regional, Urbano e Ambiental, dez. 2017.

PRADO, Lafayette. *Transportes e Corrupção*: um desafio à cidadania. Rio de Janeiro: Topbooks, 1997.

REIS, Eliana Tavares dos; GRILL, Igor Gastal. Estudos de elites políticas e as bases das multinotabilidades no Brasil. *Tempo Social*, revista de sociologia da USP, v. 29, n. 3. p. 137-159. 2017

RELATÓRIO ANUAL 2010. Camargo Corrêa S.A. Disponível em: http://rao2010.camargocorrea.com.br/util/pdf/camargo_correa-ra_2010.pdf. Acesso em 05 jun. 2021.

RELATÓRIO ANUAL ODEBRECHT 2007. Salvador, 2007. Disponível em: http://www.ijsn.es.gov.br/bibliotecaonline/Record/17291. Acesso em: 07 jun. 2021.

RELATÓRIO ANUAL ODEBRECHT 2010. Disponível em: https://issuu.com/lugobbo/docs/relatorioanual_odebrecht2010. Acesso em: 07 jun. 2021.

RELATÓRIO ANUAL ODEBRECHT. Relatório de Desempenho 2015. A Caminho da Sustentabilidade. Disponível em: https://arquivos.fundacaoodebrecht.org.br/Relatorio-de-Desempenho-2015/. Acesso em: 07 jun. 2021.

Revista O Empreiteiro - n. 554 - Julho/Agosto 2016. Disponível em: https://revistaoe.com.br/pdf-completo-da-edicao-no-554/. Acesso em: 29 maio. 2021.

RIBEIRO, Haroldo V.; ALVES, Luiz G. A.; MARTINS, Alvaro F.; LENZI, Ervin K.; PERC, Matjaz. The dynamical structure of political corruption networks. *Physics and Society*, 2018. Cornell University. Disponível em: https://arxiv.org/abs/1801.01869v1. Acesso em: 29 maio. 2021.

RIBEIRO, Ivo; BRIGATTO, Gustavo. Empresário baiano Victor Gradin morre aos 86 anos. *Valor Econômico*, 25 de maio de 2019. Empresas. Disponível em: https://valor.globo.com/empresas/noticia/2019/05/25/empresario-baiano-victor-gradin-morre-aos-86-anos.ghtml. Acesso em: 29 maio. 2021.

RIBEIRO, Ivo. Camargo Corrêa muda comando de conselho para melhorar governança. *Valor Econômico*, 01 de novembro de 2016. Empresas. Disponível em: https://valor.globo.com/empresas/noticia/2016/11/01/camargo-correa-muda-comando-de-conselho-para-melhorar-governanca.ghtml. Acesso em: 21 fev. 2021.

RIBEIRO, Ivo. Família Camargo Corrêa elege Brumer ao conselho do grupo. *Valor Econômico*, 08 de abril de 2020. Disponível em: https://valor.globo.com/empresas/noticia/2020/04/08/familia-camargo-elege-brumer-ao-conselho-do-grupo.ghtml. Acesso em: 21 fev. 2021.

SAAD-FILHO Alfredo; MORAIS Lecio. Da economia política à política econômica: o novo-desenvolvimentismo e o governo Lula. *Revista de Economia Política*, v. 31, no 4 (124), p. 507-527, outubro-dezembro/2011.

SAINT MARTIN, Monique de. Da Reprodução às Recomposições das Elites: as elites administrativas, econômicas e políticas na França. *TOMO* – Revista do Núcleo de Pós-Graduação e Pesquisa em Ciências Sociais – Universidade Federal do Sergipe. São Cristóvão - SE, nº 13, 2008.

SAINT MARTIN, Monique de. Uma Grande Família. *Repocs* – Revista Pós Ciências Sociais, v. 17, n. 33, jan./jun. 2020. Disponível em: http://www.periodicoseletronicos.ufma.br/index.php/rpcsoc/article/view/13299/7360. Acesso em: 28 maio. 2021.

SANTOS, Ângelo Oswaldo de Araújo; GUTIERREZ, Ângela. *Alcântara, Cantos do Silêncio*. Rio de Janeiro: Spalla, 1987.

SANTOS, Ângelo Oswaldo de Araújo. *Campos das Vertentes* – O Brasil na Fonte. Edição da Construtora Andrade Gutierrez, Belo Horizonte-MG, 1989.

SANTOS, Ângelo Oswaldo de Araújo. *Ouro Preto, Tempo sobre Tempo*. Rio de Janeiro: Spalla, 1985.

SARUBO, Leandro. A Organização entra na lista dos livros mais vendidos do país. *Teleguiado*, de 20 de dezembro de 2020. Disponível em: https://teleguiado.com/livros-e-hq/2020/12/a-organizacao-na-lista-dos-livros-mais-vendidos-do-pais.html. Acesso em: 29 maio. 2021.

SCOTT, James C. Corruption, machine politics, and political change. *American Political Science Review*, v. 63, n. 4, 1969.

SEIDL, Ernesto. A elite eclesiástica no Rio Grande do Sul. Tese de Doutorado. Universidade Federal do Rio Grande do Sul. Instituto de Filosofia e Ciências Humanas. Programa de Pós-Graduação em Ciência Política, 2003.

SEIDL, Ernesto. Viagem pela alta hierarquia: pesquisa de campo e interações com elites eclesiásticas. *In*: PERISSINOTTO, Renato, CODATO, Adriano (orgs.). *Como estudar elites*. Curitiba: Ed. UFPR, 2015, p. 121-150.

SERTÃOBRAS. Quem é Gabriel Andrade. Disponível em: https://www.sertaobras.org.br/quemsomos/gabriel-vera/biografia/. Acesso em: 29 maio. 2021.

SILVA, Márcio Rogério. *Banco Central e os sentidos sociais da ação em política monetária:* as justificações morais distintas dos usos sociais do dinheiro. 2017. Tese (Doutorado em Engenharia de Produção) – Universidade Federal de São Carlos, São Carlos, 2017. Disponível em: https://repositorio.ufscar.br/handle/ufscar/9235. Acesso em: 18 fevereiro de 2018.

SILVA, Suzete; OLIVEIRA, Esther Gomes; OLIVEIRA, Cristina Guerreiro de. A expressividade argumentativa do adjetivo no texto publicitário. *SIGNUM*: Estud. Ling., Londrina, n. 16/1, p. 201-231, jun. 2013.

SINGER, Paul Israel. Desenvolvimento Econômico e Evolução Urbana. São Paulo: Companhia Editora nacional, 1969.

TEIXEIRA, Alberto. *Planejamento público*: de Getúlio a JK (1930 – 1960). Fortaleza: IPLANCE, 1997.

TEIXEIRA, Luciene Pires. *A indústria de construção brasileira sob a ótica da demanda efetiva.* Tese de Doutorado em Economia Aplicada. Universidade Federal de Viçosa, novembro de 2009.

THOMPSON, John B. *O escândalo político*. Poder e visibilidade na era da mídia. Petrópolis: Vozes, 2002.

TREVIZAN, Karina. 4 anos após se ver envolvida na Lava Jato, Odebrecht perdeu cerca de 80% do quadro de funcionários. *G1*, Economia, 17 de junho de 2019. Disponível em: https://g1.globo.com/economia/noticia/2019/06/17/4-anos-apos-se-ver-envolvida-nas-denuncias-da-lava-jato-odebrecht-perdeu-cerca-de-80percent-do-quadro-de-funcionarios.ghtml. Acesso em: 29 maio. 2021.

UNDURRAGA, Tomas; PEDROSO NETO, Antonio José. Jornalistas da economia e homens das finanças: Fascinação, ascendência e ilusão profissional. Dossiê: Reviravoltas do simbólico no brasil contemporâneo. *Revista Estudos de Sociologia*, v. 24 n. 47, 2019. Disponível em: https://periodicos.fclar.unesp.br/estudos/article/view/12967. Acesso em: 29 maio. 2021.

UNDURRAGA, Tomas; PEDROSO NETO, Antonio José. *Jornalistas da economia e homens das finanças:* uma dominação via imperativos profissionais? MR15 - O ardil da dominação financeira no Brasil: doxa social e produção de notícias sobre a economia. 40º Encontro Anual da ANPOCS. Caxambu, MG, outubro de 2016.

UOL. Lista de bilionários brasileiros tem 31 mulheres; maioria herdou fortuna. Paulo, 04 de setembro de 2015. Economia.

Disponível em: https://economia.uol.com.br/noticias/redacao/2015/09/04/lista-de-bilionarios-brasileiros-tem-31-mulheres-maioria-herdou-fortuna.htm?cmpid=copiaecola. Acesso em: 20 fev. 2020.

VALENTI, Graziella; MOREIRA, Talita. Odebrecht pede recuperação com dívida de quase R$ 100 bi. *Valor Econômico*, 18 de junho de 2019. Empresas. Disponível em: https://valor.globo.com/empresas/noticia/2019/06/18/odebrecht-pede-recuperacao-com-divida-de-quase-r-100-bi.ghtml. Acesso em: 01 jun. 2021.

VALENTI, Graziella; RIBEIRO, Ivo. Odebrecht Organiza saída da família e o IPO da construtora. *Valor Econômico*, 24 de janeiro de 2017. Empresas. Disponível em: https://valor.globo.com/empresas/noticia/2017/01/24/odebrecht-organiza-saida-da-familia-e-o-ipo-da-construtora.ghtml. Acesso em: dezembro de 2020.

VALENTI, Graziella. 'Desculpe, a Odebrecht errou', diz comunicado do grupo. *Valor Econômico*, 01 de dezembro de 2016. Política. Disponível em: https://valor.globo.com/politica/noticia/2016/12/01/desculpe-a-odebrecht-errou-diz-comunicado-do-grupo.ghtml. Acesso em: agosto de 2018.

VALENTTI, Graziella. Odebrecht troca conselho e planeja menor atuação sobre controladas. *Valor Econômico*, 03 de junho de 2018. Empresas. Disponível em: https://valor.globo.com/empresas/noticia/2018/06/03/odebrecht-troca-conselho-e-planeja-menor-atuacao-sobre-controladas.ghtml. Acesso em: 29 maio. 2021.

VALOR. Camargo Corrêa confirma demissão 50 pessoas da parte administrativa. Empresas. São Paulo, 13 de fevereiro de 2015. Disponível em: https://valor.globo.com/empresas/noticia/2015/02/13/camargo-correa-confirma-demissao-50-pessoas-da-parte-administrativa.ghtml. Acesso em: 29 maio. 2021.

VANNUCHI, Camilo. Na estrada com Gabriel Andrade. 02 de dezembro de 2015. *BLOG*. Disponível em: https://medium.com/na-estrada-com-gabriel-andrad. Acesso em: 28 maio. 2021.

VASSALLO, Luiz; MACEDO, Fausto. Camargo Corrêa vai pagar R$ 1,3 bi em acordo na Lava Jato. Estado de são Paulo, 31 de julho de 2019. Disponível em: https://politica.estadao.com.br/blogs/fausto-macedo/camargo-correa-vai-pagar-r-13-bi-em--acordo-na-lava-jato/ › Acesso em 10 de maio de 2021.

VIANA, Diego. Brasil pode ter retrocesso por não aproveitar Lava Jato, diz especialista em corrupção. Valor Econômico. 16 de outubro de 2020. Disponível em: https://valor.globo.com/eu-e/noticia/2020/10/16/brasil-pode-ter-retrocesso-por-nao--aproveitar-lava-jato-diz-especialista-em-corrupcao.ghtml. Acesso em: 08 jun. 2021.

VIEIRA, André Guilherme. Sergio Moro abre processo contra Marcelo Odebrecht. São Paulo, Valor Econômico, Política, 29 de julho de 2015. Disponível em: https://valor.globo.com/politica/noticia/2015/07/29/sergio-moro-abre-processo-contra--marcelo-odebrecht.ghtml › Acesso em: 20 de agosto de 2020.

Agradecimentos

Este livro é resultado de uma pesquisa de doutorado em Ciências Sociais apresentada na Universidade Estadual Paulista (Unesp), disponível para consulta no site do Repositório Institucional – Teses e Dissertações. A tese foi realizada com apoio incondicional de professores, instituições, familiares, amigos e colegas.

Em primeiro lugar, quero registrar a orientação e parceria – de longa jornada – da Prof. Maria Chaves Jardim, a Malu. Uma das pessoas mais sensíveis que já conheci, em todos esses anos sempre me estimulou a questionar mais e mais, o que ela chama de camadas analíticas. Nossas conversas de orientação sempre foram com seriedade, mas nunca rígidas.

Tive a satisfação (e sorte) de contribuir com a estruturação do nosso grupo de pesquisa – o NESPOM - Núcleo de Estudos e Pesquisa sobre Emoções, Sociedade, Poder, Organização e Mercado. A defesa junto ao grupo e junto a Malu é a materialização de jovens pesquisadores interessados no mundo da pesquisa. Deixo, publicamente, meus mais sinceros agradecimentos pela contribuição coletiva do grupo, e que se tornaram meus amigos.

Agradeço todos os professores do curso de Ciências Sociais da Unesp de Araraquara e da Pós Graduação, em especial o apoio e generosidade da professora Renata Medeiros Paoliello, que esteve presente na minha banca de mestrado (qualificação e defesa) e também do doutoramento. As contribuições e o diálogo são sempre incríveis e muito instigantes. Agradeço ao professor Marcos Otávio Bezerra que esteve presente na minha banca de qualificação e na de doutoramento, junto com os professores Ernesto Seidl e Igor Grill.

Agradeço a Capes, pelo financiamento da pesquisa, tanto no Brasil quanto no exterior.

Agradeço ao apoio dos colegas de estrada acadêmica, que entraram no mestrado e também no doutorado comigo.

Agradeço ao apoio incondicional da minha família, pai, mãe e irmão, e também da tia Dedé. Ao Matheus, pela paciência, respeito e companheirismo, durante todo processo de pesquisa e escrita acadêmica, agravado pelo contexto triste e doloroso de pandemia da Covid-19; assim como a família do Matheus, e agora minha também, Maria, João e Marina. Agradeço à chegada do anjinho de luz, meu afilhado Lorenzo! Muitas vezes, seu sorriso me confortou.

Alameda nas redes sociais:
Site: www.alamedaeditorial.com.br
Facebook.com/alamedaeditorial/
Twitter.com/editoraalameda
Instagram.com/editora_alameda/

Esta obra foi impressa em São Paulo na verão de 2023. No texto foi utilizada a fonte Californian FB em corpo 10,5 e entrelinha de 15,5 pontos.